W0405679

LE BONHEUR

OUVRAGES DU MÊME AUTEUR :

The Political System of Napoleon III, Macmillan, 1958.

Émile Ollivier and the Liberal Empire of Napoleon III, Oxford University Press, 1963.

France 1848-1945 (Vol. I : *Ambition, Love and Politics;* Vol. II : *Intellect, Taste and Anxiety*), Oxford University Press, 1973 et 1977, paru en français sous le titre :

Histoire des passions françaises, 1848-1945, Recherches, 1978, puis Éditions du Seuil, Coll. « Points-Histoire », en cinq tomes : T. 1 : *Ambition et Amour* 1980 ; T. 2 : *Orgueil et Intelligence* 1980 ; T. 3 : *Goût et Corruption* 1981 ; T. 4 : *Colère et Politique* 1981 ; T. 5 : *Anxiété et Hypocrisie* 1981.

Les Français, Fayard, 1983, puis Éditions du Seuil, Coll. « Points Actuels », 1984.

Theodore Zeldin

LE BONHEUR

traduit de l'anglais par

ÉRIC DIACON

Fayard

Cet ouvrage est la traduction intégrale, publiée pour la première fois en France, du livre de langue anglaise :

HAPPINESS
édité par Collins Harvill, Londres.

© Theodore Zeldin, 1988.
© Librairie Arthème Fayard, 1988, pour la traduction française.

CHAPITRE I

L'histoire du Paradis commence le jour où ses portes ont été fermées pour la dernière fois. Jusque-là, le Paradis n'avait pas d'histoire. Rien ne se passait jamais : tout le monde était heureux — il n'y avait rien à ajouter. Mais alors, la perfection a tourné à l'aigre et s'est caillée.

Un choc attend maintenant les nouveaux arrivants. Les anciens résidents y avaient échappé : ils disent avoir atteint le Paradis par une voie tourmentée qui les avait laissés hagards et l'œil appesanti, mais que la toute première vision de la beauté des lieux avait suffi à les emplir, malgré le choc et la terreur, d'un chaud sentiment de reconnaissance, la certitude d'être arrivés chez eux. Ils débarquaient de petits bateaux, par groupes d'une demi-douzaine au plus, dans un port pittoresque assoupi au soleil, où les vagues donnaient l'impression de lécher les coques en signe de bienvenue, et où des oiseaux auxquels on avait apparemment appris à rester propres interrompaient leurs bavardages pour leur chanter un madrigal et brasser de leurs ailes l'air immobile et chaud. Chaque détail était rassurant : c'était bien un havre de paix. Ils oubliaient bientôt le sens de mots comme « pneumonie » ou comme « cancer », qui les obsédait encore il y a si peu de temps, et qu'ils ne pouvaient retrouver qu'avec l'aide de vieux dictionnaires, précédés de la mention « vieilli ». Ils contemplaient sans comprendre les germes amoureusement conservés au musée, à côté des ptérodactyles et des masques du diable de jadis. La bataille contre la vieillesse et la déchéance était bel et bien terminée. Ils n'avaient plus besoin de regarder l'heure : les pendules et les montres ne leur indiquaient désormais que celle qu'ils voulaient voir. Les plombiers n'étaient plus dérangés n'importe quand pour réparer des fuites en hâte : ils prenaient leurs aises, construisant d'étranges œuvres d'art avec des tuyaux, des trous d'aération, des soupapes, des grilles et des tampons. Les guêpes elles-mêmes avaient renoncé à piquer pour donner des baisers.

Mais aujourd'hui, lorsque les immigrants arrivent du ciel, ils voient le port, d'ailleurs toujours ensoleillé, entouré d'une sombre campagne ; et quand ils atterrissent, ils s'aperçoivent qu'elle n'est pas couverte d'oliviers ou de vigne, mais d'une succession sans fin de fourmilières humaines. Chaque nouveau lot de passagers est déchargé, exténué et étourdi, dans un dédale de tourniquets, comme une foule ivre d'amateurs de football essayant en vain de quitter le stade. Les haut-parleurs hurlent des ordres incompréhensibles. Tandis qu'ils cherchent désespérément des parents, des amis, ils ont l'air ahuri d'une bande d'orphelins. Lorsqu'ils reconnaissent un personnage public ou un quelconque voisin, ils sont stupéfaits : « Comment se fait-il que vous soyez là ? » Il leur est pénible de se rendre compte qu'ils sont membres d'un club beaucoup moins fermé qu'ils ne croyaient. Chaque jour, pas moins d'un million de personnes obtiennent le droit d'entrer au Paradis, qui n'est pas conçu pour de pareilles foules.

Arrivent-ils vraiment par bateau, par avion ? Ils l'imaginent, et c'est tout ce qui compte. Au Paradis, vous êtes ce que vous vous imaginez.

Maintenant, les portes du Paradis sont un monument historique, que ne fréquentent plus que des touristes occasionnels. De grossiers graffiti, que les archéologues préfèrent ne pas déchiffrer, déparent les gros pilliers de pierre. Dans les bains voisins, chefs-d'œuvre autrefois somptueux de détente molle et parfumée, la mosaïque se désagrège. Plus loin, les archives, où se trouvaient gravés sur une plaque de cuivre immaculée les dossiers, les péchés et les désirs de mort de tous les visiteurs, sont désertes. Le vieil Ismaïl n'est plus assis dans sa guérite, arrosant de son rire sonore le gazon trop haut des pelouses. Sa passion des nouveaux visages, son goût de la conversation, son art de faire durer les admissions autour d'inépuisables tasses de café, disaient clairement qu'ici, enfin, on pouvait se laisser vivre, et que le temps, enfin, était votre esclave. Il apprenait d'avance par cœur le nom des nouveaux arrivants, leur donnant l'impression qu'ils n'étaient pas simplement attendus, mais appréciés, honorés. Et rien ne pouvait troubler sa bonne humeur. Il aimait afficher un faux air de sévérité, et lancer des avertissements solennels concernant les règles qu'on était censé observer — des règles absurdes qu'il inventait pour montrer son esprit et pour délier le vôtre ; il adorait se servir d'un langage que l'on n'attendait pas dans un pareil endroit, vous taquinant avec des prophéties sur les désagréments qui ne manqueraient pas de vous arriver.

Maintenant, Ismaïl s'est retiré dans une petite maison distante de quelques kilomètres, et ses yeux ont perdu cette lueur souriante qui vous faisait comprendre qu'il était de votre côté. Il passe la journée à se plaindre que le Paradis n'est plus ce qu'il était. Il donne à cela une seule explication : il y a trop de monde. Il est devenu discret, taciturne. Longtemps, il avait soin de ne rien dire de plus, rien qui puisse être discuté. De son ancienne ingéniosité, il ne restait plus trace que dans les inflexions dont il jouait pour souhaiter le bonjour. Qu'est-ce qui l'a poussé à fermer les portes et à se retirer ainsi ? Cette question fait l'objet de bien des hypothèses — ce n'est que récemment qu'il a donné sa version de l'histoire, du moins partiellement. Pressé par un visiteur spécialement curieux, pour qui il s'était pris de sympathie, il avait soudain éclaté, donnant libre cours à son indignation. Les gens qui venaient le trouver n'étaient plus de la même classe qu'autrefois, avait-il expliqué. Les normes avaient baissé. Aujourd'hui, n'importe qui, ou presque, pouvait entrer au Paradis. Et ce qu'ils attendaient était tout différent. Jadis, ils venaient pour se reposer, paresser, jouir du néant. Ils avaient beaucoup travaillé et enduré les pires souffrances : ils étaient épuisés. Mais maintenant, le repos était la dernière chose qu'ils désiraient. Ils s'agitaient frénétiquement en quête de nouvelles aventures et de nouveaux divertissements ; ils se considéraient comme des spécialistes en loisirs, et ils cachaient mal leur mépris pour les formes de délassement qu'on leur proposait. En outre — Ismaïl avait craché de dégoût —, ils considéraient la béatitude éternelle comme leur dû : ils avaient passé l'examen, c'était leur juste récompense pour avoir été vertueux ou s'être repentis. Le Paradis était pour eux une sorte de promotion ; ils l'attendaient comme une nouvelle voiture, plus puissante, plus luxueuse que la dernière. Tatillons, toujours prêts à se plaindre, se targuant d'avoir déjà connu toutes sortes de bonheurs, ils arrivaient pleins de méfiance : ils paraissaient défier le Paradis de leur offrir quelque chose de vraiment inédit, qui les surprenne, les excite ou les satisfasse. Mais en même temps — Ismaïl avait montré les dents dans un sourire vindicatif inattendu chez lui — ils étaient inquiets. Comment combattraient-ils l'ennui ? Qu'allaient-ils faire, parqués au même endroit pour l'éternité ? Leurs pompeuses assertions selon lesquelles le bonheur est quelque chose qu'il ne faut chercher en aucune circonstance, que l'on n'obtient qu'en poursuivant des buts intéressants, ne semblaient pas réellement les convaincre. Car qu'allaient-ils trouver à faire ? Chanter des hymnes de louange leur était tout aussi pesant qu'une tâche insupportable ; ils les débitaient timidement, de façon mécanique, comme s'ils payaient un billet d'autobus, mais se sentaient frustrés parce que l'autobus avançait trop lentement et qu'il manquait de places.

Les plaintes d'Ismaïl ne touchent pas aux racines du mal. On ne peut pas vraiment lui faire confiance ; c'est un vieillard qui accomplit le même travail depuis très, très longtemps, et qui, la chose est évidente, a contracté la maladie même contre laquelle il s'insurge : sans que personne s'en aperçoive, les nouveaux venus ont communiqué aux vieilles mains une démangeaison irrépressible, le besoin de se plaindre. Mais il ne suffit pas que les gens se plaignent pour que des révolutions se produisent : se plaindre peut procurer de grandes satisfactions.

Lorsqu'Ismaïl ferma les portes, elles avaient déjà perdu leurs fonctions. Des hordes d'envahisseurs avaient escaladé les murs et pénétré à l'intérieur sans attendre d'être admis, d'être initiés, ni d'être mis en rapport avec leur ange gardien. On prétendait d'ailleurs qu'il n'y avait plus assez d'anges pour les guider. Maintenant, le Paradis est plein de gens qui doivent découvrir par eux-mêmes comment trouver leur voie, et comment y prendre plaisir.

On n'avait plus eu de nouvelles du Paradis depuis plusieurs siècles lorsqu'une jeune femme, alors inconnue du public, entreprit de l'explorer, et de le comprendre, comme personne ne l'avait tenté jusque-là. Quelle — c'est ainsi qu'elle abrégeait Quelqu'un, le nom qu'elle avait adopté — n'émigra pas au Paradis avec l'espoir habituel d'y demeurer. La seule particularité de l'endroit est, bien sûr, que les gens tentent de retarder le moment de s'y rendre aussi longtemps qu'ils le peuvent, et n'y vont que contraints, même s'ils parlent de ses charmes en des termes enthousiastes. Quelle y alla non pas parce qu'elle voulait mettre un terme à sa vie sur terre, mais parce qu'elle voulait en jouir davantage, découvrir ce que chacun admirait tant, et redoutait tant d'approcher.

Elle se présenta avec son passeport au consulat du Paradis et demanda un visa de tourisme. Sa requête suscita la consternation. Personne n'avait jamais rien demandé de tel. Elle alla de bureau en bureau. Des hommes en noir, toujours en noir, toujours des hommes, entraient et sortaient précipitamment sans la voir, manipulant des documents sans un sourire, sans un merci. Tout le monde savait exactement que faire. Mais le formulaire que Quelle devait remplir était simplement introuvable. On tenta de la convaincre qu'elle devrait se contenter d'un visa d'entrée, comme tout un chacun. Mais non, insistait-elle, elle tenait à revenir. Indifférente à leur affirmation selon laquelle elle pourrait toujours obtenir son visa de sortie une fois sur place, elle demanda à voir le consul en personne. C'était impossible : il n'accordait pas d'entrevues, et de plus, ce qu'elle voulait était « irrégulier ». Pour finir, il céda toutefois à son insistance, et lui fit savoir qu'elle devait lui adresser une lettre, car il n'y avait pas de formulaires, et rien ne pouvait se décider qui ne soit par écrit.

« Je désire visiter le Paradis parce que je voudrais savoir ce que c'est que le bonheur, écrivit Quelle. Pas parce que je suis malheureuse. Mais parce que je voudrais savoir ce qu'il advient des gens lorsqu'ils sont heureux.

« Je comprends que vous n'ayez pas envie que des êtres vivants, bruyants, viennent fureter chez vous, prendre des photographies et poser des questions idiotes ; je sais que les séraphins et les chérubins ont l'habitude de se promener pratiquement nus, et que le regard indiscret d'étrangers pourrait les gêner. Mais je vous assure que je ne ferai pas d'ennuis.

« Je vous envoie ma photographie, où vous verrez qu'un grand sourire éclaire tout mon visage. Il est toujours là, ou du moins la plupart du temps. Vous constaterez que je suis une personne agréable. Mais j'avoue que mon sourire est parfois un problème. Ce n'est pas le sourire qu'il faudrait : il n'est pas assez évaporé pour paraître innocent, pas assez gentil pour m'ouvrir toutes les portes. Certains pensent que je souris pour jouer les idiotes, ou parce que je ne prends pas la vie assez au sérieux. Pour une fille, c'est très ennuyeux de ne pouvoir s'empêcher de sourire ; c'est comme d'avoir la mauvaise forme, ou la mauvaise couleur. Il est très mal vu de trop rire, sur terre ; ce n'est pas un endroit pour ça. Mais le Paradis — est-ce que l'on rit au Paradis ? Je voudrais bien savoir comment.

« Je crois que je suis heureuse, mais les experts prétendent que non. Ils disent que je dois changer. Je suis curieuse de savoir comment on change, comment tous ces gens renfrognés, maussades, grincheux, qui se débrouillent pour aller au Paradis se transforment en êtres agréables et contents, avec le sourire angélique qui convient. Quel genre de formation leur donnez-vous ?

« Jusqu'ici, personne n'a su me dire au juste ce qu'être heureux signifiait. D'après les spécialistes, c'est ce que tout le monde désire, c'est normal, c'est le but même de la vie, mais les spécialistes sont des gens qui ne me paraissent ni normaux ni heureux. Je voudrais bien savoir ce que les anges ont à dire.

« Comme autre preuve de ma bonne volonté, je puis vous assurer que je me suis préparée de mon mieux à cette visite, dont j'espère beaucoup que vous l'autoriserez. L'année dernière, pendant mes vacances aux États-Unis, j'ai acheté un tas de bouquins susceptibles de me renseigner. Comme vous devez le savoir, les Américains ont étudié le bonheur plus que n'importe qui — comment réussir, comment s'imposer, comment se sentir bien, comment être à son avantage, comment manger exactement la quantité qu'il faut — et, dans leur Constitution, ils ont défini sa poursuite comme un de leurs objectifs fondamentaux. Mais manifestement la chose ne leur est pas facile, et je me demande s'il en va de même pour ceux qui sont au Paradis : apprendre à être heureux exige certainement un effort quand on n'en a pas l'habitude.

« Je voudrais pouvoir emmener mon chien Jolly, âgé de cinq ans et demi, noir, avec les pattes, la queue et l'oreille gauche blanches, vaguement apparenté aux bergers shetlandais. Il est beaucoup plus sage que son jeune âge ne le laisse imaginer, et il ne fera aucun ennui. Si je demande cette autorisation, ce n'est pas seulement parce qu'il me manquerait si je ne l'avais pas avec moi, mais parce qu'il me connaît très bien, et que, s'il m'arrivait de subir au Paradis certaines transformations inattendues, il pourra toujours me reconnaître et me dire que je suis la même personne. En outre, sa queue est le meilleur test que je connaisse en matière de bonheur ; l'ennui, c'est que je ne comprends pas très bien les raisons pour lesquelles il l'agite ; mais, si nous nous trouvons tous les deux confrontés à de nouvelles expériences, peut-être que je pourrai les découvrir. »

Il est fort possible que ce soit sa requête concernant Jolly qui valut à Quelle d'obtenir son visa. On fut sans doute impressionné par l'intuition dont elle fit preuve quant au genre d'endroit qu'est le Paradis. Les explorateurs de jadis n'en avaient vu que de très petites parties, ou ce qui existait à l'époque, et les descriptions qu'ils ont laissées sont dépassées et, même, prêtent à confusion. Le Paradis n'est-il qu'un jardin merveilleux, infini ? C'est ce qu'ont cru les premiers voyageurs. Pour traduire l'impression de beauté, de mystère, de crainte respectueuse qu'ils ont éprouvée devant sa luxuriance inouïe, ils ont eu recours à un mot exotique : l'ancien mot persan signifiant jardin. Obsédés par l'idée d'abondance, ils y ont trouvé la richesse, qu'ils n'ont pu comparer qu'à celle des mines d'or de l'Abyssinie. Ils ont été émerveillés par ses arbres fruitiers, mais plus encore par l'eau, or véritable de ces habitants du désert : l'un d'eux y a compté pas moins de 41 fleuves, et un autre 800 000 arbres, dont l'ombre invitait au repos. Un troisième y a vu des tables de pierres précieuses, chargées de pain, de lait, de miel, et parfumées d'encens ; ses habitants manger toujours à satiété, toujours prêts à chanter, toujours prêts à danser en tenant haut une branche de myrte. Un témoin éminent, particulièrement digne de respect, a rapporté que chacun des premiers califes vivant là avait 70 maisons, couvertes d'or et de pierreries, comprenant chacune 700 lits et 700 houris aux yeux ensorcelants. Mais les Pères de l'Église chrétienne semblent avoir atterri dans une région du Paradis complètement différente, car ils l'ont trouvée tout à fait déserte. Ont-ils bien regardé ? La contemplation était leur occupation favorite, et le lieu s'y prêtait à merveille ; ils s'y sont donc construit leurs cabanes d'ermites sans chercher plus loin. Ceux qui, parmi eux, aimaient la musique, ont entendu 600 000 anges chanter les louanges de Dieu. Une autre estimation parle de 12 000 chœurs, composés chacun de 12 000 anges. Pour certains, il ne s'agit pas de chœurs, mais d'armées. Quoi qu'il en soit, les relations les plus récentes ont déjà plusieurs siècles, et il n'en est pas deux qui coïncident.

Quelle ne put d'ailleurs pas trouver de guide valable : sa situation était celle d'un touriste visitant une ville moderne non pas avec un Baedeker datant de cent ans, mais avec un ancien manuscrit lui promettant des nymphes à tous les coins de rue. Chaque siècle, chaque génération, chaque personne trouvent au Paradis ce qu'ils cherchent. S'il est une bonne raison de s'y rendre, c'est donc pour découvrir ce que l'on cherche. Malheureusement, la plupart des gens y arrivent trop tard, alors qu'ils ont renoncé à chercher.

Le récit que fit Quelle de son voyage est bref, peut-être parce qu'elle avait été si fortement secouée. Ce n'est pas le vol, la nausée, la fatigue qui l'accablèrent. Ces sentiments-là, elle pouvait les reconnaître, elle pouvait les accepter, car elle pouvait raisonnablement espérer s'en remettre. Ce qui la troubla, ce qui l'effraya, était quelque chose de bien plus sinistre. Ni elle ni aucun des autres passagers n'avaient la moindre idée de l'espèce de voyage qui les attendait. Semblables à des agents de voyage qui ne connaissent les pays lointains dont ils parlent qu'à travers les horaires de chemins de fer, les théologiens restent à ce propos lamentablement vagues. Les seules descriptions détaillées proviennent de victimes d'accidents ou de maladies, que l'on a déclarées cliniquement mortes. Avec une étonnante unanimité, elles disent que leur voyage débute par un bruit surprenant, qu'elles décrivent comme un bourdonnement, un craquement, un mugissement, un grondement, un bouillonnement ou encore un sifflement. Elles commencent par en être troublées. Mais ensuite, elles sont envahies par un merveilleux sentiment de tranquillité et de paix, alors même que les médecins tentent frénétiquement de les ranimer ou se lamentent de les voir s'en aller. Toute douleur disparaît ; elles se sentent sans plus de poids qu'une plume, aspirées à travers un tunnel, un vide, un canal, vers une lumière accueillante, plus brillante qu'elles n'en ont jamais vu, et qui les attire comme des papillons. Elles franchissent une porte, un champ, une brume, et elles sont si ravies de l'expérience, si conscientes d'être libérées, qu'elles rechignent à revenir sur terre ; leur attachement pour leur famille cesse de les inquiéter. Bien sûr, on ne les croit pas : elles n'ont aucune preuve. Tout se passe dans leur imagination, prétend-on. Sur terre, où l'imagination n'a pas le même statut qu'au Paradis, il s'agit d'une insulte. On y voit comme une peau de banane juste bonne à vous faire tomber. Les enfants seuls sont libres de jouer avec elle ; c'est signe de leur incompétence ; peu leur importe de tomber : ils peuvent se relever sans perdre leur dignité. Mais aux grandes personnes dignes de ce nom, on apprend que l'expérience vaut mieux que l'imagination. On ne saurait d'ailleurs s'en étonner, car sur terre le temps compte plus que n'importe quoi. Les vieillards sont fiers de se servir de leur expérience comme de béquilles pour leur autorité ; l'expérience est la pension sur laquelle chacun peut compter, même si elle n'est pas tout à fait garantie contre l'inflation. Avoir à employer son imagination est la première grande source de stress qu'impose le Paradis.

Le récit du voyage de Quelle ne contredit pas ceux de ces victimes d'accidents, sauf qu'il prouve qu'elles ne sont pas allées très loin. Elle aussi entendit des bruits, mais, ainsi qu'elle ne tarderait pas à le découvrir, ce n'était que les préparatifs du départ. Elle aussi se sentit plus légère que l'air, mais son corps lui fut bientôt sensible de façon différente : tout ce qui, le concernant, lui paraissait aller de soi devint soudain intéressant : elle prit conscience du bruit de son sang courant dans ses veines, de ses intestins bouillonnants, de ses poils minuscules vibrant dans ses tympans. Puis elle passa dans le tunnel, ou vide, ou canal, et, au-delà de l'éclatante lumière, elle se retrouva au milieu d'une foule immense de gens affolés, qui, clignant des yeux, se regardaient d'un air incrédule. Était-ce le même corps que celui qu'ils avaient laissé derrière eux ? La succession rapide d'émotions contradictoires les laissait sans voix. Il y avait quelque chose d'étrange jusque dans la qualité du silence : il régnait un mouvement affairé, mais ils ne pouvaient pas l'entendre car ils étaient trop absorbés par leur propre sort. Le point le plus remarquable sur lequel s'accordaient les récits des victimes d'accidents et de Quelle était l'accablant sentiment de solitude. Personne n'avait jamais ressenti son isolement de manière aussi terrifiante. Avaient-ils pris le bon vol ? Allaient-ils réellement au Paradis ? A ces questions, personne ne répondait. C'était cela qui les rendait perplexes. Ils oubliaient ce qu'ils avaient laissé derrière eux ; il n'y avait plus de place en eux pour les regrets touchant les dettes qu'ils n'avaient pas payées ou encaissées, ni pour l'inquiétude concernant ce qu'il adviendrait de leurs biens, qui nourrirait le chat, comment on allait faire sans eux, qui prendrait leur place au travail, ou la façon dont leurs dernières paroles avaient été comprises. Ils étaient ébranlés par la conscience soudaine d'être des âmes totalement indépendantes, dans l'impossibilité de s'appuyer sur autrui, sur leur famille ou leurs amis. Ils ne savaient pas comment être des âmes. Quelle sentait la solitude pénétrer en elle comme le gel ; autour d'elle, elle voyait que les autres s'engourdissaient aussi, même lorsqu'ils s'efforçaient de garder leur entrain, faisant mine de célébrer leur arrivée ou proférant des commentaires absurdes à propos du temps. Le temps aussi était quelque chose qu'ils ne pouvaient comprendre : il était à la fois chaud et froid, chaud à la peau et froid au cœur.

Les rares couples ou familles qui s'étaient embarqués ensemble se trouvaient eux-mêmes séparés, comme des bouts de papiers dispersés par le vent. Maintenant qu'ils étaient seuls, leurs membres ne pouvaient discuter, se battre, être jaloux ou se mettre en colère, car s'ils le faisaient, personne n'y prêtait attention. Quelle était la signification de tout cela ? Sur terre, l'absurdité de la vie vous paraissait un fait acquis ; elle ne vous dérangeait que de brefs instants, et jamais personne ne songeait à se mettre en grève pour protester contre elle. Ou si l'on trouvait un sens à la vie, celui-ci était trop évident pour qu'on y réfléchisse : la signification de la vie était la vie elle-même, la perpétuation de la vie. Mais ici, les questions étaient plus déroutantes. Au Paradis, il n'y a pas de raison de faire une chose plutôt qu'une autre. On a toute l'éternité pour se décider. On est libre. Et cela devient un cauchemar. On manque d'habitude. On cherche autour de soi quelqu'un qui vous indique ce qu'il faut faire, comme cela se passe la première fois qu'on met les pieds sur terre. Puis la terrible vérité s'abat sur vous : il faut que vous trouviez par vous-même. Tout le monde est également perdu. Mais du fait que l'on considère comme vulgaire de partager le même sentiment, personne n'ose dire à quel point il a besoin d'aide, de conseils, à quel point les sourires polis qui l'entourent sont pour lui irritants, même si déjà il les imite. Les téléphones eux-mêmes apprennent une forme de politesse : ils ont l'habitude de devenir muets lorsqu'on se montre trop excité ou trop exigeant en parlant par leur entremise, lorsqu'on fait passer sur la ligne plus d'électricité qu'elle n'en peut supporter.

Le bruit courait que cet accueil de glace était peut-être un test, une façon de vous apprendre à vous découvrir. Mais comment peut-on se découvrir autrement qu'à travers les autres ? C'était la seule façon connue. Dans leur isolement, les nouveaux arrivants se sentaient comme des prisonniers au cachot. Leur voix résonnait de manière étrange, comme si elle se perdait dans un vide infini ; ils n'étaient jamais sûrs que les gens à qui ils parlaient aient compris leurs propos, ni même qu'ils les aient écoutés ou qu'ils leur aient prêté une quelconque attention. Beaucoup d'entre eux s'étaient assis sur leurs valises défoncées et pleuraient. Suivant l'endroit d'où ils venaient, ils s'accusaient de ne pas s'être mieux préparés, maudissaient les démons qui les poursuivaient, songeaient aux défauts qu'ils avaient hérités, ou essayaient d'imaginer de nouvelles stratégies pour se faire des amis parmi les personnes influentes dont ils allaient avoir besoin. Mais ils étaient tous aussi impuissants que des enfants à la mamelle, incapables de comprendre leurs voisins et d'être compris d'eux.

Jolly seul restait indifférent au froid. Sa queue battait sans cesse tandis qu'il trottait alentour d'un air absolument ravi, sautant par-dessus les obstacles, se glissant entre les jambes des gens, fourrant son nez dans tous les coins comme à la recherche d'un objet jouant à cache-cache avec lui. Il flairait avec délices les odeurs nouvelles, l'œil rond d'émerveillement ; le doute et la crainte le faisaient parfois hésiter, mais son excitation reprenait toujours le dessus. La morosité ambiante n'était pour lui qu'un nouveau sujet d'étonnement.

Il avait l'habitude d'être ignoré ; puisque personne ne se donnait la peine de lui parler, de le flatter ni de le repousser, il distribuait ses bonjours sans se soucier qu'on lui réponde et passait plus loin. Quelle ne pouvait deviner ses pensées secrètes ; tout ce qu'elle voyait, c'est que, contrairement à presque tout le monde, Jolly bouillonnait de curiosité et adorait cela. Mais cette attitude ne lui semblait pas être une solution pour elle : si la curiosité était une condition au bonheur, le bonheur était aussi une condition nécessaire à la curiosité ; or elle ne pouvait pas s'intéresser aux autres alors qu'elle était prise dans une brume de tristesse. C'était le problème avec le bonheur qu'elle avait goûté sur terre : il était fait de cercles vicieux.

Si Jolly jubilait, ce n'est pas uniquement parce qu'on ne l'avait pas mis en quarantaine, punition qui lui avait toujours paru une cruelle injustice. (Ce n'est pas que le Paradis fût trop arriéré pour adopter cette mesure d'hygiène, car, au départ, on avait inventé la quarantaine pour les êtres humains ; au XIXe siècle encore, cette mesure frappait ceux qui visitaient le Moyen-Orient — les étrangers étant, par définition, des objets de méfiance —, mais personne ne se souciait d'embêter les chiens ou les chameaux, que l'on traitait avec tout le respect qu'ils méritaient. Non, s'il voulait être séduisant, le Paradis se devait d'être différent ; et comme il était entièrement composé d'étrangers, il ne pouvait prendre contre eux de mesures discriminatoires.) Ce n'était pas non plus parce qu'aucun douanier ne lui avait refusé le droit de débarquer que Jolly se montrait ravi. Il n'y avait pas d'écriteaux signalant que les chiens étaient interdits, ce qui, d'ailleurs, n'était pour lui qu'un demi-bienfait, car il n'aimait rien davantage que de lever la patte contre les écriteaux. En fait, les douaniers étaient les seules personnes qui paraissaient vraiment enchantées de le voir. Au Paradis, il y avait pénurie de chiens, et d'animaux en général, tout comme il y avait pléthore d'hommes. Le mythe selon lequel les bêtes n'y étaient pas admises, l'idée absurde qu'elles n'avaient pas d'âme, était une calomnie, mais cette calomnie avait suffi à dissuader la plupart d'entre elles de venir. Pourtant, quiconque a lu les Écritures doit savoir que le bélier d'Abraham, le chameau d'Élie, la baleine de Jonas, la jument de Birak et la fourmi de Salomon résident depuis longtemps au Paradis, où leur admirable comportement leur vaut l'amour de tous.

Avec elle, Quelle n'emmenait pas seulement Jolly, mais Myosotis *, son cafard domestique, pour qui elle n'avait pas de visa. Elle l'avait mis dans un pot à confitures, et elle ne tenta pas de le cacher. Peut-être voulait-elle voir jusqu'où allait la tolérance du Paradis ; peut-être essayait-elle d'être provocatrice. Quoi qu'il en soit, le Paradis ne comptait pas le moindre cafard, c'était un fait dont tout le monde était certain. Pourtant, aucun règlement ne leur interdisait l'entrée, comme aucun règlement n'interdisait quoi que ce soit. C'est une légende qui veut qu'on ne puisse emporter aucun bien en quittant la terre — une légende inventée par les héritiers cupides de jadis, quand la société était obsédée par la propriété et l'héritage, avant que la prospérité n'engendre des biens en trop grand nombre. Autrefois, il était inconcevable que chaque génération parte avec ses richesses, laissant à la suivante le soin de tout recommencer. Mais maintenant, c'est exactement ce que désirent les descendants, et ils font l'impossible pour encourager leurs aînés à prendre le large avec tout le bric-à-brac de leur fabrication. Peu à peu, le bruit se répand que personne ne vous empêche d'emmener ce qui vous plaît au Paradis. Les paysans français les plus malins prennent l'habitude de se faire enterrer avec quelques miches de pain et une bouteille de vin, de manière à ne pas avoir à souffrir de la faim en attendant de trouver un bon restaurant. Les rois ont régulièrement insisté pour être ensevelis avec leur trésor, sans toutefois oublier que leur

* En anglais, Forgetmenot = Ne-m'oubliez-pas.

dignité leur interdisait de porter eux-mêmes de l'argent ; par fierté, maint d'entre eux s'est ainsi présenté aux Portes sans le moindre sou en poche.

Mais récemment, le système a changé, et le Paradis possède aujourd'hui une espèce de service douanier fonctionnant sur une base bénévole. Les anciens résidents présentent cette nouveauté comme une manière de plaisanterie, une façon de rassurer ceux qui débarquent et qui ont tant besoin qu'on s'occupe d'eux qu'ils apprécient même les interdictions. Ils s'amusent d'autant plus qu'ils ont mis au point toute une parodie d'arrogance indiscrète, d'excès de zèle et de corruption. Les nouveaux arrivants ont à subir des heures d'attente qui leur enlèvent le courage qui leur reste ; quand on finit par les appeler pour les interroger, c'est avec soulagement qu'ils se soumettent à la dernière humiliation : ils se déshabillent docilement, répondent à des questions intimes, rougissent comme des enfants. C'est une plaisanterie de potache, une forme d'humour forcé qui donne à ses auteurs l'illusion d'être toujours jeunes.

Cependant, le douanier qui interrogea Quelle ne fut pas amusé par Myosotis. Il n'était pas prêt à plaisanter là-dessus. Si l'on insistait, les sauterelles, les grillons finissaient par être acceptés ; mais les cafards faisaient sûrement partie des erreurs de Dieu. Les douaniers sont tellement naïfs, tellement vieux jeu ! Quelle protesta que le cafard était béni entre toutes Ses créatures. A combien d'autres avait-Il accordé le privilège d'engendrer 970 enfants ?

Quelle n'avait pas l'expérience nécessaire pour comprendre qu'on ne discute pas avec un douanier, qui s'enorgueillit de la pénétration qui lui permet de reconnaître un délinquant au premier coup d'œil, de lire la culpabilité dans tous les cœurs ; et qu'il est encore plus futile de vouloir l'attendrir. Elle dit que le cafard méritait plus de compassion que toute autre créature, rien n'ayant été insulté plus que lui. Personne ne daignait même l'appeler par son nom. Les Anglais l'accusaient d'être un monstre, hybride de poisson et d'oiseau. Les Français avaient déversé sur lui un pot-pourri d'injures, empruntant pour le désigner le mot arabe signifiant renégat, et lui associant l'idée de fausseté, de bigoterie et de tristesse. Pour les Allemands de l'Ouest, il était *ein Franzose* et pour ceux de l'Est, *ein Russe.* Les Bavarois en faisaient un Prussien, les Canadiens un colon yankee, et, dans la marine américaine, on l'appelait le canari de Bombay. En lui donnant le nom de Cacalaccas — l' « insecte aux excréments de laque » —, les Portugais étaient les seuls à lui reconnaître une vague qualité. Le cafard était l'étranger absolu. On verrait bien si le Paradis était l'endroit où tous les étrangers pouvaient enfin se sentir chez eux !

C'est alors que Quelle s'aperçut qu'elle n'avait pas affaire à un douanier normal, mais à quelqu'un qui en jouait le rôle et ne se prêtait pas à cette blague seulement pour le plaisir. C'était le premier des anciens résidents auquel elle avait l'occasion de parler. Il était là depuis plusieurs générations, et le fait que toutes les générations ayant vécu dussent y vivre côte à côte dans une forme d'harmonie n'était pas le moindre des problèmes du Paradis. D'ordinaire, elles le résolvaient en s'ignorant mutuellement, en habitant des banlieues différentes, en fréquentant leurs propres magasins et leurs propres clubs, en se comportant comme si les autres n'existaient pas. Mais cette politique semblait ne plus vouloir fonctionner : les rencontres les plus improbables se produisaient de plus en plus souvent, et c'était là l'une des raisons de la crise que connaissait le Paradis.

Par grand malheur, le douanier qui s'occupait de Quelle était l'archiduc François-Ferdinand, assassiné à Sarajevo en 1914, et dont on ne se souvenait sur terre que parce qu'il avait déclenché sans le vouloir la Première Guerre mondiale. Par ailleurs, personne n'avait envie de se rappeler cet ancien grand homme, héritier de l'empire déclinant des Habsbourg. Parmi ceux qui avaient travaillé pour lui, le mieux qu'on eût trouvé à dire de lui après sa mort était qu'il n'était pas stupide. Son médecin lui-même l'évoquait comme l'homme le plus détesté de son temps. Il était exceptionnellement doué pour se créer des ennemis : il était passé maître dans l'art de faire des commentaires qui laissaient des blessures impossibles à guérir. « Quand je rencontre quelqu'un pour la première fois, disait-il jadis, je tiens pour acquis que c'est une brute ; ce n'est que peu à peu que je laisse percer en moi une impression plus favorable. » François-Ferdinand méprisait presque tous les humains parce qu'ils n'étaient pas *bien nés*, c'est-à-dire nés dans l'aristocratie. Il redoutait la popularité : « On m'applaudit : aurais-je fait une bêtise ? » A propos des Magyars, dont il était appelé à devenir le roi, il disait : « C'est de mauvais goût de la part de ces messieurs d'être venus en Europe. » Après avoir fait le tour du monde, il décida que le monde non plus n'était pas à la hauteur de ce qu'il en attendait. Il en voulait particulièrement aux Américains. Leur campagne était inférieure à celle de son Autriche natale ; la chasse elle-même y était inadéquate ; il était furieux de devoir se contenter de tirer des écureuils, des mouffettes et des porcs-épics dans le parc de Yellowstone. Car chasser était sa passion, ou plutôt massacrer des animaux : en un jour, il avait abattu 2 140 oiseaux, et, peu avant la sienne, il célébra la mort de son cinq millième cerf. Haïssait-il les animaux autant que les hommes ? Non, c'était un soldat frustré qui aurait bien voulu être Napoléon, et comme ce destin lui avait été épargné, il devait se résigner à tuer ce qu'il pouvait — il avait même développé une adresse peu commune pour tuer les mouches au revolver. Lorsqu'il fut assassiné, personne ne le pleura, sinon sa femme et ses enfants, car c'était un père de famille modèle. On ne souhaitait guère non plus le voir au Paradis. Mais il avait montré beaucoup de vénération pour saint Georges en tant que patron des chasseurs, et réuni 3 750 statues du fameux tueur de dragon. L'archiduc et le saint avaient d'ailleurs un curieux point commun. Dans son musée privé, l'archiduc avait une collection exceptionnelle d'instruments de torture. Le saint, lui, avait subi sept ans de tortures parce qu'il était chrétien, avant de mourir en martyr. Saint Georges décida donc de rencontrer ce curieux disciple, et ce fut par faveur pour lui qu'on autorisa l'archiduc à entrer. Saint Georges croyait pouvoir devenir l'ami de tous les hommes, pourvu qu'il trouve la bonté dans leur cœur ; il était débordant d'hospitalité, conscient d'avoir lui-même bénéficié d'une hospitalité extraordinaire en devenant saint patron de l'Angleterre, où l'on ne savait pratiquement rien de lui (il venait de Lydda, où se trouve aujourd'hui l'aéroport de Tel-Aviv). Mais l'archiduc ne répondit pas à ses avances, car il ne trouvait de bonheur qu'en étant furieux ; ayant perdu son trône, il se fit douanier pour défendre le Paradis contre les indésirables. Et c'est ainsi que le hasard mit en présence le plus haï des hommes et le plus haï des insectes.

L'archiduc avait des questions pénétrantes à poser. De quelle nationalité était ce cafard particulier ? Il lui fallait voir son curriculum vitae. Quel était son plus proche parent ? Qui pouvait se porter garant de lui ? Quelle était la source de ses revenus ? Avait-il du moins de quoi vivre ? On disait que son instinct, sa nature même, faisait de lui un voleur professionnel, vivant entièrement de ses larcins. Quelles étaient ses idées politiques ? Pouvait-il prétendre remplir au Paradis des fonctions qu'aucune autre créature n'était en mesure d'assurer ? Après toutes les difficultés qu'il avait eues lui-même à s'y faire admettre, l'archiduc n'était pas prêt à faciliter l'entrée de qui que ce soit au Paradis.

Le cas du cafard suscita beaucoup d'intérêt et de discussions. Quelle se tailla une réputation immédiate grâce à son plaidoyer en faveur de l'insecte. La nationalité de Myosotis n'était pas si facile à établir, expliqua-t-elle. Le cafard était le meilleur voyageur de commerce du genre, suivant l'homme où qu'il aille, changeant d'habitudes et d'identité avec une facilité incroyable ; aucun bateau n'était jamais parti sans en avoir à bord, où ils remplissaient sans se plaindre et sans rétribution les fonctions de stewards, mangeant les miettes et autres rebuts dégoûtants que l'homme laisse partout où il passe. Il s'était adapté à tous les climats, et il avait constitué 3 500 espèces, nombre guère inférieur à celui des tribus humaines. Il avait lui aussi formé de puissants blocs, dont le destin n'était pas sans intérêt pour l'homme. A l'origine, c'était le cafard américain qui dominait le monde, avec un pied dans presque chaque foyer, de l'Afrique à l'Inde et à l'Extrême-Orient. Il vivait même dans les mines de charbon du Pays de Galles. Cette espèce était devenue un pilier de la science, et pas seulement à cause de son impérialisme forcené ; c'était l'insecte le plus utilisé dans les écoles et les collèges pour l'enseignement de l'entomologie ; on avait étudié sa bouche au microscope avec plus de soin qu'aucune autre, hormis celles des stars d'Hollywood. L'âge d'or de la coexistence du cafard avec l'homme fut la période 1900-1940, où il réussit presque à se faire accepter. Mais ensuite débuta la guerre des Pesticides. Le cafard allemand se révéla le plus résistant ; c'est l'espèce mondiale dont l'expansion est la plus galopante, et ses représentants colonisent toujours plus avant les cafés, restaurants et autres établissements publics, où ils règnent en maîtres ; ils adorent la bière, dont ils laissent rarement voyager un baril sans l'accompagner ; ils occupent les nouveaux bâtiments dès que le ciment est sec. Membre d'une autre espèce, le cafard oriental s'est spécialisé dans les appartements de standing inférieur, les vieilles bâtisses, les bureaux minables où les employés mangent sur place. En Grande-Bretagne, il est quatre fois plus nombreux que son cousin allemand, que l'on trouve néanmoins deux fois plus souvent dans les maisons modernes ; c'est le cafard de l'avenir. Myosotis était-il oriental, allemand, américain ?

Appartenait-il à la variété australienne, qui se refuse à vivre ailleurs que dans les climats chauds ? Venait-il du Texas, où l'on trouve réunies le plus grand nombre d'espèces diverses ? Quelle n'aurait su le dire, et elle laissa à l'archiduc le soin d'en décider.

L'archiduc se demandait s'il allait l'écraser, l'abattre à coups de revolver, ou bien encore l'utiliser pour torturer ses ennemis, quand, une fois de plus, un accident décida pour lui. Myosotis sauta du pot à confiture et disparut dans la fourrure de Jolly. Jolly, craignant le pire, détala aussi vite qu'il le put, mais lorsqu'on l'eut repris, il n'y avait plus sur lui la moindre trace de Myosotis. C'est ainsi qu'un cafard s'introduisit au Paradis. Dès lors, la mission, la passion, le but suprême de l'archiduc furent de le rattraper. Et c'est ainsi que Quelle fit son entrée, avec une mauvaise note et une réputation équivoque.

L'épisode de la douane était plus qu'une mésaventure. Certes, l'archiduc était un cas, mais son attitude ne faisait que traduire de façon caricaturale l'inquiétude provoquée par des gens comme Quelle.

Les anciens résidents trouvaient les nouveaux venus toujours plus ennuyeux, difficiles, voire incompréhensibles. Depuis des temps immémoriaux, ils considéraient la vie comme un voyage le long d'une route bien signalée, où il leur fallait, à chaque nouvelle étape, acquitter un péage plus ou moins prévisible. En règle générale, ils ne croyaient pas avoir le choix ; ils avaient accepté la sagesse et les proverbes traditionnels comme les guides les plus sûrs quant à la façon de se conduire. Bien sûr, il s'était occasionnellement trouvé parmi eux quelques excentriques, mais on voyait en eux des accidents inévitables, comme le boiteux ou le bossu. Penser par soi-même était considéré comme un acte d'audace aussi dangereux que de sortir dans les ténèbres de la nuit, alors que les mauvais esprits sont à l'affût de ceux qui enfreignent les règles. Parmi les nouveaux immigrants, il y en avait sans doute beaucoup qui voyaient leur avenir exactement sous le même jour, et ne créaient aucun ennui. Mais une espèce nouvelle se faisait connaître, à laquelle on donnait le nom de Personne Moderne. Au début, on témoignait de la pitié à ses représentants parce qu'ils étaient modernes ; ils n'y pouvaient rien ; ils ne tarderaient pas à s'en remettre ; personne ne reste éternellement moderne. Mais ensuite, il était devenu évident que certains d'entre eux étaient incurables. Leur particularité n'était pas d'avoir débarqué récemment, mais de ne pas être des personnes au sens où on l'entendait d'ordinaire autrefois. Il semblait qu'il n'y en eût pas deux qui fussent jamais capables d'arriver à la même conclusion ou de faire tout à fait le même choix. Pourtant, il ne s'agissait pas de simples individualistes. Les Personnes Modernes avaient connu une si grande variété de choix que vivre était devenu pour elles une affaire différente. Au lieu de payer les péages convenus, elles discutaient sans fin des raccourcis à prendre, et elles voyaient partout des chemins nouveaux. Même si elles y mettaient de la bonne volonté, elles parvenaient rarement à suivre l'exemple des autres ; elles ne savaient plus imiter avec exactitude. Même lorsqu'elles voulaient être conformistes, elles avaient de la difficulté à savoir à quoi se conformer, et comment s'y prendre. Elles étaient imprévisibles. Aucune éducation ne pouvait leur inculquer les normes admises. Au contraire, plus on leur fournissait d'informations, plus elles se montraient capricieuses. Malgré le nombre croissant de spécialistes chargés de les influencer, elles semblaient développer une sorte d'immunité contre l'influence, de même que les insectes contre les pesticides. Elles résistaient aux spécialistes non seulement par obstination, mais parce qu'elles étaient trop complexes pour interpréter simplement le message reçu. Toutes les Personnes Modernes étaient uniques, en sorte qu'on ne pouvait pas deviner quel comportement elles allaient adopter. D'ailleurs, elles ne le savaient pas elles-mêmes, car l'idée d'être uniques leur paraissait insupportable ; elles s'obstinaient à le cacher comme un sujet de honte, et faisaient mine de vivre comme leurs voisins. Mais lorsqu'elles connaissaient une période de confiance, elles affirmaient être ce que tout être humain doit viser à devenir : des adultes à l'image de Dieu, c'est-à-dire non des imitateurs mais des créateurs, qui, comme chacun sait, sont toujours uniques. Quand elles se sentaient déprimées, elles avouaient ne pas mieux savoir se tenir debout que des nouveau-nés, avoir besoin du soutien de la bonne opinion d'autrui, qui n'était pas facile à obtenir. La solitude glacée était le signe extérieur de leur dilemme. C'était à juste titre que les anciens résidents s'inquiétaient pour elles ; ils étaient confrontés non au traditionnel conflit de générations, mais à quelque chose de tout à fait nouveau : des individus qui, réellement, étaient différents d'eux. Pour les cas extrêmes, on avait inventé le nom de Personne Plus.

La fermeture des portes du Paradis était un geste de désespoir, qu'expliquait le fait que les vieux résidents n'avaient pas de réponse. Le scandale du cafard était le dernier d'une longue liste de coups durs.

Quelle envoya une carte postale à ses parents afin de les rassurer quant à son arrivée. Il n'y avait pas lieu de s'inquiéter de la disparition de Myosotis : il revenait toujours. Se glisser dans les moindres crevasses était son grand plaisir ; sans doute avait-il découvert parmi les âmes une quelconque fissure où se cacher. Pourtant, alors que seule la compagnie des chiens semblait vraiment l'intéresser et qu'il n'avait jamais montré pour le cafard que de l'indifférence, Jolly paraissait se soucier de ce qu'il était devenu. Il flairait le pot à confiture et jetait alentour des regards pathétiques, ce qui ne lui ressemblait pas du tout.

Quelle sentit qu'elle ne devait pas réagir à ce qu'elle voyait comme elle le faisait d'ordinaire. C'était comme si l'éternité demandait à ce qu'elle fît une pause après chaque observation, comme si chaque événement devait être traité comme un morceau de musique qu'il fallait écouter encore et encore, jusqu'à ce qu'il devienne plus lent et plus doux, laissant, tandis qu'il se mourait, un doute lancinant. Toute chose paraissait dire : pas de hâte, tu as enfin le temps de réfléchir, rien n'est ce qu'on croit au premier regard. Ici, on a toute l'éternité pour penser. La qualité la plus insaisissable du Paradis résidait peut-être dans le fait qu'il était plein de pensées, de pensées en attente, prêtes à nourrir d'autres pensées.

CHAPITRE II

A la sortie de l'aéroport, personne n'attendait Quelle, pas de fonctionnaire en costume, pas de guide proposant un tour chez les âmes heureuses avec explications sur le bonheur forcé du Paradis, pas de dégustation des divers crus de la béatitude. Elle en fut soulagée. Elle avait ses projets à elle ; elle voulait rencontrer son ange gardien, surprendre les secrets des résidents, apprendre à sauter les obstacles qui barraient la route du bonheur, s'informer des dangers, des présages, guigner la vérité qui se cachait derrière la pompe et la réticence. Elle voulait savoir quelle sorte de gens, ici, réussissaient le mieux, et après quelle forme de succès ils couraient.

Elle comprit qu'il ne devait pas être facile de reconnaître un ange. Leurs robes blanches et leurs ceintures dorées, les anges ne devaient les porter que pour chanter autour du trône de Dieu. Sans doute pouvait-on les voir habillés ainsi lorsqu'ils se rendaient à une répétition chorale où se détendaient après un concert. Mais avec les changements survenus au Paradis, il n'y avait guère de chance d'en rencontrer soudain une équipe dans la rue. Sur terre, les anges préféraient se déguiser, comme si leur passe-temps favori était d'inventer des surprises, des énigmes ; dans ces conditions, on ne savait jamais à l'avance quel aspect ils allaient revêtir. Au Paradis, on pense en général qu'ils n'apparaissent que lorsqu'ils le jugent bon et ont à dire quelque chose de très particulier. L'accueil des nouveaux arrivants n'entre pas dans leurs attributions. Où se cachent-ils ? Que mijotent-ils ? Dans l'ignorance où ils se trouvent, les gens s'attendent au pire et redoutent une terrible vengeance.

Ainsi, Quelle n'eut pas droit à la moindre parole de bienvenue de la part d'un quelconque ange gardien. Comment devait-elle s'y prendre pour trouver le sien ? C'était désormais son premier souci, et pas seulement pour une question de curiosité. Elle n'était pas comme les autres immigrants : elle n'avait pas l'éternité devant elle pour attendre une rencontre. La solitude du Paradis se cristallisait en elle comme une impression d'être sale, grossière, pesante, laide. Si laide que le dégoût la prenait à chaque fois qu'elle voyait son reflet, même vaguement, dans une surface polie : aucun de ses traits ne semblait être tout à fait à la bonne place, ni tout à fait de la bonne dimension. Elle était partagée entre le désir de se cacher, convaincue de ne pouvoir trouver une place au Paradis avec la tête qu'elle se voyait, et un grand besoin d'aide ; mais pour trouver un guide, il fallait qu'elle soit présentable. Son aspect, sa beauté, commençaient de l'inquiéter comme ils ne l'avaient jamais fait.

Aujourd'hui, se lamente Ismaïl le vieux portier, ils se sentent souvent laids. Ça les surprend. Ils ne croyaient pas du tout avoir à penser à leur corps.

Mais il n'y a pas de corps au Paradis, affirment tous les saints chrétiens qui l'ont visité ; il n'y a pas de mariages, et encore moins de sordides aventures clandestines. Selon eux, la beauté de l'âme est tout ce qui compte. Quel serait l'intérêt d'une belle apparence, qui donc en profiterait ? Mais ces saints sont célibataires et ne recherchent qu'une chose : la pureté. Ils sont si absorbés, si absents, qu'ils pourraient être pris dans une explosion pratiquement sans rien remarquer. Au Paradis, il est sans doute possible d'avoir le sentiment qu'on a perdu son corps, ce qui est aussi effrayant que de perdre l'esprit sur terre. Mais le corps ne disparaît pas. L'impression ressentie est comparable à celle qu'éprouve un amputé. On lui a enlevé un membre, mais il peut toujours le sentir très distinctement. Il en va de même lorsque le corps meurt : il paraît toujours être là. Après une amputation, la présence du membre disparu peut être ressentie avec une telle réalité que la victime cherche parfois à atteindre un objet avec une main fantôme, ou à sortir du lit sur une jambe imaginaire. Avec le temps, le membre peut se déformer, devenir moins distinct; parfois, une main ou un pied donnent l'impression d'être suspendus dans l'air; parfois, le membre se télescope, et la main ou le pied semblent sortir du moignon de l'épaule ou de la cuisse. Puis le membre fantôme acquiert une vie indépendante, sur lequel son propriétaire n'a plus aucun contrôle; les poings se serrent si étroitement que les ongles entrent dans la chair, la crampe s'installe et devient permanente, le bras entier paraît en feu ou momifié de froid. Il peut crier de douleur. On doit s'habituer à lui comme à un frère siamois dont on doit partager les douleurs. La différence entre un membre amputé et le corps au Paradis est que le premier est complètement hors de contrôle, alors qu'avec le temps les habitants du Paradis prennent conscience que leur nouveau corps n'est pas aussi indépendant qu'il y paraît, qu'il ne s'agit pas d'une sorte de fantôme irritant dont on ne parvient pas à se débarrasser. Cependant, bien qu'ils sachent qu'ils sont censés se concentrer sur les choses de l'esprit, leurs pensées vagabondent; ils se demandent de quoi ils ont l'air, ils veulent savoir ce que les autres pensent d'eux. Les Écritures leur ont promis qu'ils seraient beaux aux yeux de Dieu, mais sans dire s'ils le seraient les uns pour les autres.

La faculté d'imaginer son corps tel qu'on le voudrait peut être une source de joie pour ceux qui ont le courage de lâcher la bride à leur fantaisie, et qui ont le don de transmettre leur vision aux autres; mais elle peut également avoir un effet catastrophique sur les rapports entre les âmes, creuser le fossé qui les sépare, car la façon dont se voient les âmes peut être très différente de celle dont les autres les perçoivent. Ainsi, elles se sentent souvent moins comprises et moins appréciées encore que sur terre. Et c'est l'une des raisons de l'inquiétude à propos de la laideur. L'illusion peut devenir hallucination quand les âmes oublient qu'elles fantasment. Le visiteur non préparé qui les rencontre dans cet état en arrive à se demander s'il ne se trouve pas dans quelque étrange asile. La plupart des âmes ont soin d'éviter de gêner les autres en continuant à considérer leurs corps comme s'il s'agissait de solides masses de chair. Rares sont ceux qui ont des illusions de grandeur et gardent le souvenir des chimistes, capables de changer les apparences, de transformer des arbres en papier, ou du sable en vitre transparente ; et pourtant, la chair, comme tous les objets matériels, n'est jamais une masse solide de quoi que ce soit, mais une illusion habilement créée par des troupes de petits magiciens dansants, qui, suivant la façon dont ils sont groupés, suivant qu'ils dansent la valse, le menuet ou le tango, peuvent apparaître tantôt comme un morceau de charbon et tantôt comme une robe vaporeuse, être une semelle ou une paire de lunettes, puis se dissoudre en fumée ou devenir l'odeur suave d'une bouteille de parfum. Il faut du temps pour que les âmes apprennent les danses du Paradis.

Un corps qui joue des tours à son propriétaire a de quoi rendre une âme timide perplexe à propos de son identité. Un immigrant qui arrive accablé par l'incertitude quant à ses qualités et à son importance pousse un soupir de soulagement,. espérant voir enfin se dissiper son ignorance, son doute existentiel, et se trouver dans la position d'un acteur qui va rencontrer l'auteur de la pièce et apprendre de la bouche du maître de quelle manière il doit jouer son rôle, quel personnage est réellement le sien. Mais les choses ne se passent pas ainsi, et s'il n'y prend pas garde, ses doutes risquent fort de se multiplier. Un des grands mérites de l'endroit, une des raisons qui lui vaut tant d'admiration, réside dans le fait que, lorsqu'il admet un nouveau citoyen, il ne retient pas son passé contre lui : on n'y dit pas au menuisier qu'il pourra consacrer l'éternité qu'il a devant lui à réparer les bancs endommagés des parcs, ni au criminel alcoolique repentant que tout le monde a désormais reçu l'ordre d'avoir pitié de lui. On n'y pose de questions à personne sur son passé terrestre. Mais cela crée un problème terrible. Sans passé, qui sommes-nous ? Pour la plupart, les immigrants trouvent la question trop difficile, impossible à résoudre. Ils tentent de s'y soustraire en s'accrochant à leur ancienne image d'eux-mêmes et en reconstituant autour d'eux au moins certaines parties de leur ancienne existence.

Ainsi, la première illusion de Quelle fut que le Paradis ressemblait beaucoup à la terre. On y trouve des quartiers de bungalows pour retraités chics, des ensembles de maisons aux peintures écaillées, des cités reconstituées comme dans un studio de cinéma, et une copie de presque toutes les villes qui ont existé, y compris dans des marais ou des déserts universellement considérés comme abandonnés de Dieu. On y met tout en œuvre pour recréer des visions familières ; et, trop heureux qu'elles ne s'appellent pas toutes *Déjà Vu*, les facteurs ne se plaignent pas que tant de maisonnettes portent le nom de *Mon Repos*. Il ne peut en être autrement : le Paradis est ce qu'en font ses habitants, et la plupart d'entre eux aiment ce dont ils ont l'habitude. Mais Quelle n'avait pas fait le voyage pour admirer l'architecture ou les modes du passé ; et elle tremblait à la pensée que, plus le Paradis ressemblait à une pâle copie de la terre, moins elle avait de chance d'y rencontrer des anges et des chérubins exotiques, ou d'y entendre de l'authentique musique céleste. Mais il était clair que deux règles profondément enracinées maintenaient le Paradis dans l'immobilité. « A chacun sa place », telle était la première — la grande majorité y voyaient un saint commandement et s'efforçaient de perpétuer la vie et l'apparence qu'ils avaient toujours eues. « Fais ce que fait ton voisin », ordonnait la seconde — l'imitation était tenue en haute estime, car elle éliminait toutes les surprises et semblait garantir l'harmonie.

Les représentants de la nouvelle espèce d'immigrants dits ironiquement Personnes Plus ont bien du mal à se faire à ces deux règles. Ils refusent de se modeler sur leurs supérieurs, car ils ont horreur d'être comme tout le monde. Ils se considèrent comme des individus. Leur but est de se découvrir. Pour trouver leur identité, ils regardent à l'intérieur d'eux-mêmes, ils sondent leur cœur. Ils ont le sentiment que leur visage et leur corps donnent une fausse idée de leur vraie nature. Ils refusent d'admettre que les autres peuvent se trouver dans le même cas, en sorte qu'ils sont nerveux, susceptibles, capricieux. Ils ne se considèrent pas seulement comme des plantes fragiles qui ont besoin d'un tuteur : ils sont si peu sûrs d'eux qu'ils ignorent quelle forme ils vont prendre et doutent même parfois de pousser réellement. Ils s'efforcent d'être eux-mêmes, mais ils ne savent pas trop comment. Surtout, ils ont sans cesse besoin d'encouragement, d'approbation, d'admiration. C'est là leur suprême faim. Ils sont obsédés par le besoin de beauté, mais ils mettent du temps à comprendre que celle-ci ne peut pas signifier la même chose que sur terre : au Paradis, il ne s'agit plus d'une arme de la guerre entre les sexes ; l'éternité enlève toute importance à l'apparence de la jeunesse. Il leur faut donc redécouvrir ce que signifie la beauté. Mais ne sachant de quelle manière se transformer, ils préfèrent s'imaginer retenus par des chaînes invisibles. C'est aussi ce qui explique leur sentiment de laideur et de lourdeur.

Si Quelle était arrivée en ne pensant qu'à un bon repas et à un lit chaud, elle n'aurait guère eu d'inquiétudes. Mais malgré elle, elle se sentait tendue, embarrassée. Elle avait, elle aussi, quelque chose d'une Personne Plus. Son corps lui était un fardeau : vulnérable, maladroit, sensible. Devant l'aéroport, les bars, les boutiques de vêtements, les librairies et les cinémas prenaient une signification nouvelle. Manifestement, sans leur soutien, les âmes couraient le risque d'aller à vau-l'eau. En se promenant d'un pas hésitant dans les magasins, elle s'aperçut qu'on ne la pressait pas d'acheter ; personne ne paraissait s'intéresser à elle. Était-ce parce que son visage perdait sa forme, parce que sa chair de poule se transformait en pustules permanentes ? Elle se sentait faible et chancelante. Elle demanda où se trouvaient les anges gardiens, mais elle ne reçut pas l'ombre d'une indication. Tout le monde semblait penser que les anges étaient difficiles à trouver. Ce n'est que lorsqu'elle s'arrêta dans une vieille herboristerie en quête d'une tisane qui la requinquerait qu'elle obtint une réponse. Parmi les centaines de pots alignés sur les étagères, elle en avisa un étiqueté « Parfum d'ange ». Il était bien scellé à la cire rouge pour le préserver des narines indiscrètes, mais Jolly le flaira, et son nez fut assez subtil pour en détecter la fragrance unique, dont tous ceux qui ont rencontré des anges se souviennent comme d'une de leurs caractéristiques les plus stupéfiantes. Grâce à Jolly, ils purent suivre l'odeur dans la rue, à travers la banlieue, les collines et jusqu'à l'océan, où Quelle finit par arriver devant un écriteau annonçant : « Village des Anges — anges seuls autorisés au-delà de cette limite. »

Ils étaient à des kilomètres de toute autre habitation. Devant eux se dressait un ensemble de soixante-dix à quatre-vingts petits palais, certains avec des minarets et certains avec des coupoles, tous grandioses, tous construits dans un style différent et plus ou moins bizarre. Les jardins, jadis spectaculaires, paraissaient négligés ; des légumes poussaient maintenant dans les parterres de fleurs ; mais la plage de sable qui bordait l'océan bleu paon faisait de l'ensemble un véritable paradis au sein du Paradis, la parfaite résidence estivale pour anges surmenés en mal de paix et de dépaysement. Le village était ceint d'un haut mur, mais sans rien pour cacher que les anges vivaient là. A la porte, Quelle lut leurs noms majestueux, et souvent peu connus du fait de la rareté des rencontres entre humains et messagers de Dieu. Le seul qui lui fût familier était celui de Kal, l'ange gardien de Nabuchodonosor : ce serait une véritable aubaine que d'avoir sa protection. Il n'y avait pas trace de Baruch, maître des cérémonies et responsable des visiteurs, connu pour avoir conduit plusieurs sages éminents à travers les merveilles du Paradis ; mais elle fut intriguée par les noms de Mihr, ange de l'amitié, de Liwet, ange de l'invention, de Theliel, ange de l'amour, de Poth, ange de l'oubli, de Zadkiel, ange de la pitié, de Sofiel, ange des légumes, de Metatron, ange du visage, d'Ergediel, ange des vingt-huit maisons de la lune. Passant d'une porte à l'autre, elle frappa, sonna, tira sur des chaînes agitant des cloches, mais sans obtenir de réponses : soit les visiteurs n'étaient pas admis, soit les anges n'étaient pas visibles.

Cependant, des dizaines d'hommes et de femmes prenaient le soleil sur la plage, perdus dans leurs rêveries, regardant dans le vide, certains jouant de la guitare et certains chantonnant pour eux-mêmes ; mais ce qu'il y avait chez eux de plus remarquable, c'est que leurs yeux exprimaient une tristesse évidente. Les anges avaient déserté leurs maisons ; quant à savoir pourquoi et de quelle manière, personne ne put le dire à Quelle. Désormais, le Village des Anges n'était plus habité que par des squatters. C'était devenu le refuge des mécontents. Mécontent, tout le monde a, bien sûr, des raisons de l'être. Mais la plupart des gens n'aiment pas se l'avouer, ou en tout cas se présenter comme tels. Or ceux qui étaient là admettaient publiquement leur insatisfaction : ils étaient trop modestes pour se croire dignes du Paradis ; ils en espéraient trop pour ne pas avoir été déçus aussitôt débarqués ; ou ils étaient trop pessimistes pour pouvoir en attendre un quelconque bienfait. Si le Paradis est prévu pour tout le monde, tout le monde n'y trouve pas son compte. Ainsi, il n'est pas rare que des nouveaux venus protestent : ils sont traités comme des touristes de groupe parachutés dans une île tropicale réputée idyllique ; ils s'aperçoivent trop tard qu'ils ne peuvent supporter la chaleur étouffante ; ils sont atterrés par l'idée que leur séjour n'aura pas de fin. Les immigrants qui souffrent de ce type de mécontentement découvrent l'existence de ce village comme par télépathie. Deux pilotes kamikazes japonais d'une vingtaine d'années y étaient venus, par exemple, se remettre du choc qu'ils avaient éprouvé en apprenant que leur sacrifice n'avait pas obtenu le résultat escompté ; comme ils ne croyaient pas au Paradis, le fait de découvrir qu'ils n'avaient pas fini dans le néant avait été pour eux un coup terrible ; maintenant, ils complotaient de s'évader aussitôt qu'ils auraient trouvé un endroit qui serait réellement nulle part. Tous les habitants du village partageaient la même obsession : où pourraient-ils aller ensuite ? Ils désiraient continuer, mais le Paradis ne semblait rien avoir prévu qui le leur permît. Pour eux, c'était là un défaut majeur.

Ces mécontents n'étaient pas les seuls occupants du Village des Anges. De petits crabes et de petits poulpes se promenaient çà et là parmi les corps abandonnés, sortant de la mer pour y retourner en courant, mêlant bravement leurs tentacules aux membres sur lesquels ils trébuchaient, accomplissant parfois une petite danse, faisant soudain de leurs bras des jambes, gesticulant comme des chefs d'orchestre incapables de se faire comprendre. Les âmes humaines ne semblaient pas les remarquer. Quelle se demandait s'il se trouvait aussi des mécontents parmi les habitants de la mer. Si les poissons ne pouvaient pas voler au Paradis, le Paradis ne méritait guère son nom ; si les poulpes, qui sont les créatures marines les plus humaines, les plus intelligentes, ne pouvaient pas réaliser ici leur ambition de vivre sur terre ferme, alors plus d'une tempête devait se préparer sur les rivages du Paradis.

Découvrir que le Paradis ne guérit pas les faiblesses que l'on y apporte avec soi est une expérience accablante, comme de se rendre compte qu'il va falloir encore beaucoup apprendre avant de pouvoir y vivre d'une façon qui lui rende justice. Quelle remarqua que les plus récents arrivants étaient aussi les moins capables de jouir de ses avantages. Aussi, plutôt que de les questionner directement, décida-t-elle de se faire une idée de l'endroit d'après les potins qui s'y échangeaient ; elle se rendit chez le coiffeur, ce qui lui permettrait par la même occasion d'améliorer son apparence. Cependant, le salon dans lequel elle entra témoignait de la difficulté que la plupart éprouvent à vivre au Paradis, et des ravages que peut provoquer dans une âme le sentiment d'être laid à jamais. On avait remplacé les lavabos par des vasques à poissons, les séchoirs par des cages à oiseaux ; sur les murs, on avait mis des filets de pêche plutôt que des photos d'acteurs, et plusieurs poulpes de belle allure se promenaient alentour, passant d'une vasque à l'autre, et agitant leurs bras comme dans un démêlé avec eux-mêmes. Le coiffeur l'accueillit poliment, mais sans fournir aucune excuse, aucune explication quant à la façon insolite dont son salon était meublé. Il continuait son travail. Ce zoo avait donc une raison.

Il se présenta comme le célèbre Saturnin, l'un des coiffeurs jadis les plus prisés de Paris. Il dit qu'il pouvait voir immédiatement pourquoi elle était là, car il partageait son malaise ; il savait quelle expérience traumatisante c'était que de se retrouver au Paradis. Bien qu'il fût célèbre en son temps, ici — il eut un soupir résigné —, il n'avait pas plus de succès que les autres habitants du village. Ravi d'avoir quelqu'un à qui raconter son histoire, il lui dit qu'il était parti du pied gauche aussitôt débarqué. Il était arrivé avec sa carte d'identité française en main, selon le conseil de son gouvernement, qui tenait en piètre estime ceux qui ne savaient plus qui ils étaient ; ainsi, il espérait être reçu comme il le méritait ; mais il avait été très dépité de voir que personne ne l'attendait. Fallait-il qu'il ne dise pas un mot et se perde dans la foule ? C'était impossible. Pour lui, il était important de faire un petit discours, bien sûr ; une carte d'identité donne une impression tellement fausse : elle ne fournit aucune indication quant au genre de personne que l'on est, quant à ses rêves, quant à ses qualités humaines. Il voulait expliquer pourquoi il croyait mériter le respect, l'attention, révéler toute l'ampleur de sa réussite, la complexité de son âme. Dans l'excitation du moment, il fut incapable de trouver les mots justes, et moins encore lorsque, sur une soudaine impulsion, il tenta de parler en anglais, ce qui le rendit totalement incompréhensible. C'était l'espèce d'humiliation qu'essuyaient d'ordinaire ceux qui arrivaient hantés par la pensée que l'on se faisait une fausse idée d'eux. Quel que soit leur succès sur terre, les gens ont rarement l'impression qu'on les a bien compris, et leur dernier espoir est que le Paradis va enfin y porter remède. Beaucoup s'inquiètent en outre d'avoir eu un travail indigne d'eux, ou, du moins, auquel on n'a pas accordé toute l'estime qu'il méritait. Ainsi, Saturnin craignait d'être mal jugé en raison de sa profession, d'être traité plus durement que les autres parce qu'il avait pris soin de la vanité humaine. Il n'avait jamais vu d'histoire d'enfants où le héros est un coiffeur, et il ne s'attendait pas à en trouver au Paradis. Qui saurait voir qu'il n'était pas qu'une girouette tournant au vent de la frivolité, un de ces bavards impénitents comme il y en a tant dans sa profession ? Il avait beaucoup réfléchi, beaucoup pensé au monde comme à lui-même.

Cela rendait son incapacité à s'expliquer d'autant plus

irritante. Il n'avait pas seulement amassé une certaine quantité d'argent et de biens, il avait acquis une philosophie. Son fort était la psychologie féminine : sur ce chapitre, la modestie l'abandonnait. A ses heures d'euphorie, il disait : « Les femmes ont besoin de sécurité. C'est les hommes qui les font fleurir. » Mais une fois transplanté au Paradis, il prit conscience qu'il avait passé sa vie à rechercher cette même sécurité, et il continuait d'en avoir soif ; les formules qui guidaient sa conduite, qui le faisaient paraître sûr de lui, restaient désormais sans effet. Il avait toujours su accueillir ses clientes avec des citations déconcertantes tirées de ses auteurs favoris, comme Baudelaire : « J'ai cherché la beauté, je l'ai trouvée, je ne l'ai pas trouvée belle. » Avec une provision apparemment sans fin de ces propos énigmatiques qui créent une pause dans la conversation, il avait acquis la réputation d'un véritable artiste. Mais maintenant, sa vie entière était une pause interminable.

Pour lui, bien couper les cheveux à quelqu'un ne s'était jamais résumé à cela, et moins encore à reproduire une coiffure à la mode. Saturnin répétait sans cesse : « Mon style, c'est de ne pas offrir le même style. Mon plaisir est de découvrir la personnalité de ma cliente et de l'amener à souligner, à développer celle-ci. Si une cliente qui a des cheveux longs me demande de les lui couper, j'hésite. Je ne veux pas la violer. » Il ne cessait d'encourager les femmes à trouver quelque chose qui les distingue des autres. C'était la base du credo des Personnes Plus, et Saturnin était fier de compter parmi elles. Il avait gardé le respect de lui-même parce qu'il avait aidé les gens à devenir beaux en devenant eux-mêmes. « La beauté est le rayonnement d'une personnalité. » La laideur, il en était certain, disparaîtrait aussitôt que toute femme aurait trouvé sa personnalité et appris à être authentique. La laideur était faite de mauvaises pensées ; une expression méchante suffisait à détruire la beauté. Soyez vous-même, tel était pour lui le secret d'une vie réussie. Il avouait avoir lui-même porté de nombreux masques, mais pour finir, il avait réussi à les enlever. Son travail lui avait appris à se comprendre, parce qu'il exigeait de lui qu'il comprenne les autres.

« Soyez vous-même ! » Ça paraissait un bon conseil à donner aux autres, mais, devant la perspective d'avoir tout à recommencer dans un monde entièrement nouveau, Saturnin n'était pas certain que la vie qu'il avait menée sur terre était l'expression de son moi le plus profond. Il avait souhaité être coiffeur depuis l'âge de neuf ans, mais il se demandait encore si ce n'était pas par esprit de contradiction vis-à-vis de ses parents, qui n'admiraient rien tant que les fonctionnaires. Il ne regrettait pas sa rébellion, mais il n'était pas sûr qu'elle ait correspondu à une appréciation correcte de son potentiel à venir. Car avec le peu de travail qu'il y avait pour lui au Paradis, et sans le pouvoir dont il avait joui en transformant pour un bref moment de jeunes femmes en déesses de la mode, il se sentait inexistant. Dans l'espoir de sauver ce qui restait de son idée d'avoir réussi, il avait voulu rencontrer les coiffeurs qui l'avaient précédé sur le chemin de l'exil, voir comment ses compatriotes avaient réagi en se retrouvant en pays étranger. Des réunions d'anciens étaient régulièrement organisées, mais la plupart du temps, c'étaient des fours complets. Les ratés trouvaient ceux qui avaient réussi arrogants, décevants, ennuyeux. Saturnin était triste de constater qu'il n'avait rien de commun avec des hommes comme Champagne, qui, sous Louis XIII, était le tyran des coiffeurs ; comme Legros, fier de couper les cheveux d'un dandy chef de la police connu pour sa brutalité ; comme Constant, le coiffeur de Napoléon, dont la tâche était plutôt facile mais l'adresse sujette à caution ; comme le grandiloquent Croizat, qui s'intitulait le Napoléon de la coiffure, se disait capable de concevoir 100 000 fantaisies différentes, et voulait que sa profession fût reconnue comme un des beaux-arts ; ni surtout comme Léonard, premier coiffeur à être admis dans la haute société, qui léchait les bottes de Marie-Antoinette quand il ne s'occupait pas de ses cheveux. Avec une crainte qui confinait à la panique, Saturnin entrevoyait la possibilité de se sentir à jamais étranger au Paradis, déplacé, assimilé à Figaro, symbole de l'homme insatisfait, persuadé que ses talents ne sont pas appréciés comme ils le devraient. Il ne supportait plus la moindre plaisanterie sur son métier ; il ne voulait plus s'entendre expliquer que, pour les Français, un *chien coiffé* est un homme laid.

Le regret torturait Saturnin — regret de ne pas avoir à coiffer toutes les têtes prestigieuses qui l'attendaient, croyait-il, regret de ne rien trouver d'autre à faire, regret d'avoir imaginé un peu trop vite que la vie devait continuer ici comme sur terre, et surtout, regret d'avoir cette incurable faculté de regretter. Le regret était encore un désagrément dont les Personnes Plus avaient à souffrir ; et cela les étonnait, car elles se croyaient tournées vers l'avenir. Pour elles, c'était un choc considérable de comprendre qu'elles étaient prisonnières du souvenir, plus encore même que ceux qui vivaient selon des rituels ancestraux. Les moindres incidents de leurs premières années, les moindres punitions de leur enfance, les moindres émotions de leur adolescence, elles s'en souviennent religieusement comme ayant fait d'elles ce qu'elles sont ; et elles s'accrochent à ces souvenirs par crainte de perdre le sentiment d'être elles-mêmes, comme des éboueurs avares qui ne peuvent supporter de jeter leurs ordures et restent à suffoquer au milieu d'elles. Regretter, oublier, procréer : ces trois torturantes préoccupations de la vie terrestre n'aident en aucune façon à apprécier le Paradis. Saturnin se sentait comme un enfant qui ne sait pas aller à bicyclette. Bien qu'il imaginât non sans émoi que c'était le premier but de sa nouvelle résidence, il ne savait pas être heureux.

Il devait toutefois reconnaître que, le bonheur, il ne l'avait jamais connu sur terre. Né dans une respectable famille bourgeoise, il ne s'y était pas senti à l'aise : « Je ne pouvais pas m'accepter. » C'est ainsi qu'il avait voyagé en Inde en quête de sagesse, en Australie en quête de chance, en Italie en quête de racines et de foi, mais sans jamais trouver ce qui lui convenait vraiment. « Nous sommes tous seuls, avait-il conclu. Tous, nous sommes des marginaux. » Tout ce qu'il savait, c'était anesthésier la peine que lui causait cette solitude en répétant : « Il faut admettre que chacun a sa voie personnelle, et respecter les autres. Il n'y a ni supérieurs ni inférieurs. » Mais tout cela ne le rendait pas heureux. « On doit apprendre à aimer ses souffrances », disait-il, citant — à tort ou à raison, Quelle n'aurait su le dire — tout à la fois Gurdjieff, Edgar Poe, Rimbaud et Lao-tseu.

Connais-toi toi-même. Cette panacée perd tout son sens quand l'imagination est libérée comme c'est le cas au Paradis, où il est même envisageable qu'elle puisse remodeler les traits du visage. Les bases de l'art de Saturnin s'effondraient complètement. Il ne savait que dire aux vieilles femmes qui, au Paradis, étaient plus déroutées encore que lorsqu'elles voyaient leur visage se désintégrer un peu plus tous les jours, et qu'un étrange épouvantail semblait les regarder dans le miroir ; ce qu'il y a de terrifiant avec le Paradis, c'est qu'il peut rendre le corps imprévisible et tout le reste en même temps. C'est le contraire de ce que l'on attend. Durant les longues journées que Saturnin passait dans le nouveau salon qu'il avait installé dans le Village des Anges, et qui d'ordinaire était vide, il regardait dans ses miroirs et se demandait si, par quelque curieux phénomène, il n'était pas devenu aveugle. Les yeux étaient les fenêtres de l'âme, mais l'âme était précisément la seule chose qu'ils ne pouvaient voir. Ils ne pouvaient se voir eux-mêmes, et ils ne pouvaient croire les photographies, dont jamais deux n'étaient semblables. Durant les nuits interminables, incapable de dormir, il descendait nu pour reprendre sa veille ; dans l'obscurité, les miroirs, où se mêlaient les ombres, paraissaient plus timides, et répondaient à ses questions de façon moins catégorique. C'est là qu'il avait commencé à avoir ce qu'il appelait ses visions, mais qui n'était peut-être que le résultat de son adaptation au monde nouveau où il vivait et aux lois qui étaient les siennes. Le souvenir d'Errol Flynn qu'évoquait sa lèvre supérieure, l'air byronien qu'il cultivait, l'élégant zézaiement dont il le tempérait, tout comme le durillon qu'avaient valu à son gros orteil droit des chaussures italiennes trop étroites, l'extrémité ratatinée de ses doigts, noircis presque comme des moignons de bougie par les longs séjours dans les bacs à teintures, ses ongles rongés dont chacun était d'un ocre différent — tous ces traits qui auraient pu figurer dans son passeport comme des signes distinctifs lui apparaissaient aujourd'hui non plus comme faisant partie de lui mais comme des sortes de béquilles, des accessoires d'emprunt tirés d'un bric-à-brac. Il se méprisait d'avoir sa vie durant fait ses achats dans le même supermarché mental, d'être toujours rentré chez lui avec les mêmes boîtes de conserve. Même dans sa recherche d'originalité, il avait gardé quelque part le souvenir d'autres gens, de modèles qu'il parait de qualités enviables, et auxquels il croyait pouvoir partiellement ressembler.

Ces « visions » lui faisaient une si forte impression que, durant un certain temps, il fuit toute compagnie humaine. Les oiseaux et les poissons du Paradis devinrent le nouvel objet de ses méditations : la nature fut sa boule de cristal. Creusant un canal à travers la plage, il amena l'eau de la mer jusque dans sa piscine, et de là, par de gros tuyaux, jusque dans son aquarium. Le poulpe devint son compagnon favori : pour lui, c'était le plus triste échec de la création, et il symbolisait la frustration que lui-même éprouvait. Le poulpe, disait-il, avait été créé pour être le maître des mers, comme l'homme était censé être le roi de la terre ; il avait les dons les plus stupéfiants, un cerveau merveilleux, même un cerveau dans chacune de ses huit tentacules ; mais c'était un ratage. Il avait échoué. Et cela, bien que chaque poulpe, comme l'homme, ait ses particularités ; tous apprennent autre chose selon leurs expériences, car, négligés par leurs parents, ils sont autodidactes. Ils peuvent manger quasi n'importe quoi ; les humains seuls ont des goûts si variés. Jamais tranquilles, ils déménagent aussi souvent qu'un cadre supérieur américain ; amateurs de plaisirs, ils adorent danser et le font avec grâce. Mais ils peuvent aussi être déprimés, voire suicidaires ; il leur arrive de se manger les tentacules, puis, changeant d'idée, de s'en faire pousser d'autres. Surtout, ils refusent d'être conséquents. Ils changent d'aspect plus souvent que l'on peut changer de vêtements. Lorsque Quelle avait remarqué sa présence, le poulpe favori de Saturnin, dont les yeux presque humains fixaient sur eux un regard de supplication, était d'un brun sombre et luisant ; mais dans le cours de la conversation, il était devenu vermillon, puis gris-vert, puis de plus en plus pâle, jusqu'à être presque transparent. Il semblait se moquer des hommes obsédés par leur sens de l'identité, leur besoin de reconnaître, d'étiqueter, de juger. Comme pour prouver qu'il n'était pas encore battu, il cracha alors, avec une précision parfaite, une gorgée d'eau au visage de Quelle, suivie d'un nuage d'encre violette dans son aquarium, reproduisant exactement sa forme ; puis il s'enfuit comme un gosse pris en faute, laissant derrière lui son fantôme d'encre violette pour confondre ses ennemis et émerveiller ses admirateurs. Et pourtant, cet animal plein de ressources était un échec, car il ne pouvait agir avec cohérence ; il était devenu trop compliqué pour son cerveau, malgré la taille de celui-ci ; il ne pouvait pas contrôler ce que faisaient ses tentacules, chacune dansant, caressant, chassant et mangeant pour soi. C'est pourquoi Saturnin le trouvait si humain : le poulpe ne s'en sortait pas. Dans le corps qu'il avait développé, il avait fait de mauvais choix, et il n'avait pas eu la souplesse nécessaire pour corriger ses fautes ; son cœur, son sang, ses reins ne lui convenaient pas. Peut-être au Paradis allait-il trouver de nouvelles solutions ? Quel genre d'existence les poissons et les oiseaux menaient-ils ou se proposaient-ils de mener au Paradis ? D'après les Écritures, on les avait placés sur terre pour être gouvernés par les hommes ; mais maintenant, c'était fini, ils étaient libres. Saturnin avait l'intention de l'observer pendant au moins quelques années pour voir de quelle façon il allait négocier ses faiblesses. Le Paradis était fait pour encourager la méditation prolongée. Quelle aussi, dit-il, devait bien réfléchir à quoi elle voulait ressembler. Il faudrait qu'elle revienne le voir plusieurs fois avant de décider quel type de coiffure elle devrait ou pourrait adopter.

Il n'y avait d'autre solution que de partir. Quelle redescendit vers la plage, avisa une femme d'âge moyen assise seule sur un banc à regarder la mer, et s'assit à côté d'elle. Les doigts de la femme s'agitaient nerveusement ; ses pieds nus labouraient le sable ; des poches tristes soulignaient ses yeux. La souffrance était chez elle au Paradis, et, curieusement, Quelle se sentit réconfortée de se trouver à côté de quelqu'un qui souffrait, et qui le montrait. Les âmes pouvaient-elles partager leurs soucis, les alléger en se les lançant les unes aux autres, comme une balle ? La femme eut un petit sourire, ne rejetant ni ne sollicitant les questions de Quelle, et se contenta de soupirer plusieurs fois, comme pour dire qu'il était inutile de parler. Quelle prit sa main et la serra. La femme parut reconnaissante, mais continua de soupirer. Enfin, elle dit qu'elle s'appelait Tamara. Pourquoi était-elle seule ? Où était sa famille ? Depuis qu'elle était au Paradis, bien qu'elle les aimât, elle évitait les siens : elle ne voulait pas être pour eux un fardeau pour l'éternité — elle n'avait pas été le genre d'épouse, le genre de mère qu'elle espérait. Aucune personne sensée ne pouvait se plaire en sa compagnie, si ce n'est par pitié ou par habitude, dit-elle ; tous ceux qui prétendaient l'aimer devaient avoir en eux quelque chose d'anormal ; quand elle ouvrait la bouche, rien d'intéressant n'en sortait jamais. Longtemps, ses pensées n'avaient été que des bouffées de fumée qui se dissipaient aussitôt lâchées ; il n'y avait en elles aucune substance ; elles étaient vides comme elle-même était vide. Elle était allée voir certains de ses ancêtres, et ils lui avaient dit de se reposer, de se calmer, mais c'était la dernière chose qu'elle avait envie de faire. Elle avait l'impression de ne pas avoir encore vécu sa vie. Ce qui s'était passé sur terre n'était qu'une série d'accidents, de contusions et de blessures superficielles, qui n'avaient cessé de retarder les événements réels. Elle n'était jamais devenue la personne qu'elle aurait pu être. Elle avait espéré que le Paradis lui redonnerait une chance, mais il n'était pas plus facile ici que sur terre de savoir comment recommencer une nouvelle vie. Elle s'était décidée à venir au Village des Anges où tout le monde se trouvait dans le même état qu'elle, impuissant, bon à rien. Ici, du moins, personne n'attendait rien d'elle. Elle pouvait contempler la mer, se souvenir comment les événements avaient failli tourner autrement, comment un jour elle avait été aussi bouillonnante, aussi irrépressiblement joyeuse que l'écume des vagues, comment on lui disait qu'elle deviendrait poète, comment on avait vu dans ses griffonnages enfantins le bourgeonnement du génie. Sa venue au Paradis avait eu pour effet de la convaincre qu'elle était irrémédiablement stupide. Songeant à son passé, elle voyait bien qu'elle avait commencé à changer peu après son mariage ; non pas qu'elle eût à se plaindre de son mari, qui continuait de lui répéter qu'elle était merveilleuse (elle était d'ailleurs désolée pour lui, car lui aussi avait ses problèmes) ; mais elle se rendait compte maintenant qu'on lui accordait toujours moins d'attention, qu'on la présentait toujours plus souvent comme sa femme, non comme la jeune fille qui allait devenir poète. Intellectuellement, elle était finie à trente ans, alors qu'elle avait abandonné tous ses rêves d'avenir et qu'elle n'existait plus qu'en tant que mère de ses enfants. Être un fardeau pour eux au Paradis, après avoir été une déception sur terre, était un châtiment trop effroyable. Elle préférait passer l'éternité à regarder l'océan, assise sur son banc, où on la laissait seule, où elle avait la paix. C'est tout ce qu'elle méritait. Cesserait-elle jamais de se mépriser ? Le Paradis n'était pas fait pour ceux qui ne s'aimaient pas.

Quelle se dit que le Village des Anges devait servir de salle d'attente à ceux qui n'osaient pas entrer au Paradis, qui répétaient que le monde était fou, et le voyaient encore plus fou du point de vue de l'éternité, sans son manteau d'hypocrisie. Ce n'est pas sans nervosité qu'elle accompagna Tamara au palais avec minarets où elle habitait. Les plus jeunes de ses occupants ne se distinguaient pas des vieux : tous semblaient fermés à l'espoir, ou n'entretenir que des espoirs qui étaient impossibles. Dès le hall d'entrée, elle fut accaparée, étreinte et embrassée par une âme tout à la fois ravagée et d'une austère beauté, qui prétendit l'attendre. Quelle était-elle venue lui apporter une lettre ? Ulrika — c'est ainsi qu'elle s'appelait — accueillait tous les nouveaux venus avec la même question : elle attendait une lettre de son mari depuis qu'il s'était enfui avec une autre femme, il y avait déjà fort longtemps ; elle n'avait jamais eu de lui aucune nouvelle, mais elle était certaine qu'un jour, elle recevrait une lettre ; l'autre femme ne valait rien, il finirait par s'en apercevoir. Car elle-même était une déesse, déclara-t-elle fièrement. Quelle était-elle aussi une déesse ?

Quelle avait de plus en plus peur. Et si ce village n'était pas seulement réservé aux découragés, mais aussi aux fous ? Son interlocutrice, charmante en dépit de son obsession, refusait d'admettre qu'elle ne fût pas une messagère. Quelle lui répéta qu'elle était venue au Paradis pour découvrir ce qu'était le bonheur, et, ce faisant, elle rougit de l'incongruité de sa quête. Mais Ulrika dit qu'elle savait tout ce qu'on pouvait savoir sur le bonheur. Et elle s'arrêta là. Ou plutôt, elle changea de sujet de conversation. Elle semblait oublier chaque phrase aussitôt qu'elle l'avait prononcée, se laisser entraîner par une idée totalement différente. Elle s'éloigna soudain comme si quelque chose de plus important l'attendait, puis, ayant sans doute oublié quoi, elle fit demi-tour et revint vers Quelle pour lui poser la même question, avec la même chaleur, comme s'il s'agissait d'une nouvelle venue. Ce manège se répéta d'ailleurs plusieurs fois avant qu'une certaine familiarité ne s'établisse entre elles. Mais Ulrika ne dit jamais ce qu'elle pensait du bonheur, incapable qu'elle était de se concentrer sur un quelconque sujet. Brusquement, elle déclara toutefois avec beaucoup d'emphase : « J'ai mauvais caractère. Je ne suis même pas digne de l'amour d'un chat, ou d'un chien. »

Autre habitante de l'endroit, Grazia se présenta en ces termes : « Je suis timide. » Lorsqu'elle se déplaçait, on aurait dit qu'elle craignait d'offusquer la poussière par un mouvement trop brusque, de soulever les protestations du tapis si ses pieds n'étaient pas pour lui une caresse. Quand elle ouvrait les portes, elle avait l'air de prendre garde à ne pas les réveiller. Avant de parler, elle souriait, attendant qu'on l'invite à ouvrir la bouche. De quoi avait-elle peur ici, dans un endroit aussi sûr que le Paradis ? De tout. Pourtant, sa peur n'avait aucun objet précis. C'était le sentiment général qui l'habitait. Aussi loin qu'elle s'en souvînt, il en avait été ainsi. Rien n'avait changé depuis son arrivée. Son premier souvenir était la peur du noir, et celle-ci ne l'avait jamais quittée. Autrefois, elle avait peur même de son ombre, s'imaginant que c'était un étranger qui la suivait, et maintenant, c'est à peine si elle était en de meilleurs termes avec cette ombre. Elle continuait d'avoir peur d'elle-même. Elle aurait bien voulu se convaincre qu'au Paradis une âme est enfin à l'abri, invincible, impossible à blesser, mais elle était loin d'en être certaine.

Quelle était stupéfaite. Comment se faisait-il qu'au Paradis les âmes soient si troublées, si sombres ? Y avait-il quelque chose qu'elle n'avait pas compris ? Un bonheur lui échappait-il ? Elle ne pouvait savoir si les âmes qu'elle venait de rencontrer avaient toujours été aussi bizarres, ou si leur arrivée au Paradis avait constitué pour elles un trop grand choc, si elles avaient perdu l'esprit en même temps que leur corps. Toutefois, quelque chose la frappait. Dans ce palais, comme du reste dans tout le village, régnait une merveilleuse atmosphère de paix. Personne ne semblait dire du mal de qui que ce soit. Peut-être ses habitants étaient-ils tous, sans exception, à ce point conscients de leurs manques, à ce point convaincus de leur inaptitude à se faire au Paradis une existence convenable, qu'ils étaient incapables de critiquer autrui. Lorsqu'il arrivait qu'une âme pousse un gémissement, fasse un renvoi, se prenne la tête entre les mains en pleine conversation ou s'en aille brusquement, sautillant sur une jambe comme un oiseau blessé, les autres ne manifestaient ni dégoût ni désapprobation. Toute forme de comportement incongru était acceptée comme absolument naturelle ; chaque âme semblait se dire : « Tout le monde a le droit d'être tel qu'il est. » Et plus elle voyait de signes de détresse parmi les villageois, plus Quelle était émue par la gentillesse dont, quand parfois ils sortaient de leurs transes, ils faisaient preuve les uns envers les autres, alors même qu'ils souffraient manifestement. Il n'y avait dans ce palais aucun orgueil ni aucune prétention. C'était peut-être cela qui le rendait céleste. Toutefois, ses habitants avaient également des problèmes tout à fait terre-à-terre : qui partagerait quelle chambre, qui déménagerait, qui avait besoin de compagnie, qui devait rester seul : ils étaient perpétuellement inquiets et changeaient constamment d'avis, comme s'ils essayaient des vêtements sans jamais en trouver qui leur aillent, sans jamais parvenir à se composer une tenue dont l'harmonie les satisfasse.

Lorsqu'ils se furent enfin habitués à la présence de Quelle, certains d'entre eux commencèrent à prendre plaisir à se dénuder devant elle en lui faisant part de l'inquiétude qu'ils éprouvaient à se trouver au Paradis. Un couple, notamment, ressentait une angoisse extrême à l'idée d'un danger latent, et les autres partageaient cette crainte à des degrés divers. Qui risquaient-ils de rencontrer ? Ils avaient peur que leur passé ne les rattrapât. L'homme et la femme en question ne faisaient pas partie des habitants permanents du village, où ils ne se trouvaient que pour un séjour temporaire. Ils vivaient d'ordinaire dans ce qu'ils appelaient le vrai Paradis, mais ils aimaient venir au village pour passer des vacances. Le vrai Paradis, disaient-ils, était trop fatigant ; pourtant, ils avaient l'impression qu'aussi longtemps qu'ils ne s'y plairaient pas, ils ne seraient jamais heureux. La femme surtout souffrait de la tension qui en résultait ; elle craignait qu'on l'y voie, car elle croyait avoir tué un pape ; c'était peut-être une illusion ; elle ne pouvait se rappeler quel pape c'était ; mais l'inquiétude ne cessait de la tourmenter. Peut-être était-ce parce qu'elle avait été élevée dans un couvent assez particulier et qu'elle en avait encore des cauchemars, ou parce que son père était professeur de psychologie enfantine, et avait commencé à soigner son angoisse alors qu'elle n'avait que deux ans ; elle avait ainsi contracté ses phobies à lui, qui ne pouvait pas supporter d'aller donner ses cours à l'université sans quelqu'un pour l'accompagner et le ramener à la maison ; tout comme lui, elle était incapable de voyager seule. C'est pourquoi le couple était inséparable. Le mari trouvait lui aussi le vrai Paradis effrayant, car il risquait d'y rencontrer sa première femme, dont il avait divorcé, et il tremblait à la seule idée qu'elle pourrait lui rappeler le gâchis qu'il avait fait de sa vie. Mais au village, tous deux étaient plus calmes, et cela, non seulement du fait de l'atmosphère de tolérance, et même de respect, qu'ils y sentaient régner, mais parce que, chaque fois qu'ils y revenaient, ils pensaient être reconnus, accueillis avec l'affection qu'engendre l'habitude, en sorte que l'endroit ne cessait de les attirer bien que tous y fussent aussi malheureux qu'eux. S'ils y étaient restés en permanence, peut-être n'y auraient-ils trouvé aucune consolation ; leur bonheur, si tant est que ce mot pût être employé dans leur cas, consistait à changer continuellement d'endroit.

Pour les âmes du Village des Anges, une façon de changer d'endroit consistait à passer de la plage aux jardins. Quelle prit l'habitude de s'y rendre avec eux dans la soirée, alors que la chaleur du jour faisait place à un air plus frais, propice à la méditation. Les jardins du Paradis ont été fréquemment vantés pour leur beauté grandiose, mais il n'en existe aucune description botanique détaillée, ni aucun guide pour expliquer que leur visite offre plus qu'une simple promenade dans un parc municipal soigneusement entretenu. Ici, les plantes existent pour qu'on leur parle. Au début, Quelle crut qu'il fallait leur parler en allemand, car de nombreuses âmes lui semblèrent employer cette langue. D'ailleurs, elle avait lu qu'un quart des Allemands croient que les plantes ont une âme (comme les trois quarts d'entre eux estiment que c'est le cas des animaux), et elle pensait que c'était pour cette raison que l'Allemagne était le premier pays du monde où le parti écologique connaissait un réel succès. Mais l'allemand n'était pas la seule langue employée. En faisant mieux attention, elle s'aperçut que toutes les plantes étaient traitées avec la plus grande déférence, avec plus de respect encore qu'on en accorde sur terre aux plus spectaculaires d'entre elles, comme les gratte-ciel vivants de la Sierra Nevada, ces arbres qui atteignent trois cents pieds et vivent trois mille ans, soit ce que nous connaissons de plus proche de l'immortalité. Au Paradis, bien sûr, toutes les plantes vivent éternellement ; elles ont ainsi perdu toute ambition impérialiste, et ne déploient plus leurs semences comme des armées, par terre, par mer, par air, se servant de toute espèce d'oiseaux et d'insectes pour fonder de nouvelles colonies dans les endroits les plus inattendus et prendre possession des déserts. N'étant plus nourriture ni fourrage, elles ont le respect des âmes humaines. Mais avaient-elles connu sur terre une première existence ? Dans l'un des jardins, Quelle vit un noyer gigantesque, dont certains prétendaient qu'il s'agissait du fameux Noyer de Balaclava, vieux de 2 000 ans, qui, à la stupéfaction des soldats de la guerre de Crimée, avait donné quelque 100 000 noix en une seule récolte ; mais personne n'était en mesure de prouver ses origines. Devait-on considérer chaque plante comme un individu ? Jusqu'en 1694, les habitants du Paradis étaient convaincus du contraire ; mais cette année-là, Camerarius, conservateur du jardin botanique de Tübingen, découvrit que les fleurs étaient les organes sexuels des plantes. Personne ou presque n'avait imaginé avant cette date que le sexe eût un rôle quelconque dans la vie végétale. Au Paradis, les attitudes n'avaient pas tardé à changer. Bientôt, les âmes humaines furent intimidées par les fleurs, estimant que des créatures capables d'afficher leurs prouesses sexuelles avec un exhibitionnisme aussi désinvolte et un goût aussi raffiné devaient savoir quelque chose qu'elles ignoraient. Parfois, cette attitude était également ressentie comme une forme de provocation, une façon de se venger pour avoir été exploité par l'homme. Et quand le bruit se répandit que le Paradis renfermait des forêts sans limites où les arbres qui, jadis, régnaient sur la terre se remettaient de leurs mauvais traitements, on en vint de plus en plus à considérer les plantes comme gardiennes d'un certain mystère, dotées d'un pouvoir inconnu.

Au Village des Anges, l'opinion générale — et Quelle était consciente que les habitants de l'endroit étaient un peu particuliers — était que les plantes avaient pour raison d'être de stimuler la pensée, et que le bruissement de leurs feuilles et leur ombre tachetée étaient un doux massage pour l'âme, aidant à concentrer l'esprit. Les jardins étaient un sanctuaire pour les idées. Les idées, disaient-ils, vivent dans les jardins. C'étaient les mots mêmes employés pour Quelle, mais elle ne comprenait pas tout à fait ce qu'ils signifiaient. Les idées, lui expliqua-t-on, n'étaient pour la plupart que des flocons légers flottant dans l'air comme le pollen ou le parfum, des bouffées de fumée comme celles dont se plaignait Tamara. Mais certaines idées, celles que beaucoup de gens partageaient, les croyances profondes qui guidaient la vie quotidienne des masses, se coagulaient et se fixaient. Or ces idées se transformaient en plantes dans les jardins du Paradis, et la meilleure façon de définir le caractère de telle région du Paradis était d'apprendre à connaître ses jardins.

Depuis le départ des anges, cinq générations au moins d'âmes insatisfaites avaient occupé les palais du village, et chacune d'elles avait laissé dans les jardins le souvenir de ses désillusions particulières. A l'époque de l'arrivée de Quelle, le Village des Anges offrait parmi ses curiosités les plus remarquables « les Cinq Désenchantements de l'Humanité ». Chacun était une plante représentant une sorte de monument de la défaite, se nourrissant d'espoirs déçus, abandonnés, et faisant éclore quelque chose de tout différent. Comment les hommes devaient-ils se conduire ? On croyait que ces plantes recelaient l'essence de toutes les philosophies qui avaient répondu à cette question et les désillusions que cette réponse avait engendrées. Pour la plupart, les immigrants refusaient l'idée même qu'on puisse être déçu au Paradis ; mais le Village des Anges était l'endroit où se concentraient les critiques et les hérétiques, et toute idée nouvelle y devenait désuète aussitôt formulée, de sorte que des fruits particulièrement exotiques poussaient dans ses jardins.

Le premier désenchantement de l'humanité qu'on montra à Quelle était un chou, un chou géant, plus grand qu'une maison, plus haut qu'une église, où poussait une nouvelle feuille chaque fois que parvenait au Paradis l'annonce d'une nouvelle thérapie, d'une nouvelle panacée, d'une nouvelle secte religieuse ou d'un nouveau plan de désarmement. Selon les âmes chinoises, le message de ce chou était qu'au Paradis il ne suffit pas de *suivre la Voie* (la *Voie* étant toute solution miracle). En d'autres termes, le Grand Désenchantement était qu'il ne suffit pas d'*obéir*. Le philosophe Mo Ti (479-381 avant J.-C.) est réputé avoir planté le premier de ces choux, après des siècles passés à écouter des sages incapables de s'entendre entre eux lui expliquer en différentes langues tous les remèdes aux problèmes de l'humanité ; selon la conclusion qu'il en avait tirée, il était impossible de savoir lequel préférer, lequel appliquer. Gravés sur une plaque à côté du chou, Quelle trouva ces mots tirés de son œuvre : « Les hommes ont des opinions différentes. C'est pourquoi une personne avait une opinion, deux personnes avaient deux opinions, et dix personnes en avaient dix. Plus il y avait de gens, plus il y avait aussi d'opinions exprimées. Et chacun pensait son opinion juste et celles des autres fausses. Ainsi, tous se sont mis à se critiquer les uns les autres. » Une légende veut que le premier chou ait été fertilisé par la sueur des dieux, et c'est ce qui explique peut-être sa curieuse odeur ; mais au Village des Anges, on le vénère en dépit de celle-ci, ou peut-être à cause d'elle.

Le message du prunier était qu'il ne suffit pas de *prier*. Ce deuxième symbole de désenchantement n'était pas un prunier ordinaire. Le sage japonais Sugawara no Michizane (845-903) est censé l'avoir amené avec lui au Paradis ; il l'aimait tant du fait qu'il lui rappelait le printemps, qu'il lui enseigna à voler. Malgré sa sagesse, et bien qu'il eût engendré vingt-trois enfants, ce sage fit lui aussi partie des mécontents du Paradis. Il ne trouva nulle part où s'y cacher, où être à l'abri de ses compatriotes importuns. Alors qu'il était ministre de la main droite et conseiller de l'empereur, il préconisait que son pays empruntât son savoir à l'Occident (ce qui, à l'époque, signifiait la Chine) tout en conservant son « esprit japonais » ;

peu avant sa mort, il avait été disgracié et exilé, « pesant moins, ainsi qu'il l'écrivit dans l'un de ses poèmes, qu'un grain de sénevé » ; quelques décennies plus tard, on l'avait élevé au rang de « Grande Divinité autonome emplissant le Ciel », et nommé (à titre posthume) premier ministre du Japon, tant on craignait qu'il se vengeât parce qu'on n'avait pas reconnu sa vraie valeur. Les étudiants en firent leur dieu particulier, implorant son aide pour leurs examens, conscients que leur valeur à eux aussi pouvait ne pas être reconnue. Il regrettait profondément de ne pouvoir les aider tous ; beaucoup avaient échoué, et il n'aimait ni les reproches ni se sentir coupable, pas plus qu'il n'avait aimé les honneurs dont on l'avait chargé et qui lui créaient des obligations auxquelles il ne pouvait faire face. « A quoi bon lancer vers le ciel bleu des cris de douleur ? » avait-il écrit dans un autre poème. Pour une âme, c'est un déchirement sans fin de découvrir à quel point il est difficile de répondre du ciel bleu aux prières humaines, à quel point il est difficile, sinon impossible, d'obtenir ce qu'on veut.

Le message de la citrouille était que, une fois ces vérités comprises, ce n'était pas une solution que de vouloir chasser toute pensée de son esprit afin de *cultiver* son jardin. La citrouille était comme un immense buste de Voltaire, qui, selon certains témoins, l'avait plantée lors d'une brève visite ; mais la ressemblance n'était évidente qu'à ses compatriotes, et les étrangers préféraient y voir celle d'autres héros. Quoi qu'il en soit, tout le monde sait qu'une citrouille contient essentiellement de l'eau et tend à devenir immangeable si elle croît trop longtemps, d'où l'on conclut que de ne pas penser est plus dangereux encore que de penser.

Le grand désenchantement que figurait le papyrus était qu'il ne suffit pas de copier, de *reproduire,* d'accumuler la connaissance et d'en savourer la beauté. On raconte que deux héros mythiques, Bouvard et Pécuchet, passèrent par le Village des Anges alors qu'ils cherchaient du papier pour consigner ce qu'ils avaient appris au Paradis, et que c'est là qu'ils se rendirent compte qu'ils étaient fatigués de copier. Ils plantèrent donc un papyrus dont les racines pouvaient servir de bois de chauffage, les feuilles être tissées et employées à la fabrication d'embarcations légères et de tissus ou de bandages pour les momies, dont le cœur parfumé pouvait se manger (grillé, bouilli, ou cru), et dont la sève pouvait être brûlée dans les flambeaux. On pouvait faire mille autres choses encore avec du papier hormis le couvrir d'encre.

Enfin, il y avait la carotte, la plante la plus récente à atteindre une taille monstrueuse au Village des Anges. Son message était qu'il ne suffisait pas d'*émettre des opinions,* de dire ce qu'on pensait. C'était le pire désenchantement de tous, et l'on en avait fait le monument symbolisant la civilisation moderne. La douce carotte avait ce privilège parce qu'elle représentait un but perpétuellement hors d'atteinte. Les élégantes du XVIIIe siècle avaient donné une vigueur nouvelle à cette signification en employant ses feuilles pareilles à des fougères comme ornement à leurs chapeaux, pour montrer qu'elles aussi étaient inaccessibles, impénétrables.

Quelle alla s'asseoir devant chacun des Cinq Désenchantements de l'Humanité, tout d'abord écrasée par leur grandeur, rendue muette par leur côté irrévocable, comme si des monuments de cette taille étaient trop impressionnants pour être contredits. Puis elle se surprit à pousser des exclamations et à proférer de petits discours, et elle s'habitua sans mal à leur parler comme le faisaient les autres. L'un des Grands Désenchantements lui restait toutefois incompréhensible. La carotte ne la convainquait pas. Quel mal y avait-il à parler, même si c'était de ses problèmes ? A n'en pas douter, c'était la grande découverte de la modernité. Elle avait été élevée dans la foi des mots, et dans le respect du besoin de les prononcer. Un Paradis où les âmes apprenaient à se taire n'était pas tout à fait dans la ligne de ce qu'elle croyait devoir être. Le droit de dire ce qu'on pensait était le plus précieux de tous les droits, et des millions de gens ne l'avaient pas encore obtenu ; des centaines de millions d'enfants attendaient d'en jouir. Il était absurde que le Paradis fût désillusionné par la parole avant que tant d'âmes eussent même ouvert la bouche ; peut-être avaient-elles à dire des choses intéressantes, des choses belles, qui pourraient être la semence du salut de l'humanité. Quelle en avait la conviction profonde, mais c'est en vain qu'elle demanda des explications.

Puis un soir, alors qu'elle se promenait pratiquement seule dans les jardins, que les bruits s'apaisaient et que le village entrait dans le sommeil, elle vit derrière elle une ombre indistincte. Peut-être était-ce son imagination ; peut-être était-ce un rêve. Peut-être apprenait-elle à avoir des visions, tout comme le coiffeur ; peut-être était-ce le signe qu'elle était enfin initiée aux mystères du Paradis. Et de l'ombre sortit une voix qui lui dit que c'était un fantôme. Quelle ne croyait pas aux fantômes. Mais la voix insistait, disant qu'au Paradis les fantômes étaient différents. Tout ce qui existait sur terre pouvait être importé au Paradis, et cela était vrai aussi pour les fantômes, ou pour la faculté d'imaginer en avoir vu ; ce qui était différent ici, c'est que les fantômes étaient ceux de vivants, des souvenirs que les morts ne pouvaient laisser derrière eux. Et de fait, l'ombre parlait d'une voix qui rappelait fortement à Quelle un personnage terrestre, quelqu'un qu'elle n'avait jamais rencontré, une voix de la radio dont la particularité était de ne jamais être à court de mots, d'avoir toujours une opinion, un peu comme une casserole de lait bouillant qui n'en finit pas de déborder. Entendait-elle une émission radiophonique en provenance de la terre ? Non, ce n'était pas cela : l'ombre répondait à ses questions. Elle se rendit compte que, quand elle se promenait dans les jardins et entendait des âmes murmurer devant une plante, ce n'était pas vraiment à celle-ci qu'elles parlaient, ni seulement à elles-mêmes, mais à un monde dont elles ne faisaient plus partie, un monde où les fantômes étaient comme des parents en visite en prison ; leurs conversations étaient à la fois souvenir et présage, comme sa conversation avec la voix de la radio. Dans les jardins du Paradis, les âmes sont comme des vaches en train de ruminer, pensa-t-elle. Chaque feuille est susceptible de se transformer en fantôme, quand une âme rumine une expérience passée et s'efforce de la redigérer, ou cherche en elle une signification qui se perd dans la confusion de la vie. Le timbre de cette voix radiophonique lui fit penser à la parole. C'était le genre de souvenir qu'elle aimait, qui stimulait chez elle des pensées nouvelles. Par la suite, elle passa plusieurs jours à demander à chacun pourquoi il parlait, ce que parler signifiait au Paradis.

Si les âmes parlaient aux plantes, lui dit-on, c'était en partie parce qu'elles s'inquiétaient de l'état de la conversation au Paradis. Pour les habitants du Village des Anges, après l'époque glaciaire, l'âge du fer, la période romantique, etc., l'humanité en était arrivée à l'ère de la parole. Aujourd'hui, la quantité de paroles sur terre était plus grande qu'elle ne l'avait jamais été. Jamais, dans toute l'histoire, l'air n'avait vibré d'autant de conversations simultanées, jamais on ne s'était à ce point occupé de communiquer, jamais on n'avait élevé le bavardage à la dignité de science, jamais on n'avait déployé tant de moyens technologiques pour enregistrer et multiplier ce qui était dit, afin que l'avenir ne puisse plus jamais échapper au bruit du passé. Et les gens parlaient différemment, utilisaient un autre ton. L'emphase était passée de mode. Pour les riches s'adressant aux pauvres, il n'était plus question d'aboyer d'un air méprisant. La politesse hautaine avait fait place à plus de gentillesse, du moins extérieurement. Non seulement il était permis de dire ce qu'on pensait, mais il fallait pour sa santé dire aussi ce qu'on ne savait pas qu'on pensait, ce qu'on gardait caché dans les tiroirs secrets de son esprit. Mais les choses que disaient désormais les gens à propos d'eux-mêmes comme des autres étaient accablantes, plus terrifiantes qu'aucune sanglante révolution. Le droit de parler devenait insupportable s'il ne s'accompagnait du droit de ne pas croire ce qu'on disait. On faisait du doute la nouvelle religion, et de la parodie, la nouvelle littérature. Comment éviter d'écouter devenait l'art suprême. Par mesure de défense, on compliquait les phrases de plus en plus pour les rendre incompréhensibles. Les mots devenaient des soucis, pareils à des moustiques toujours prêts à piquer, et le matin au réveil, ceux qui parlaient retrouvaient leurs espoirs couverts d'écorchures et de bosses.

Ainsi, lors de leur arrivée au Paradis, les membres de cette nouvelle génération espéraient voir ce qui devait succéder à l'ère de la parole. Ils étaient ravis de pouvoir dire ce qui leur plaisait, mais dans cet ultime refuge de la liberté d'expression, ils craignaient que les âmes ne fussent pas traitées avec une absolue égalité. Ceux dont le parler était plus rapide et facile allaient-ils accaparer aussi les meilleurs fruits du Paradis ? Le Paradis n'avait-il rien de mieux à offrir que l'égalité des chances ? Ils en avaient assez de cette forme-là d'égalité, le droit pour tous les bébés de crier, alors que quelques-uns sont déclarés plus chanceux, plus doués ou plus méritants. Le billet d'entrée au Paradis était-il une loterie, donnant encore et toujours droit à des prix différents ? Ils en avaient assez d'être jugés, mesurés, choisis et rejetés, et plus encore des discussions interminables qui justifiaient et excusaient le fait qu'ils ne gagnent jamais. Les habitants du Village des Anges étaient ceux qui avaient mis le plus de confiance en la parole, et ils étaient consternés que celle-ci ne pût les sauver de la laideur et de la solitude qu'ils ressentaient. Ils étaient épuisés de parler. Mais ils ne savaient pas que faire à la place. Quelques-uns d'entre eux disaient que, étant chez le Créateur, ils devraient apprendre à créer. Mais ils ne savaient pas comment s'y prendre, et surtout, ils n'étaient pas sûrs que tout le monde pût créer.

Quelle se surprit en train de se plaindre de sa laideur. Elle commençait à se demander si les habitants du Village des Anges n'allaient pas la chasser, bien qu'elle se sentît pratiquement chez elle parmi eux ; mais elle était aussi attristée par leur compagnie. Ses soucis l'envahissaient lentement, comme s'ils sentaient qu'ils avaient la place de grandir, comme s'ils étaient encouragés à le faire par toutes les âmes inquiètes qui les entouraient. Elle était persuadée que l'archiduc François-Ferdinand allait survenir d'un instant à l'autre, se figurant que c'était précisément là l'endroit que choisirait une créature aussi dangereuse qu'un cafard pour se cacher. Elle sentait la panique la gagner. Compromettre son séjour en s'associant avec des âmes que les autorités tenaient de toute évidence pour suspectes — des autorités qu'elle ne voyait nulle part, c'est vrai, mais qui devaient néanmoins exister — était ce qu'elle désirait le moins. Ces autorités, elle éprouvait le besoin pressant de les rencontrer plutôt que de jouer à cache-cache avec elles. Mais elle désirait non moins ardemment se débarrasser de son sentiment de laideur afin de jouir de sa visite et de mener à bien ses projets. Enfin, elle décida qu'il lui fallait quitter cet étrange coin de Paradis — à quel point il était étrange, elle ne pouvait pas encore en juger, mais ce n'était pas possible qu'il fût partout pareil. Si seulement elle pouvait découvrir un guide ! A tous ceux qu'elle voyait, elle demanda ce qu'ils savaient des anges gardiens et de l'endroit où ils vivaient.

Leur absence était une vieille énigme, lui répondit-on. Une génération après l'autre déplorait qu'ils la négligeassent. En fait, les derniers arrivants à ne pas se plaindre étaient les

Babyloniens, qui, seuls, avaient pris les dispositions nécessaires pour être accueillis par les anges. Sur terre, chaque Babylonien avait son dieu personnel, dont il savait le nom et à qui il parlait tous les jours. A chaque repas, il mettait de côté pour lui une portion de nourriture; parfois, au cours de somptueux banquets, il le nourrissait jusqu'à l'indigestion, lui offrant d'un seul coup jusqu'à cinquante moutons et soixante-dix oiseaux d'espèces diverses. Aucun Babylonien ne se sentait en sécurité sans son dieu, qui devait l'accompagner partout. Une maladie, un coup de malchance, signifiait qu'il l'avait quitté, qu'il était mécontent, inattentif ou dégoûté par sa saleté, et qu'il convenait de l'apaiser pour le faire revenir. Ce n'est pas là une camaraderie qu'on oublie ou qu'on abandonne. Ainsi, les Babyloniens avaient fait le nécessaire afin qu'elle se poursuive au Paradis. L'âge d'or de cette amitié entre les humains et les anges avait duré quelque dix-sept siècles, soit aussi longtemps que les chants mélancoliques de Gilgamesh, leur célèbre poète qui rêvait de découvrir le secret de la vie éternelle, retentirent sur les rives de l'Euphrate, et aussi longtemps que les Babyloniens constituèrent un peuple bilingue, intellectuellement amphibie, capable de parler la langue des étrangers et celle des anges.

Mais au fond d'eux-mêmes, les immigrants venus plus récemment voyaient les choses de façon différente. Avoir son dieu à soi sur les talons toute la journée et tous les jours, c'était trop. Ils décidèrent donc qu'il n'y avait qu'un seul Dieu. Les dieux personnels furent relégués au rang de divinités subalternes, classés plus humblement, avec les anges (qui sont des messagers), mais au grade le plus bas. Peut-être les anges gardiens en eurent-ils, de leur côté, également assez des humains. Quoi qu'il en soit, les âmes auxquelles elle s'adressa avouèrent à Quelle n'avoir jamais vu d'anges, mais seulement un moine du Moyen Age appelé Denys, qui, écrivant un ouvrage à leur sujet, avait visité le village quelques mois plus tôt et confirmé qu'il était vain de vouloir en rencontrer. Selon lui, les anges étaient de pures intelligences, dénuées de passions, libérées des sens, mais douées d'une force de volonté exceptionnelle. Cette description affolait les habitants du village, qui ne s'étonnaient plus que les anges aient du mal à communiquer avec les humains, ni que toutes sortes de bruits circulent à leur propos. Quelqu'un qui était absolument déterminé à en rencontrer un devait toutefois pouvoir le faire à Babylone.

Quelle n'était pas certaine qu'on ne se moquait pas d'elle, mais c'est la seule indication qu'elle réussit à obtenir. Elle se mit donc en route pour Babylone.

Dans la lettre qu'elle envoya chez elle, elle avoua qu'elle commençait à s'inquiéter au sujet de Myosotis : elle n'avait toujours pas la moindre nouvelle de lui. Et Jolly, qui flairait partout sans répit, semblait de plus en plus soucieux de l'absence du cafard. Peut-être, comme elle, apprenait-il de nouvelles façons de s'inquiéter. Mais les plantes des jardins l'avaient fasciné ; il les avait observées sans bouger, la gueule ouverte, comme si lui aussi avait des visions, comme si les feuilles bruissantes lui apparaissaient sous la forme de paupières clignotantes, de lèvres balbutiantes, murmurant quelque chose qu'il devait écouter ; et il écoutait avec la plus grande attention ; il semblait cultiver une nouvelle forme de curiosité.

Sa lettre se terminait ainsi : « Parmi les gens qui arrivent ici, beaucoup ne semblent pas être tout à fait heureux, et, ce qui m'inquiète davantage, ne voudraient pas l'admettre même si c'était le cas. Ils considèrent comme démodé de croire que le bonheur est possible. Les générations précédentes étaient si friandes de cette gourmandise, si promptes à dévorer tout ce qui pouvait l'évoquer, qu'elles en sont arrivées à avaler n'importe quelle utopie ayant la moindre saveur sucrée. Dégoûtés par cette attitude, les nouveaux arrivants sont fiers d'être blasés. Ils aiment les mets salés et les boissons amères. La mélancolie me semble être ce qui les réunit. Mais peut-être en va-t-il autrement dans d'autres régions du Paradis. »

CHAPITRE III

Les routes du Paradis devenaient encombrées. Autrefois, on n'y rencontrait que de rares voyageurs, car les vieux résidents avaient peu de goût pour les aventures dont ils ne pouvaient pas prévoir la fin ; mais maintenant, il y avait de plus en plus d'âmes errantes, à la recherche de quelque chose à chercher. Quelle ignorait si cet état de chose rendrait sa quête des anges plus facile ou plus difficile, car elle avait du mal à voir quelle différence cela ferait pour elle, maintenant qu'elle était dans l'éternité, d'essayer d'aller d'une place à l'autre. Elle partit pour Babylone sans préparatifs, sans vaccins, et en fait sans incertitudes. Elle présumait qu'elle y arriverait sans encombres. Au Paradis, il ne pouvait y avoir ni maladies ni possibilités d'échec. Dans un endroit pareil, tout le monde devait réussir. Mais elle ne comprenait pas bien comment c'était possible, car le succès tel qu'elle le concevait sur terre signifiait la victoire de certains et la défaite des autres.

Pour voyager, ni elle ni Jolly n'avaient besoin d'ailes. La sensation d'être léger comme l'air, d'être totalement libre de se rendre n'importe où, est la récompense de tous ceux qui savent oublier leurs soucis. Au Paradis, les plaisirs du tourisme sont exceptionnels, et il paraît étrange qu'on ne s'y adonne pas davantage. Mais il faut dire que voyager n'est pas uniquement un passe-temps. On peut, bien sûr, continuer à voyager comme le font les humains, et traverser des villes et des pays à la poursuite d'un horizon que l'on n'atteint jamais. Cela s'appelle voyager horizontalement, et c'est ainsi que Quelle était allée au Village des Anges. Mais de cette façon, elle n'avait rencontré que des âmes appartenant au xxe siècle, partageant le même paysage. Or, au-dessous se trouvent d'innombrables autres paysages, habités par des résidents arrivés plus tôt, qui sont habitués aux manières d'autres siècles, ou qui préfèrent d'autres visions. Ainsi, la géographie de l'endroit a cette qualité singulière qu'il est aussi possible de voyager verticalement, de passer d'un niveau à l'autre et de rendre visite aux générations précédentes dans leur propre environnement. Il existe, par exemple, une reconstitution massive de Londres, mais qui ne se limite pas à un seul Londres, chaque génération ayant depuis l'Antiquité emmené avec elle la cité qu'elle connaît, le souvenir des lieux, des maisons, des odeurs fétides qu'elle chérit. Au Paradis, Londres est construit à la façon d'une mine, dont chaque couche contient une argile, une roche, un métal différents ; les nouveaux arrivants se plaignent évidemment avec dégoût que la ville ressemble à un gigantesque parking aux niveaux multiples. Les Babyloniens occupent les étages inférieurs avec les anciens Égyptiens ; les Incas, les Mongols, les Élisabéthains jouissent de la splendeur des niveaux moyens ; et le paysage devient plus confus à mesure qu'on approche du sommet, chaque génération, ou même chaque décennie, s'estimant si particulière qu'il lui faut pour elle-même un étage légèrement différent, ce qui le rend plus accidenté et dangereux. Mais à chaque étage, on peut parfaitement ignorer l'existence des autres. Pour la plupart, les gens restent au niveau où ils sentent qu'il leur est possible de revivre et de poursuivre les meilleures années de leur vie. Le Village des Anges se trouvait au faîte même du Paradis, comme si les mécontents de toutes les époques, craignant de suffoquer, étaient venus respirer à la surface.

Autrefois, presque toutes les âmes rejoignaient leur famille aussi vite que possible. Mais depuis quelque temps, le désir qu'éprouvent les parents séparés de retrouver les leurs n'est plus aussi automatique. Car leurs plus belles années résident dans l'illusion d'avoir été un héros ou un innocent, un chevalier en armure, un pirate insaisissable, un courtisan maintenant les pirates à leur place. Ainsi, les individus ont toujours plus tendance à choisir le niveau auquel ils croient appartenir vraiment. Les partenaires d'un couple se séparent parce qu'ils rêvent de mondes différents. Ils peuvent se retrouver, souvent ou occasionnellement, mais ils vivent désormais indépendants. Ce n'était d'ailleurs pas si différent sur terre, où chacun habitait son propre imaginaire, tout en cultivant l'illusion de partager une normalité commune. Ainsi, les étages inférieurs ne sont pas aussi peu peuplés qu'on pourrait s'y attendre, et les étages supérieurs ne demeurent pas longtemps surpeuplés. Bien des âmes semblent aimer descendre dans le passé. Pour autant que permette d'en juger le peu de lumière qui y règne, les niveaux réservés au Moyen Age comptent plusieurs fois plus d'habitants qu'il en vécut jamais durant cette ténébreuse époque. De même, des mouvements se produisent vers le haut : les foules qui sont entrées au Paradis au temps de la Grande Peste sont devenues obsédées par les progrès de la médecine et éprouvent ainsi le besoin de monter d'un étage toutes les quelques années.

Au Paradis, l'âme n'est pas en simple survie, en conserve pour l'éternité. Au Paradis, une âme en bon état, une âme digne de ce nom, est un être essentiellement indépendant. Sur terre, cette caractéristique est assez difficile à saisir, car elle est obscurcie par les faiblesses du corps et les illusions de l'esprit. En fait, il faut une vie entière pour que la rupture du cordon ombilical cesse d'être un symbole physique et devienne une réalité authentique. Ce n'est souvent qu'une fois devenus vieux, quand les disputes de leurs enfants et de leurs voisins ne les touchent plus vraiment, que les gens commencent à entrevoir la possibilité, généralement avec terreur, qu'il leur faut quitter le sein de la communauté à laquelle ils se sont efforcés de s'adapter, qu'ils ont moins de choses en commun avec elle qu'ils ne l'imaginaient ou ne voulaient le croire, qu'ils doivent aller au Paradis tout seuls, absolument seuls, aussi seuls qu'ils l'étaient au moment de leur naissance, sauf que, lorsqu'ils étaient bébés, leur entourage faisait de son mieux pour leur cacher cette solitude. Ainsi, le Paradis exige une forme de courage particulière, la faculté de repartir à zéro. Pour la plupart des gens, fatigués des épreuves de leur existence terrestre, un tel courage paraît très difficile à réunir. Ils n'aspirent à rien d'autre qu'au sommeil, et même dans le sommeil ils craignent de changer. Ils désirent réapprendre la sorte de sommeil qu'ils ont jadis connue dans le sein maternel, l'indifférence sans failles au bruit du monde, le droit de bâiller, de s'étirer et de se retourner, de ne songer qu'à eux-mêmes ; ils souhaitent oublier cet ersatz de sommeil dont ils ont dû se satisfaire adultes à défaut de sommeil véritable, cet assoupissement tendu et agité, rythmé par des soupirs et des grincements de dents, où le cerveau est soudain envahi par des femmes de ménage armées de seaux qui sont censées balayer les débris du jour, mais ne parviennent qu'à faire cligner des yeux devant les inconvenances qu'elles mettent à découvert, et à faire battre le cœur à l'idée du désordre qu'elles vont semer dans les souvenirs. A ceux qui ne peuvent pas dormir, dont la nervosité est trop incorrigible, le Paradis offre toutefois une solution de remplacement : ils peuvent devenir étudiants dans l'art d'hiberner, apprendre à rester calmes, à considérer tout objet de tentation d'un œil détaché, à ne s'éveiller que pour de brefs plaisirs, et à retourner aussitôt dans une douce rêverie superficielle qui ne leur laissera aucun souvenir. Le voyageur non prévenu risque d'être déconcerté par la rencontre de tant d'âmes somnolentes. Elles représentent pourtant la norme telle qu'elle existe depuis le commencement, des millions de témoins que la majorité des habitants n'ont rien à dire, et ne désirent rien trouver à dire, à des visiteurs tels que Quelle.

Voyager verticalement est à la fois plus exaltant et plus dangereux. Quel défi de suivre le parfum de l'histoire à l'envers, de sentir changer la légèreté de l'air tandis que l'on passe des odeurs subtiles et troublantes de la modernité aux senteurs fortes du passé ! Quel bonheur de fouler des sentiers, ni trop durs ni trop mous, qui accueillent le pied avec une douce obéissance ! Quel apaisement d'entendre si distinctement battre les ailes de la libellule exerçant son ballet, ou la marche décidée du scarabée absorbé par son mystérieux pèlerinage ! Mais c'est réellement tout un art que d'apprendre à passer d'un niveau à l'autre, qu'il s'agisse de descendre ou de monter, même si la chose se produit parfois par accident ; car on peut tout à coup et sans avertissement se trouver aspiré, comme par un tourbillon ou des sables mouvants, dans un environnement complètement différent. L'expérience est d'ailleurs tout à fait fascinante, car le bond à travers les siècles peut amener à se rencontrer des âmes qui pensaient n'avoir rien en commun, ni rien à échanger, et la juxtaposition de leurs horizons est susceptible de renouveler ce qui est familier ou oublié ; mais il y a là aussi quelque chose d'effrayant pour qui ne sait pas apprécier ces délicates surprises, ou qui, comme Quelle, est accablé par le sentiment d'être laid et seul, sentiment qui, dans le cas de Quelle, s'aggravait du fait que Jolly lui-même commençait à céder à une perplexité proche de la sienne. Pour certaines âmes, le voyage vertical est une solution à ce genre d'humeurs, mais à la condition qu'il s'effectue avec prudence ; quand il a lieu par accident, ce qui peut être une façon naturelle de sortir les âmes de leur dépression, l'expérience peut être libératrice ou traumatisante selon la rapidité d'adaptation dont elles font preuve. La capacité de jongler avec le temps et de briser les liens de la chronologie, d'unir en une seule intuition ce qui s'est passé autrefois, ce qui se passe sur le moment et ce qui peut se passer dans l'avenir, de transformer le gris terne de l'éternité en un assemblage de couleurs aux contrastes éclatants, est l'un des arts les plus importants, mais aussi les moins connus et les moins cultivés qui puissent s'apprendre au Paradis. C'est un art indispensable si l'on veut résister au choc qui résulte du passage d'un monde de consommateurs, centré sur l'abondance, à un monde qui semble offrir une chance de refléter la créativité de Dieu, et qui, à l'égard du temps, implique une attitude que les humains, pour qui le présent seul est tout à fait réel, ont bien du mal à acquérir.

Quelle venait à peine de se mettre en route pour Babylone lorsqu'elle découvrit un des tours que peut jouer le fait de vivre dans l'éternité. Elle crut d'abord qu'il s'agissait d'un accident, ou plus exactement que Jolly avait été victime d'un accident, alors que, s'intéressant d'un peu trop près à une taupinière, il découvrit un trou tellement plus grand que ce à quoi il s'attendait qu'il y fut proprement englouti. Quand elle chercha à lui porter secours, Quelle disparut elle aussi. Les taupinières sont les signes discrets à quoi ceux qui sont au courant reconnaissent les tunnels qui conduisent du sommet au fond du Paradis, tunnels qui sont étrangement silencieux. A chaque sortie correspondant à un autre niveau, et à un siècle différent, elle n'entendit que de vagues ronflements, qui l'encouragèrent à poursuivre sa descente. Puis des cris agités lui parvenant de loin la décidèrent à s'arrêter. Un coup d'œil hors de la taupinière lui permit de voir qu'elle avait atteint le ve siècle de notre ère. Elle se décida à sortir. Jolly et elle étaient indemnes. Ils se remirent en marche, dans la direction d'où venait le bruit. Maintenant, le paysage était plus fortement boisé ; la route était plongée dans l'ombre ; des oiseaux et des quadrupèdes qu'elle ne connaissait pas la regardaient ; mais elle n'était de loin pas la seule personne moderne à soulever leur curiosité. Car à l'extrémité de la route se dressait l'hôtel de la Décadence, construit sur une falaise, impatient d'accueillir les touristes. C'était un ensemble de villas bâties les unes au-dessus des autres, une sorte d'empilement monstrueux de résidences romaines version californienne, tout bourdonnant d'activité. A ce qu'on lui dit, Henry Ford occupait tout l'étage supérieur. Plusieurs cars de femmes accomplissant un tour des géants littéraires remplissaient l'essentiel de l'hôtel. Le seul résident permanent de ce ve siècle était le géant littéraire de l'endroit, celui qui justifiait leur déplacement.

Et c'est la première âme perdue que Quelle eut l'occasion de rencontrer, alors qu'elle se promenait dans les jardins en attendant l'heure du repas. C'était un Gréco-Égyptien, un homme manifestement important, car il s'efforçait d'avoir l'air majestueux jusque dans la position ridicule où il se trouvait. C'est Jolly qui le découvrit, caché derrière quelques buissons. Aussitôt, Quelle comprit que c'était à tort qu'elle avait cru la maladie inexistante au Paradis. En effet, cet homme souffrait d'une maladie qui commençait à se propager comme une épidémie, et que, selon lui, avaient apportée les derniers arrivants.

Il s'appelait Nonos. Combien de gens se souviennent de son nom ? Nonos de Panopolis. Combien même savent où se trouve Panopolis ? Cité splendide, rafraîchie par le Nil, célèbre pour avoir abrité de grands poètes — Horapollon, Kyros, Pampeprios —, de grands tailleurs de pierre qui sculptèrent de magnifiques tombeaux, et de grands tisserands, auteurs de tissus recherchés : elle a disparu de la surface de la terre, et la renommée de Nonos avec elle. Il avait été la dernière étoile éclatante de l'ancien monde de Platon et de Cicéron, juste au moment où la décadence devenait pourriture. Nonos n'était pas simplement le poète le plus populaire de son temps — ce serait le sous-estimer : c'était un écrivain si habile et si érudit qu'on l'appelait l'Homère de son temps. Il écrivit d'ailleurs un poème plus long que celui d'Homère — 48 livres en tout —, qui devait battre tous les records et plaire à tout le monde, et qui fit en effet rire et pleurer les gens de son époque, qui croyaient y trouver la saveur de l'extase. Ce poème était plein de contradictions qui les faisaient tressaillir, de digressions, d'anomalies, de redondances interminables, d'éloquence emphatique et d'ornementation verbale d'une extravagance sans pareille. Quel génie ! pensaient ses lecteurs ; et ses critiques eux-mêmes étaient contraints de reconnaître qu'il exprimait le goût de son époque, le moindre goût de son époque, et que tous ceux qui le lisaient avaient la possibilité de s'identifier quelque part avec lui. Nonos avait tant de scrupule qu'il ne voulait laisser indifférent aucun lecteur possible ; il ne prenait pas le moindre risque. Ayant chanté dans son poème les joies sensuelles du monde païen, il entreprit d'écrire un livre qui était tout ce que son poème n'était pas : un commentaire théologique sur l'évangile de Jean. Il persuada les chrétiens qu'il s'était secrètement converti ; il flatta les païens en leur démontrant qu'on peut être à la fois bon païen et chrétien : il n'y avait pas de plaisir, pas de sagesse dont il ne fît l'éloge. Les Romains décadents l'admiraient, parce que, dans un monde qui s'effondre, ceux qu'on admire le plus sont ceux qui trouvent tout admirable, qui louent toute chose comme étant stupéfiante, merveilleuse et grandiose, alors même que les gens du commun ne voient rien que tristesse.

Depuis son arrivée au Paradis, une quinzaine de siècles plus tôt, Nonos avait dormi à poings fermés, sans se laisser troubler par les nouvelles qu'il recevait de temps à autre et qui lui apprenaient qu'il n'y avait sur terre aucune nouvelle de lui, que sa gloire avait fait long feu, que ses manuscrits avaient disparu, et que les quelques-uns qui restaient étaient mutilés par des moines plagiaires, qui les recopiaient en multipliant les erreurs et sans mettre son nom sur la page de titre. Car la renommée à laquelle aspirait Nonos (et bien d'autres avec lui) était d'une tout autre espèce que cette sorte de migraine qu'est devenue aujourd'hui la célébrité. Aujourd'hui, la gloire peut s'accumuler en quantités illimitées, et plus elle est largement reconnue, plus elle est enviée. Mais quand tout ce qui comptait était de se tailler une réputation permettant de gagner le ciel, la gloire était d'une tout autre mesure. Quand la mort était présente dans chaque foyer et se voyait à tous les coins de rues, la vie sur terre était comme une méchante banquette dans la salle d'attente d'une gare, et une seule question se posait : allait-on prendre le bon train, pour la destination voulue ? Le grand but était de survivre au-delà de la mort. Si Nonos avait cherché la gloire sur terre, ce n'était que comme un avant-goût de l'éternité à laquelle tout humain aspirait par crainte d'être englouti dans le néant. Et une fois dans la vie éternelle, une fois dissipée la peur de mourir, Nonos s'adonna tout entier au plaisir de l'anonymat. Car une autre différence encore le séparait de Quelle et de ses semblables. L'idée qu'il pouvait être une personnalité unique lui était totalement étrangère. Peut-être avait-il des particularités, mais en elles-mêmes, celles-ci n'avaient aucune valeur, et elles ne méritaient pas d'être cultivées. Il ne se voyait pas comme un être autonome, séparé, ce qu'il n'eût pas manqué de considérer comme un signe d'imperfection, ou d'appauvrissement, car à ses yeux, aucun homme n'était ni assez sage ni assez fort pour n'être que lui-même. C'est pourquoi il était fier de modeler sa poésie sur celle de ses prédécesseurs, que tout le monde s'accordait à admirer. Pour sa part, Quelle n'était pas seulement l'enfant d'une civilisation différente, mais aussi l'expression d'une forme d'existence différente, qu'avaient créée au cours des siècles les gens qui, justement, n'avaient aucune place dans la vision traditionnelle de l'humanité entretenue par Nonos, mais qui possédaient un talent unique, le don de justifier leurs excentricités — les inventeurs et les artistes auteurs de prodiges dont les autres étaient incapables, les écrivains qui proclamèrent la plus audacieuse de toutes les versions des droits de l'homme, le droit de l'individu d'être ineffable, si complexe qu'aucun être extérieur ne peut le saisir tout entier, contraint de chercher par lui-même la signification de sa vie, considérant la mort non comme une permanence enviable, une statue de marbre, mais comme une invention de la nature pour se défaire sans cesse de son passé, une invite pour l'individu à suivre son exemple.

Si ce grand poète se cachait derrière un buisson quand Jolly le trouva, c'est qu'il avait perdu la paix et était devenu une âme perdue, une âme errante. Avant Nonos, personne n'avait soufflé mot à Quelle de l'épidémie. Son terrible symptôme était l'insomnie. Nonos ne pouvait plus dormir. Il avait d'abord été réveillé par un obscur professeur allemand, qui, accompagné d'une petite armée d'étudiants très sérieux, demanda à le voir, disant qu'ils avaient consacré leurs vies à exhumer ses manuscrits, à les étudier mot à mot, à y trouver des sens que personne n'avait soupçonnés (même pas Nonos), à s'inquiéter à mort en se demandant s'ils avaient découvert le symbolisme exact qui se cachait derrière chacun des personnages de ses poèmes, tout cela parce qu'ils avaient vu en Nonos l'un des grands précurseurs du roman moderne, un auteur actuel. Ayant ainsi fait son éloge, ils le persuadèrent de présider divers congrès qu'ils entendaient tenir en son honneur, et où il pourrait expliquer sa pensée, son style et ses motivations, et révéler sur ses habitudes personnelles certains petits détails qui avaient échappé à leurs recherches ; ils promirent en outre que jamais plus il ne serait négligé, qu'il y aurait toujours un savant d'un pays ou d'un autre pour venir frapper à sa porte à la recherche d'un conseil ou d'un éclaircissement. Nonos fut consterné. Et c'est ainsi que commença pour lui cette veille qui n'en finissait pas.

Cependant, un autre spécialiste haletant succéda au premier, lui disant quant à lui qu'il s'était complètement trompé sur son identité et qu'il devait changer ses petites habitudes, toutes fascinantes qu'elles fussent. Il ne lui fallait plus se considérer comme un décadent, ni se contenter de l'état de stupeur abrutie dans lequel il s'était plu à vivre. Selon les conclusions des derniers chercheurs, l'époque de la Décadence, dont il s'était cru le rejeton n'était pas décadente du tout ; au contraire, c'était une époque de révolte contre la vaine répétition des règles classiques, une période d'inspiration où la vision de la nature humaine avait changé, où s'était affirmé le refus de se conformer à des idéaux impossibles à atteindre. La Décadence n'était pas une honte ; son art n'avait rien de grossier ; ses artisans n'étaient pas des tâcherons de province dénués de talent, mais les porte-parole du sentiment populaire, des racines rustiques authentiques. Enfin, cet art commençait à être apprécié. La Joconde ne serait plus le plus admiré des portraits. La statue du Dioscure du musée du Bardo, à Tunis, allait la remplacer : pendant des siècles, on y avait vu un ratage de première envergure, parce que son visage, au lieu d'être soigneusement sculpté afin de ressembler à celui d'un homme bien réel, était complètement vide à l'exception d'un œil énorme qui le remplissait tout entier. Désormais, on pouvait la considérer comme une merveilleuse œuvre d'art, le symbole du triomphe de l'homme sur la nature. Les décadents étaient les pères des modernes. Ils devaient se réveiller : de nouveaux triomphes les attendaient.

Si ç'avait été là tout ce que ces gens modernes avaient eu à lui dire, Nonos aurait pu se retourner et se rendormir, se rendormir même plus profondément. Mais ils ajoutèrent autre chose, qui l'effraya et fut la cause de cette terreur qui, maintenant encore, le tenait caché derrière les buissons. Ils lui affirmèrent qu'il ne ressemblait à personne. Jamais pareille idée ne lui était venue. Il répliqua que c'était absurde, que tout le monde reconnaissait qu'il avait marché sur les traces d'un millier de poètes avant lui, qu'il n'avait pas eu de sa vie une seule pensée originale, qu'il était parfaitement innocent d'une telle accusation, qu'il appartenait à une tradition enseignant à être comme tout le monde, à devenir le favori des dieux en leur obéissant, à remplir son devoir selon le rituel, comme son père l'avait fait avant soi. Ils lui dirent que, même si c'était là sa pensée, rien de ce qu'il avait fait n'était vraiment semblable à ce qu'avait fait qui que ce fût d'autre, et personne n'avait réussi à l'imiter vraiment ; sa vie lui était donc absolument particulière ; il n'était pas interchangeable. Il refusa de les croire. L'idée d'être seul de son espèce était trop terrifiante pour qu'il pût même l'envisager.

Il souffrait d'être si fréquemment tiré du lit et emmené dans des soirées pour qu'on le présente à des écrivains dont, lui disait-on, il devait absolument faire la connaissance, et qui lui demandaient ce qu'il pensait de leurs ouvrages alors qu'il n'en avait même jamais entendu parler et n'avait aucun désir de les lire, où il devait répondre aux questions les plus agressives posées par de prétendus amoureux de la littérature qui faisaient profession de l'admirer. Au début, il se laissa faire sans aucune résistance, ne pouvant croire que tout cela était bien réel ; il en disait le moins possible, souriait et serrait poliment les mains, et tout le monde était prévenu qu'il était très timide ; personne ne semblait se soucier que ses commentaires bredouillés fussent incompréhensibles ; au contraire, on voyait là une exquise excentricité. Ainsi, il pouvait rester à moitié endormi durant toutes ces sortes de cérémonies. Il commença à se douter qu'il avait attrapé quelque maladie inconnue lorsqu'il se mit à éprouver un certain plaisir à ce jeu de la célébrité, un certain soulagement en voyant combien il pouvait se montrer obscur et pervers, proférer de parfaites sottises sans perdre pour autant l'attention ravie de son auditoire. Puis vint un deuxième symptôme : il s'aperçut qu'il n'y avait pas de limites à ce qu'il pouvait dire, ce qui aurait nui à son plaisir en le rendant prévisible, et qu'il se trouvait malgré lui porté à faire de plus en plus souvent des déclarations solennelles et dénuées de sens. Enfin il comprit que les choses tournaient mal lorsqu'il ressentit le besoin pressant de se remettre à la poésie, et que, à sa grande surprise, il fut déçu par ce qu'il écrivait. Par la suite, il ne put plus dormir comme il en avait l'habitude. Certains de ses vieux amis se mirent à l'éviter comme s'il avait la peste. Pis que tout, le coma paradisiaque où il avait vu une forme de béatitude lui parut dès lors indigne de lui, une façon de gaspiller ses dons. Puis sa détresse donna graduellement naissance à une nouvelle forme de désir, caractérisée par le fait que ce désir n'avait pas d'objet déterminé ; au lieu du contentement qui était d'ordinaire le sien, il aspirait maintenant à un autre bonheur, qu'il était incapable de définir. Ce fut la catastrophe finale. Et comme de plus en plus de gens éprouvaient le même sentiment que Nonos, le Paradis entier fut ébranlé. A mesure que ceux qui s'éveillaient se faisaient plus nombreux, à mesure que les lampes s'allumaient ici et là, il devenait évident que l'endroit n'était plus ce qu'il avait été. Tel était l'effet qu'avaient les Personnes Plus sur les vieux résidents, simplement en leur posant des questions gênantes.

Nonos, tout tremblant, s'était caché dans les buissons pour échapper à la rapacité de ses admirateurs, qui étaient décidés à faire de lui leur bien et à s'assurer qu'il restait éveillé. Il avait été emmené à l'hôtel — quasi enlevé — dans le but de lire ses poèmes, poèmes qu'il avait oubliés depuis longtemps et qui, même à lui, paraissaient étrangers. Il fut on ne peut plus ravi d'être salué par un chien qui ne lui demandait pas d'expliquer son œuvre, qui n'aboyait pas après lui, mais lui léchait les mains, et qui s'endormit à ses pieds, le cachant comme par miracle à la vue de ses poursuivants. Il fut on ne peut plus soulagé que Quelle témoignât pour son insomnie un intérêt compatissant, prît pitié de lui, lui donnât refuge dans sa chambre, le berçât, le soignât, fît tomber sa fièvre et calmât sa colère. Ils parlèrent de son avenir, et la perspective de pouvoir à nouveau en envisager un le bouleversa si fort qu'il se mit à pleurer. Il voulait s'enfuir, se cacher, mais au Paradis il semblait qu'il n'y eût nulle part où l'on pût se cacher. Il n'était plus à l'aise dans le paysage qu'il avait de tout temps considéré comme sien, comme son environnement naturel, mais il ne pouvait pas imaginer d'endroit où il fût certain de se sentir mieux. Tout ce qu'il savait, c'est qu'il était inquiet.

Célèbre mais non pas atypique, Nonos n'était pas le seul exemple de l'inquiétude qui gagnait le Paradis. Si les âmes perdues avaient imité les âmes perdues qu'elles connaissaient sur terre, elles seraient demeurées à tout jamais perdues. Mais certaines avaient été gagnées par l'impatience, et s'étaient décidées à réagir.

Le grand exploit de Quelle fut de mettre Nonos en rapport avec une autre âme perdue, et d'obtenir ainsi un résultat qu'elle n'avait pas prévu. Ce fut pour elle le premier signe que le hasard est le sang du Paradis, qui purge de l'ennui et apporte de la nourriture là où régnait la paresse de l'esprit. C'est par hasard que Henry Ford séjournait aussi à l'hôtel. Elle profita de l'occasion. Accompagnée de Nonos, elle gagna l'étage supérieur, où vivait le grand inventeur du Modèle T, dans l'espoir qu'il pourrait arracher le poète à ses poursuivants. Mais Henry Ford était aussi devenu une âme perdue. Il s'était installé au ve siècle, parce qu'il s'était rendu compte que c'était le meilleur endroit pour communiquer avec Dieu. Il était décidé à ne pas bouger jusqu'à ce qu'il ait entendu la voix divine. Il se sentait parfaitement bien à l'hôtel, quoique Mrs. Ford ne fût pas avec lui. Il avait longtemps compté sur son aide, mais lorsqu'il s'était mis en tête de devenir président des États-Unis, elle avait déclaré : « Si ça lui plaît, Mr. Ford peut aller à Washington, mais en ce cas, j'irai en Angleterre. » Et pour l'instant, elle se trouvait effectivement dans le Londres du XVIIIe siècle, d'où elle lui enjoignait de se montrer patient : ne lui avait-il pas fallu douze ans pour mettre au point son Modèle T ? Henry Ford n'avait pas besoin, n'avait jamais eu besoin, de compagnie humaine ; aussi ne fut-il pas particulièrement enchanté de recevoir la visite de Nonos, de Quelle et de Jolly ; mais il savait qu'il lui faudrait de l'aide pour recevoir les messages de Dieu, et il était tout disposé à les enrôler à cette fin. Non qu'il les trouvât sympathiques : au contraire, si ç'avait été le cas, il aurait éprouvé de la méfiance. « Dans notre organisation, on accorde généralement trop d'importance à la bonne entente, avait-il un jour déclaré. Je plains le pauvre type qui est si doux, si mou, qu'il doit toujours sentir autour de lui une atmosphère de sympathie pour pouvoir travailler. » Il ne leur cacha pas qu'il se débarrasserait d'eux une fois qu'ils ne lui seraient plus utiles. Pour échapper aux amoureux de la littérature, et dans l'espoir d'être présents quand la Grande Communication aurait lieu, ils acceptèrent ces conditions, et ils s'installèrent dans son penthouse.

L'espoir que Dieu allait parler à Henry Ford n'était pas plus illusoire que celui de fabriquer une voiture populaire coûtant 250 dollars. Henry Ford était mort en 1947, mais ce n'était que récemment qu'il était arrivé à l'hôtel de la Décadence. Pourquoi ce retard ? Il s'agissait de sa seconde venue au Paradis. La première fois, il n'y était resté que brièvement, convaincu qu'il était d'être descendu au mauvais arrêt. La seule idée qu'un endroit pût être consacré au bonheur était pour lui un sujet d'affolement. Le bonheur n'entrait pas dans son monde ; il l'en avait rayé comme un rêve enfantin lorsqu'il était adolescent, à la mort de sa mère ; après cet événement, le plus terrible de sa vie, il se persuada qu'il n'y avait plus pour lui aucune possibilité de bonheur. Il ne changea jamais d'avis, car il n'aimait pas admettre qu'il s'était trompé. Lorsqu'il eut l'occasion de voir sa mère au Paradis, il fut bouleversé : elle n'était pas comme il se la rappelait ; il comprit qu'il avait inventé un conte de fées à son sujet, et que la personne qu'il voulait vraiment voir était Dieu. Il ne lui vint pas à l'esprit que cette entrevue pût lui être refusée : pour un homme de sa position, le refus n'existe pas. Il prétendit donc l'avoir obtenue, mais ne voulut pas révéler ce que Dieu lui avait dit. Selon toute vraisemblance, Dieu ne lui dit rien du tout car il ne lui en laissa pas l'occasion, son but réel étant de dire à Dieu ce que lui, Henry Ford, avait à dire. Quoi qu'il en fût, il quitta le Paradis dès le lendemain et retourna sur terre.

Certains prétendent toutefois que Dieu parla, demandant à Ford quelle était sa religion. Tout d'abord, Ford aurait déclaré que sa religion était celle de tout homme sensé, et que les hommes sensés ne disaient jamais de quelle religion ils étaient. A quoi Dieu aurait répliqué que c'était là aussi sa religion, mais que ses disciples refusaient de le croire. Craignant que Dieu cherchât à le flatter, Henry Ford modifia alors sa réponse et confessa quelque chose que, d'ordinaire, il n'avouait pas en public, à savoir qu'il croyait à la réincarnation, seule doctrine, selon lui, qui pût satisfaire une personne considérant que le but de la vie n'est pas le bonheur, mais l'expérience, dont on n'est jamais suffisamment pourvu. Quant à savoir s'il réussit effectivement à persuader Dieu de lui faire goûter aux plaisirs de la réincarnation ou si son retour sur terre s'effectua par un autre moyen, la question reste ouverte. Mais le fait est qu'il se retrouva instantanément à Detroit, où il revit le jour dans le foyer d'un chauffeur de camions et d'une blanchisseuse. Son âme eut ainsi l'occasion de vivre et de souffrir dans le corps d'un être dont les émotions étaient nouvelles pour lui. De sexe féminin, le nouveau Henry Ford devint une mère de dix enfants vivant de l'assistance sociale, abandonnée par son mari, accordant plus de prix à ses rejetons qu'à tout ce que le monde avait d'autre à offrir, mais exprimant avec une éloquence inlassable et désespérée sa hargne vis-à-vis du monde, qui, disait-elle, la traitait comme une moins que rien, parce qu'elle ne pouvait pas gagner de quoi entretenir ses enfants, parce qu'elle avait une formation de secrétaire et ne trouvait d'autre travail que celui de femme de ménage, parce qu'elle ne voulait pas que son mari revienne, et qu'elle n'était, en fait, pas sûre de vouloir d'aucun homme, n'en ayant jamais rencontré un seul qui approchât l'idée qu'elle avait de la perfection. Et l'âme de Henry Ford, qui avait jadis opéré des miracles en transformant l'air pur en feu et en fumée, en faisant pousser dans les champs des usines et des villes, connut un sentiment qu'elle n'avait jamais éprouvé jusque-là : l'impuissance. Lui qui avait coutume de prêcher que la volonté peut arriver à tout ce qu'elle désire se trouva réduit au silence. A double titre d'ailleurs, car sa nouvelle incarnation, écrasée par un conducteur ivre, fut victime d'une mort précoce, et Henry Ford fit avec elle son retour au Paradis.

Que deux âmes vivent dans le même corps est chose assez commune, et explique la richesse d'une personnalité comme son dédoublement ; les deux âmes préfèrent d'ordinaire oublier la rencontre et se séparer aussi vite que possible. Cependant, son séjour dans un autre corps transforma Henry Ford, car il l'obligea à prêter attention à des pensées autres que les siennes, ce qu'il trouva étonnamment intéressant. Cette fois, il arriva au Paradis sans plus voir dans les usuriers, les marchands d'armes, les fumeurs et les alcooliques les responsables des maux de l'humanité. Le monde, répétait-il à qui voulait l'entendre, était plus mal géré encore qu'il l'avait cru possible ; quelle effarante inefficacité ! quelle souffrance inutile ! quel gaspillage — le gaspillage avait de tout temps été sa bête noire : on pouvait tout guérir grâce à son élimination. Ce qu'il fallait, c'était une direction faîtière totalement nouvelle. Si Dieu avait la moindre honnêteté, il démissionnerait au profit de quelqu'un de plus compétent — il n'allait toutefois pas jusqu'à dire à qui il pensait. Au Paradis, les âmes peuvent se permettre de dire tout ce qu'elles pensent sans offenser personne, car personne n'a coutume d'écouter ce que disent les autres. Ce qui, en l'occurrence, est tout à fait remarquable, c'est que Henry Ford éprouvait le désir sincère d'entendre ce que Dieu avait à répondre. Depuis son enfance, il avait toujours eu envie de vivre dans la peau de quelqu'un d'autre, mais sans savoir que cette envie se limitait à vivre dans la peau de Dieu. C'est pourquoi il s'était rendu à l'hôtel de la Décadence.

La particularité de cet hôtel est que son bar est devenu le rendez-vous de nombreux dieux mineurs. Car au ve siècle de notre ère, un grand nombre de divinités furent mises au chômage technique ou à la retraite — dont la plupart des dieux de la Grèce et de Rome et quelques-uns de leurs associés des autres continents, qui s'aperçurent qu'ils n'avaient plus grand-chose à faire maintenant que le christianisme était établi. Ils s'installèrent dans la région, qui fut pendant longtemps un lieu de villégiature supérieur. Mais récemment, il est devenu beaucoup plus que cela. L'hôtel n'a pas été construit seulement pour que des groupes de femmes puissent y venir honorer Nonos ; il date d'une période nettement plus reculée, où des touristes américains d'un autre genre ont commencé d'y affluer. Car toute nation nouvelle a besoin d'une nouvelle religion, et, si elle ne peut pas en inventer une, elle en ressuscite et en transforme une qui a été oubliée : c'est le premier stade de ce qu'on appelle la modernisation. Peu après leur fondation, les États-Unis d'Amérique sont devenus sans s'en apercevoir adeptes du paganisme romain. Par essence, cette religion est la religion du succès. Son originalité est d'éliminer tout souci quant au mérite des gens. Il n'est pas nécessaire d'être bon ou moral pour obtenir ce qu'on désire, et on peut l'avoir sur-le-champ, sans qu'il soit nécessaire d'attendre une autre vie. Tout ce qu'il faut, c'est fixer le prix auquel les dieux vous vendront le succès. Au début, ces dieux romains vendaient des formes de succès très rudimentaires, car l'idée seule que l'homme était capable de réussir quoi que ce soit par lui-même était très audacieuse ; on admettait généralement que les humains n'étaient rien que des instruments, des pions, régis par les étoiles et le destin ; le fait de se déplacer sans encombre d'un endroit à un autre était déjà considéré comme un exploit, et ceux qui en étaient capables furent les pères fondateurs de la société compétitive. Les dieux romains, qui ne manquaient pas d'humour, mirent au point différentes sortes de succès ; ils inventèrent pour les affaires des dieux à la langue bien pendue, pour les femmes désireuses d'asservir les hommes qui avaient fait d'elles leurs esclaves des dieux de la ruse, et des dieux du vol pour tout le monde y compris pour eux-mêmes, qui ne dédaignaient pas cette pratique. Ainsi, quoiqu'on pût passer un marché avec eux, ils ne tenaient pas toujours leurs engagements. Après la bonne chance, ils se mirent à offrir la chance tout court, et le succès devint une loterie. L'empire romain décida que cela ne suffisait pas, et il abandonna ses dieux. Mais alors arrivèrent les Américains, et la chance retrouva sa faveur. Les dieux romains se réveillèrent, tout étonnés d'être à nouveau l'objet d'un culte, culte secret, il est vrai, mais pratiqué à grande échelle. Les Américains vénéraient ces dieux parce qu'ils assuraient le succès immédiat à quiconque était prêt à payer le prix. Il suffisait de faire un sacrifice aux dieux pour qu'ils livrent la marchandise, même si celle-ci se révélait factice. Les Américains n'étaient ni les premiers ni les seuls à cultiver la réussite, mais ils étaient prêts à payer plus cher qu'aucune autre nation n'en avait les moyens. Un ulcère, un mariage brisé, un travail détruisant l'esprit, tout cela leur semblait des vétilles comparé aux persécutions et à la misère qu'ils venaient de quitter ; si le succès ne leur coûtait pas davantage, ils étaient sûrs d'avoir conclu une bonne affaire.

D'ailleurs, le succès était garanti. Car les Américains avaient également hérité des Romains un système d'assurance unique. L'essence du culte romain du succès était que l'échec doit être évité à tout prix ; la méthode consistait à s'assurer des deux côtés, ou plutôt de tous les côtés. Ainsi, non contents d'être des païens vénérant le succès en ce monde, les Romains adoptèrent le christianisme dès qu'il leur parut à la mode, pour le cas où il se trouverait un autre monde dont ils ignoraient l'existence. Depuis, pratiquement toute l'humanité les a imités en pratiquant au moins deux religions, pour être sûre d'être du bon côté. En fait, Nonos avait été un véritable précurseur.

Pour ce qui est de Henry Ford, il était plus intéressé encore par le succès que la plupart des Américains, parce que, malgré tout son génie et bien qu'il eût construit l'usine la plus vaste du monde, il avait passé la majeure partie de son existence à être considéré comme un raté. Les voitures, disait-il, devaient durer toute une vie et être aussi bon marché que possible ; mais cette idée faillit le conduire à la banqueroute. Ses concurrents démontrèrent que les bénéfices sont plus grands lorsqu'on sort chaque année un nouveau modèle un peu plus coûteux. Mais le profit n'intéressait guère Henry Ford (« Il semble que nous ne puissions pas empêcher les bénéfices de monter », se plaignait-il), ni les ingénieurs inventifs (« Nous avons découvert qu'il faut malheureusement se débarrasser d'un homme dès qu'il se prend pour un expert »), ni les vendeurs agressifs (ils éveillent la cupidité et les « désirs non formulés » plutôt que de « satisfaire les besoins »), ni l'affection de ses ouvriers (il employait des hommes pour les rosser). « De tout temps, le monde a été dirigé par des médiocres, et il le restera », concluait-il. Il n'y avait pas de place pour le génie. Pour finir, il décida que les oiseaux étaient « les meilleurs compagnons », mais personne ne se souvient des 500 hôtels qu'il a fait construire à leur intention. Son expérience était à l'opposé même de celle de Nonos : il n'avait pas cessé de se discréditer.

Il y avait un secret qui avait échappé à Henry Ford, et c'est par l'entremise des dieux romains qu'il espérait se le faire révéler par la voix du Dieu de tous les dieux. Il ne pouvait s'attendre à recevoir un bon accueil au Paradis, il le savait, car la plus immortelle de ses paroles était que « l'Histoire n'est que Billevesée », alors que, bien sûr, l'histoire est la seule chose qui soit au Paradis. Personne n'avait compris qu'il ne voulait parler que de l'histoire écrite par les historiens ; non qu'il ait lu aucun d'entre eux : il ne savait même pas la date de la révolution américaine. Mais il avait entendu dire que les historiens s'intéressaient aux rois et aux généraux, qu'il avait en horreur ; il n'aimait que l'histoire qu'il pouvait toucher, les maisons, les meubles, ou l'histoire qu'il pouvait voir, les rencontres face à face. Ainsi, il ne croyait rien de ce qu'on lui avait dit au sujet de Dieu créateur du monde et de sa façon de le gouverner. Il était venu s'informer lui-même, et poser la question : comment lui serait-il possible de réussir mieux au Paradis ?

Quelle se trouvait ainsi on ne peut mieux placée pour assister à la grande entrevue que Henry Ford s'occupait d'arranger. Toute une cohorte de dieux romains furent invités dans le penthouse, où on leur servit des boissons sans alcool, accompagnées de gâteaux secs aux graines de soja (Henry Ford avait été l'un des premiers à voir dans le soja la réponse à la faim mondiale). Nonos tenait lieu d'interprète, tandis que Quelle notait ce qu'on disait. Les dieux promirent que Ford aurait ce qu'il voulait, et lui promit de faire tous les sacrifices demandés. Quelle prit la place de Mrs. Ford, mettant les invités à l'aise, ce qui n'était pas un travail facile, car les dieux eux-mêmes étaient gênés par Henry Ford. Tout se déroula néanmoins comme prévu, et dans l'élan de l'aventure, tout le monde oublia ses petits soucis personnels.

Malheureusement, l'entrevue eut lieu alors que Quelle et Jolly étaient momentanément absents. De retour après une journée de promenade dans les bois, ils trouvèrent l'Évangile selon Henry Ford tout écrit sur un beau parchemin. Henry Ford était transporté d'enthousiasme, car bien que l'entrevue se fût, contre toute attente, déroulée en hébreu, langue que ni lui ni Nonos ne connaissaient, ils avaient miraculeusement compris. Quelle ne fut donc jamais en mesure de se porter garante de l'authenticité du document, à propos duquel les spécialistes demeurent en désaccord ; dans son for intérieur, elle soupçonnait Nonos d'en être le seul auteur, ayant enfin réussi là un poème à succès et trouvé une nouvelle audience. Henry Ford ne pouvait pas l'avoir dicté, car les idées en étaient par trop éloignées des siennes, et le style par trop différent ; mais surtout, il n'aurait jamais pu admettre ce que Nonos attesta, c'est-à-dire que la voix de Dieu était franchement bizarre, et, loin d'évoquer un grondement de tonnerre, ressemblait à une voix de femme plutôt qu'à une voix d'homme. L'entrevue ayant finalement été arrangée par Mercure, dieu romain d'origine indienne, il n'est pas impossible qu'on l'ait présenté à l'une des grands-mères indiennes de Mercure, connue, selon les régions, sous le nom d'Uma, de Parvati, de Durga, de Kali, de Kumasi, d'Ambika ou encore de Candi : déesse mère de la terre, de l'amour et de la mort, elle est depuis longtemps considérée comme le guide le meilleur pour percer les mystères de la vie. Mais ce n'est là qu'une conjecture. Quelle qu'en soit la source, l'Évangile selon Henry Ford semblait destiné à devenir un document très influent au Paradis, mais, comme tant d'autres, fortement controversé, et sur le sens duquel il est impossible de s'entendre. Mieux vaut donc lire le document soi-même.

« Voyageurs au Paradis, c'est pour vous qu'est écrit ce récit authentique de la façon dont Henry Ford grimpa au dernier étage de l'hôtel de la Décadence, dans l'espoir d'être admis en la présence du Créateur. Pendant longtemps, il ne reçut aucune réponse à ses prières. Puis un jour, il entendit la pluie frapper à sa fenêtre. Il ouvrit, mais il ne pleuvait pas. Pourtant, les gouttes continuaient à tambouriner. Et Henry Ford fut transporté de joie, car il comprit qu'enfin le messager répondait à ses prières. Des larmes lui vinrent aux yeux, ce qui ne lui était pas coutumier. Il dit à haute voix : " Pourquoi suis-je triste ? " Et par la fenêtre, il entendit une voix disant : " Pourquoi suis-je triste ? " Ce n'était pas l'écho. Car Dieu également était triste. La voix avait choisi Henry Ford pour dire aux habitants du Paradis que la gloire de Dieu n'était pas complète.

« La voix dit : " Lorsque la chaleur du soleil devient trop forte au Paradis, ma tristesse est le vent qui souffle de la mer et rafraîchit l'âme. Ma tristesse est la graine qui devient arbre, et sans laquelle il n'y aurait pas de verdure sur le flanc des montagnes ni de fleurs le long des cours d'eau. Je suis triste parce que je n'ai pas appris à mes créatures à savourer la joie de la tristesse et la récompense de l'échec, car seuls ceux qui voient sans pleurer le défaut de leur ouvrage sont vraiment mes enfants.

« " C'est là le premier des piliers sur lequel est construit le bonheur au Paradis. Mais n'espérez pas que ce pilier vous soutienne à jamais. Mon Paradis n'a pas de bases solides. Il faudra donc que vous ayez un second pilier : le pilier du courage, qui vous affermit lorsque le premier cède. Car aucun pilier ne tient par lui-même. Et il en va ainsi pour tous les piliers sur lesquels se fonde le bonheur. "

« Henry Ford dit : " Je t'entends, ô Créateur, et je suis troublé et je tremble. Tu me dis de construire un pilier tout en m'assurant qu'il ne tiendra pas. Tu m'ordonnes de chercher un second pilier, mais sans me dire où je puis trouver le courage dont il est fait. Aucun ingénieur ne pourrait accepter de pareilles instructions. Envoie-moi un signe qui soit plus clair et plus exact. ”

« Ce à quoi la voix répliqua : “ Mon signe est une erreur. Nombreuses sont les erreurs que j'ai commises lors de la création. Nombreuses sont les plaintes de mes créatures, qui crient qu'elles endurent les tourments du mal. Pourquoi, demandent-elles chacune dans sa langue, tant de gens font-ils un pareil gâchis de leur vie ? L'horreur qu'elles éprouvent devant leur destin n'est rien comparée au chagrin de mon cœur. Mais cela ne me donne pas le désir d'arrêter. Car mes créatures sont faibles, et leur esprit est facilement troublé. Elles se plaisent à m'adorer comme l'être parfait, le tout-puissant, et elles ferment leurs oreilles à ce que je leur ai si clairement et si souvent dit.

« “ Je suis moi-même dans le pétrin. Il ne m'a pas fallu moins de vingt-six essais avant de réussir à créer le monde. On ne devrait pas s'étonner que ma création ne soit pas parfaite, et qu'elle ne marche pas aussi bien qu'elle devrait. C'est une expérience. En fait, si mes créatures voulaient bien reconnaître que c'est une expérience ratée, je détruirais tout pour faire un autre essai ; ce n'est que par respect pour cet étrange amour qu'elles ont conçu pour leur douloureuse existence que je diffère le moment de tout recommencer. Je suis touché par l'admiration qu'elles ont pour mon œuvre, mais leur approbation ne me plaît pas. Je me frappe souvent la poitrine quand je vois à quel point elles se trompent en ce qui me concerne. Elles ne me comprennent pas du tout.

« — Jouons cartes sur table, dit Henry Ford.

« — Je suis le Créateur, poursuivit la voix. Avant toutes choses, je suis un créateur. Cela signifie que je ne peux pas arrêter. Avant même d'avoir achevé une tâche, j'en conçois de nouvelles, avec de nouveaux mondes pour qu'elles aient leur place. Il est normal que je me désintéresse de mes œuvres passées. Je suis navré que les humains en viennent à se sentir négligés — ils ne devraient pas. J'espère qu'à l'avenir ils apprendront à m'apprécier tel que je suis.

« — Je n'ai jamais pu obtenir des gens qu'ils m'apprécient tel que je suis, déclara Henry Ford. C'est intéressant que tu aies le même problème que moi.

« — Les humains ne sont que des prototypes, expliqua la voix, des prototypes beaucoup plus simples que ceux que j'espère fabriquer un jour. Pour résoudre leurs difficultés, ils aspirent aux solutions simples ; moi pas. Émotionnellement, les humains sont chancelants, et ils souhaiteraient être sûrs. Je sais que je n'ai pas encore trouvé le moyen de faire bien fonctionner leurs émotions, de créer des fruits sans amertume. Comme tous les humains, toi, Henry Ford, tu rêves de trouver des buts bien précis ; et si tu réussis ensuite à les atteindre, tu te réjouis et tu t'imagines avoir réussi. Ton idéal est de savoir ce que tu veux et de l'obtenir. C'est ce que tu appelles une vie réussie, et c'est, en fait, la véritable religion de toute l'humanité.

« “ Mais mon univers est fait de chaos, d'incertitude et de changement ; c'est ainsi qu'il doit être, et ainsi qu'il me plaît. Je mourrais d'ennui si le chaos était réduit à la perfection immobile. J'ai besoin de forces invincibles avec lesquelles lutter — pas seulement des forces mauvaises : celles-ci sont trop faciles à condamner, et trop méprisables pour qu'on se mesure avec elles. Seules sont dignes de moi les forces imprévisibles, sur lesquelles il n'est jamais possible de remporter une victoire définitive. Ce n'est pas la victoire que je cherche : la victoire, c'est pour les enfants. Mais je n'ai pas encore réussi à faire les humains assez forts pour vivre avec de telles pensées. En attendant, il me faut supporter qu'ils adorent le faux dieu du succès.

« — Il faudra trouver mieux à offrir, commenta Henry Ford.

« — Les difficultés où se trouve le monde ne sont pas si terribles ; tout ce qu'il faut, c'est trouver le joint. J'ai mon plan, même si je le change tout le temps. Considère la flamme du désir. Dans chacune de mes créatures, j'ai mis cette étincelle de feu qu'on appelle le désir ; bien qu'on me reproche les tourments qu'elle cause, c'est une de mes inventions les plus ingénieuses. Je les vois qui luttent pour la supprimer, surtout à l'Est ; mais je ne les en blâme pas, au contraire. Je vois toute la sagesse qui en a résulté. Cela m'a appris beaucoup de choses. Et je vois ceux qui, à l'Ouest, luttent pour assouvir leurs désirs, ce qui est, bien sûr, encore plus impossible : il en est sorti de merveilleuses créations, même des formes nouvelles d'êtres vivants, qui ne sont pas indignes qu'on les compare avec les miennes. Je déplore seulement que cette lutte fasse des humains des prisonniers, chacun de son propre combat, chacun de sa propre façon de penser. L'esprit que je leur ai donné n'est pas assez ouvert ; ils se sentent toujours obligés de choisir entre les contraires.

« “ Le Paradis est le lieu de la quadrature du cercle, où les contradictions font bon ménage. C'est l'endroit où j'effectue mes plus audacieuses expériences avant de les répandre dans le reste de l'univers. Mais je trouve les âmes d'ici trop fatiguées, ou trop frustrées, souvent ternes, et presque toujours comateuses. C'est la situation que j'entends maintenant rétablir. Pour comprendre ce qui se passe sur terre, il est nécessaire de voir comment cela concorde avec les expériences que je poursuis ici actuellement.

« — Ne me dis pas que tu es en train de concevoir un nouveau modèle, s'étonna Henry Ford.

« — C'est sans doute une prémonition qui m'a fait donner aux humains un cerveau divisé en deux. J'ai voulu que chaque partie soit indépendante, contrôle l'autre, la relaie dans le pilotage du corps, que chacune ait ses préférences et sa manière à elle de concevoir les difficultés. Si j'y étais parvenu, j'aurais été vraiment très fier de mon travail. Le résultat n'aurait pas été un simple bimoteur — j'ai souri quand ils l'ont inventé —, mais un avion où les moteurs sont des rivaux, des amis, des maîtres, des espions, des artistes qui ne voient jamais un paysage de façon semblable. Hélas, le cerveau fait tant d'histoires à propos du corps, s'agite tellement — beaucoup plus que je ne l'avais prévu — à son sujet, déclenche tant de signaux contradictoires, tant de fausses sonnettes d'alarme, que les deux parties se sont jointes pour former un tout ; plus résistant, peut-être, mais moins souple que je n'aurais voulu. Au Paradis, l'âme et le corps ont plus de facilité à se comprendre ; et pourtant, l'âme a encore besoin de moi ; j'ai honte de la voir s'effondrer aussi facilement. Je voudrais bien pouvoir faire une nouvelle tentative, créer cette fois le type d'âme dont je rêve, qui soit comme un bateau insubmersible, qui puisse laisser voguer en toute liberté l'imagination, mais sans s'égarer pour autant. Pour parvenir à ça, chaque âme doit être double. " »

Ces paroles prononcées, le silence s'établit dans le penthouse de Henry Ford, qui aurait bien voulu comprendre comment une âme pouvait se dédoubler, mais dont les questions demeurèrent dès lors sans réponse. Ses disciples se montrèrent incapables de comprendre les paroles divines. Quelle, qui était la plus jeune, suggéra pour interprétation que chaque âme devait trouver au Paradis son âme sœur et s'unir à elle. Nonos, le plus âgé et le plus sage, dit que Dieu condamnait l'ignorance et la folie des âmes, et que c'est par la connaissance de la vérité qu'elles pourraient doubler leur vigueur. Pour sa part, Henry Ford craignait que Dieu voulût faire des génies de tous les habitants du Paradis, estimant que les génies n'étaient que des fous qui réussissaient par hasard à taper sur la tête d'un clou, que les fous avaient des âmes fêlées, et que, par conséquent, c'était par quelque modification de la folie que l'âme pouvait devenir double.

On décida de convoquer une assemblée de tous les directeurs et administrateurs à la retraite qui souhaitaient venir, et qui ne prétendaient pas être trop occupés, afin de voir comment l'un ou l'ensemble de ces objectifs pourraient être atteints ; mais ils ne réussirent pas à s'entendre. La seule proposition qu'ils approuvèrent fut de fermer l'hôtel de la Décadence pour en faire un institut de recherche et de développement, et d'inviter les animaux du Paradis à se porter volontaires comme sujets d'expériences, dans l'intérêt du bonheur de l'humanité. Mais les animaux ne répondirent pas à l'appel, et l'on put en conclure qu'ils estimaient le Paradis à leur convenance tel qu'il était.

Ainsi, Henry Ford convoqua une réunion de tous les banquiers du Paradis, pour trouver des incitations, en or ou en nature, pour imaginer de nouvelles formules de bénéfices ou de bonis, susceptibles d'attirer les créatures qui consentiraient à ce que leur âme soit scindée, dédoublée ou réparée, car il pensait que les âmes ont besoin d'incitations, mais sans savoir au juste de quelle nature et à quelle fin. Un somptueux banquet fut organisé au profit des banquiers, qui avaient mis cette condition à leur rencontre, mais on ne put trouver un seul poisson ni une seule volaille qui acceptât d'être mangée, la solution à toutes les difficultés du Paradis dût-elle en dépendre. Et les banquiers refusèrent de se réunir autour d'une table où ne serait servi que du pain sans levain.

Henry Ford convoqua donc une conférence de presse pour tous les journalistes du Paradis qu'il put tirer de leur sommeil — ils dormaient près du téléphone, attendant des histoires qui n'arrivaient jamais. Il les invita à répandre la bonne nouvelle qu'une âme double, ou scindée, de la bonne espèce était indispensable à quiconque désirait se montrer sans honte en public, bien que personne ne sût ce qu'était une âme double. On demanda aux journalistes de mode comment il convenait d'en porter chaque partie afin d'être à son avantage. Mais, bien que tous les journaux eussent communiqué le message, personne ne put trouver de photographie montrant une âme à la fois scindée et souriante, et, faute d'image, la nouvelle fut accueillie par une incrédulité unanime.

Ensuite, Henry Ford rencontra les dieux et les déesses de la Grèce et de Rome, ou du moins ceux qui fréquentaient régulièrement le bar de l'hôtel de la Décadence, et, en présence de Quelle et de Nonos, il déclara qu'il était convaincu de parler au nom de toute l'humanité en affirmant que, sans se montrer trop exigeant ni trop irréaliste, il ne pouvait se satisfaire de ce qui lui avait été dit, car personne ne viendrait au Paradis en sachant que sa direction le conduisait à l'échec. Quelle ajouta qu'elle sympathisait tout particulièrement avec les enfants, qui, au Paradis, semblaient ne pas avoir de jouets ni d'espoirs d'avenir. Henry Ford déclara qu'il n'était pas sentimental (ce qui n'était pas vrai : sa femme, qu'il eut plaisir à tenir sur ses genoux jusque dans son extrême vieillesse, ne cessait de répéter qu'il était l'homme le plus sentimental qu'elle eût connu) et que, de ce fait, il ne pouvait sympathiser avec personne, enfant ou adulte ; il ne se plaignait pas que le Paradis n'offrît pas le bonheur sur un plateau d'argent — une telle démagogie lui eût été contraire — ni même le succès, que la plupart des gens choisissent comme substitut ; mais il était profondément peiné qu'on n'y trouvât pas de travail, car c'était la seule chose qui lui eût jamais procuré de satisfaction, tout en maintenant l'ordre parmi ses employés. A ses yeux, le Paradis commençait à ressembler à un vaste asile pour chômeurs. L'endroit devait offrir des stimulants, et non se dérober à ses responsabilités : il devait quelque chose à ceux qui avaient fait un si long chemin pour venir y vivre. Ainsi, il proposa de dresser un contrat, qu'il chargea Nonos de rédiger. En voici la teneur : « Vu que la Parole divine est difficile à saisir, et qu'il est nécessaire de prendre des dispositions pratiques temporaires en attendant qu'elle soit comprise, il est convenu entre les habitants du Paradis d'une part, et les dieux et leurs associés, spécialistes dans l'art de guider les humains au succès, d'autre part, qu'une liste de droits précis devra être négociée à l'avenir au début de chaque année, ou à quelque autre date convenable, droits payables en espèces par chaque habitant pour les succès qu'il, ou elle, souhaitera obtenir, en sorte que lesdits habitants puissent toujours avoir ce qu'ils veulent, ceci étant la raison pour laquelle ils sont venus au Paradis ; que la livraison des marchandises dues par les dieux devra être ponctuelle et sans surprises désagréables, et que, s'il y a des sujets de plainte ou de déception, le prix devra être remboursé, de manière que, quoi qu'il advienne, les habitants ne puissent jamais être perdants, car dans ces conditions seulement le Paradis sera digne de son nom. » L'acte une fois dressé, Henry Ford le posa sur la table et déclara qu'il s'agissait là de sa dernière offre, et que, si elle n'était pas acceptée, il ferait ses bagages et s'en irait du Paradis, n'ayant plus de raisons d'y rester.

Les dieux se mirent à rire, à rire tant et si bien qu'ils ne purent pas répondre ; ils finirent leurs verres en s'esclaffant et se tenant les côtes, puis, ivres de gaieté, ils quittèrent l'hôtel de la Décadence. Seul resta l'enfant dieu Pushan, qui proposa à Henry Ford de le ramener sur terre avec sa charrette tirée par une chèvre, et sans doute Henry Ford aurait-il dû partir comme il avait menacé de le faire si Quelle n'avait demandé qu'on répondît d'abord à une question. Qu'y avait-il de si comique dans la proposition de Henry Ford ? N'étant qu'un enfant, et n'éprouvant ainsi aucune gêne à parler de questions tellement évidentes que les adultes préfèrent les éviter, Pushan expliqua que le succès ne se vendait pas au Paradis, que ce n'était qu'une exportation destinée à la terre, qu'on le considérait comme les conquérants les billes et les bracelets qu'ils vendaient aux sauvages en échange de leur liberté. Le succès était un jouet qui n'avait de valeur que pour les vivants. Au Paradis, les enfants eux-mêmes n'en avaient que faire. Les dieux ne l'avaient inventé que pour amuser les humains, qui, ayant tant de difficulté à saisir la portée des choses, se plaignaient sinon que la vie n'avait aucun sens. Mais le Paradis n'avait besoin ni de sens ni de but, car, durant à jamais, il ne pouvait jamais non plus atteindre son but. N'importe quel enfant était en mesure de comprendre cela, conclut le dieu enfant Pushan.

Un bref instant, Henry Ford demeura muet de stupeur en apprenant qu'il y avait des questions compréhensibles pour un enfant et non pour un adulte, car le processus consistant à devenir adulte lui inspirait tant de respect qu'il en était arrivé à la conclusion que les enfants doués n'existaient pas ; pour lui, être doué signifiait forcément posséder l'expérience de l'âge ; il aimait à dire que Jésus était un vieillard ; rien ne le préparait à traiter avec un enfant.

Son bref silence permit à Quelle de demander, très poliment, au dieu enfant, s'il pourrait leur montrer une âme divisée ; ils s'engageaient à se tenir très tranquilles, à ne laisser échapper aucun cri, aucune exclamation ni aucun ricanement.

« Il n'y a rien à voir, répondit Pushan. Comme tous les dieux, j'ai moi-même une âme double.

— Est-ce le secret de votre immortalité ? demanda Nonos.

— Une âme double, comment est-ce que cela fonctionne ? demanda Henry Ford.

— Cela signifie-t-il que vous ne pouvez jamais être malheureux ? demanda Quelle.

— Je vais essayer de vous expliquer cela d'une façon qu'un adulte puisse comprendre, répondit Pushan. L'une de mes âmes ressemble à celle au sujet de laquelle les humains écrivent des poèmes : elle brûle et bouillonne, elle roucoule et elle crache, elle ressent tout ce que les humains appellent émotion. Mais l'autre la considère de haut, comme la lune, le vent inconsolable et les vagues impuissantes, hors d'atteinte et souriant sans cesse. Cette seconde âme est l'esprit de la création ; pour elle, tout ce que fait la première n'est qu'une histoire qui l'emplit d'étonnement, le fil qui lui sert à tisser la tapisserie toujours changeante de ses pensées ; c'est l'âme qui résiste, qui ne tombe jamais dans l'absurdité de la désolation, qui ne voit dans l'échec qu'un mouvement sur un échiquier. Et aucun secret n'entoure la naissance de la seconde âme. Elle est connue même de l'amibe, même de l'humble éponge. Toute âme peut engendrer une seconde âme à l'intérieur d'elle-même. C'est le premier acte créatif qu'il lui faut accomplir si elle désire apprendre à vivre en dieu, c'est-à-dire comme un créateur.

— Mais où trouvez-vous le courage de vous diviser, et mieux encore, de vous observer ? demanda Quelle.

— Aucun humain n'a jamais appris à se voir lui-même, dit Nonos, et surtout pas à se voir comme les autres le voient ; c'est trop décourageant.

— Quel est le prix du courage ? demanda Henry Ford.

— Nous autres dieux romains n'avons jamais été très forts pour donner du courage aux humains, et c'est sans doute pourquoi l'empire romain s'est effondré. Les spécialistes du courage sont les anges gardiens. Eux savent transformer les hommes en martyrs. Mais il y a longtemps que je n'en ai pas vu dans les parages. Pourtant, ce sont les seuls à savoir souffler les mots justes aux oreilles humaines.

— Moi, j'aime me débrouiller seul, dit Henry Ford. Qu'est-ce que je peux faire moi-même ? Quelle espèce d'ambition est-ce que je peux avoir au Paradis ? Où est-ce que je peux trouver l'ambition ?

— L'ambition est une plante qui ne s'est jamais vraiment acclimatée sur terre ; elle monte toujours en graine. Les humains se laissent trop agiter par l'ambition ; dans ce domaine-là, ils sont comme les amants qui veulent posséder l'être aimé, et n'aimer que lui : l'obsession de réussir dans un domaine unique devient le but de leur existence. Mais c'est comme prier pour que la mort arrive. L'ambition telle que la connaît le Paradis est trop intense pour les simples humains. »

Maintenant, Henry Ford était convaincu qu'il n'y avait pas de place pour lui au Paradis. Il pensait que les humains étaient stupides, et il n'aimait pas la stupidité ; il pensait que les nations étaient stupides aussi de gaspiller leurs richesses pour la guerre et la politique ; il espérait qu'une fois que toutes les familles auraient une voiture et pourraient ainsi se rendre visite, il n'y aurait plus de guerre, car elles ne seraient pas assez stupides pour combattre des gens qu'elles connaissaient ; mais force lui fut d'admettre qu'il avait tort ; les gens étaient vraiment par trop stupides. Et maintenant, il connaissait la pire désillusion en apprenant qu'au Paradis la moitié de l'âme en tout cas demeurait stupide ; qu'il ne pouvait pas y avoir de bonheur sans stupidité ; quant au fait que le bonheur était une idée stupide, il le savait depuis toujours. Il ne lui restait qu'une place où aller ; pourquoi lui avait-il fallu si longtemps pour s'en rendre compte ? Il était fait pour convoyer les âmes entre la terre et le Paradis, en sorte qu'il n'ait plus à vivre ni dans un endroit ni dans l'autre. C'était pour cette raison qu'il avait inventé le Modèle T — si seulement il l'avait su plus tôt ! L'ennui, avec les inventions, c'est qu'on ne peut pas prédire à quoi elles vont servir. Ainsi, il ne pouvait prévoir ce que le Paradis allait faire de son Évangile, qu'il lui légua avec ses compliments avant de s'embarquer dans la charrette de Pushan et de quitter le Paradis pour disparaître dans les airs, où il se sentirait enfin à l'aise.

Nonos fut désolé de le voir partir ; il avait horreur de l'idée que le Paradis n'était pas pour tout le monde, qu'il ne pouvait pas plaire à ceux qui se refusaient à avoir du plaisir, but qu'il s'était fixé sur terre, et qu'il était surpris de voir rejeté ici. Cependant, maintenant qu'il était complètement réveillé, contraint de penser à l'avenir, il comprenait de quelle façon il pourrait échapper aux amoureux de la littérature ; il n'avait plus besoin de se déguiser en géant littéraire : le message de l'Évangile selon Henry Ford libérait définitivement les humains du besoin de se déguiser en vainqueurs; ils n'avaient plus besoin de jouer les brillants directeurs pour plaire à d'autres brillants directeurs, plus besoin de s'entourer des symboles du pouvoir pour donner l'illusion qu'ils jouissaient de leur situation, plus besoin de lécher des bottes par crainte de recevoir des gifles, et pour être du côté de ceux qui pouvaient se vanter d'être autorisés à gifler les autres. Nonos éprouvait un immense soulagement à l'idée qu'on pouvait l'apprécier en tant que raté plutôt que géant littéraire, que le Paradis était le lieu où tous les ratés avaient le droit d'asile, où l'art de l'échec était compris et apprécié, où les milliards d'êtres qui portaient en eux un roman sans jamais réussir à l'écrire, ou à le publier, les milliards d'êtres qui, après un travail douloureux, avaient donné naissance à un humble divertissement, à un modeste acte de compassion, un habile replâtrage, un volume imprimé, et voyaient ensuite leur enfant incompris, insulté, négligé, sans plus savoir pourquoi ils s'étaient donné tant de peine, pouvaient fêter leur certitude qu'ils seraient désormais en mesure de faire mieux, sans sentir aucune amertume, sans avoir de regrets. Après toute la tension que la réussite lui avait coûtée sur la terre, Nonos était enchanté de la dignité, dénuée de toute prétention, que pouvait conférer au Paradis le fait d'être un raté. Il se glissa sans bruit hors de l'hôtel et il disparut dans les bois.

Ainsi, Quelle se retrouva seule dans le penthouse. De là, elle écrivit une lettre à sa famille sur le somptueux papier de Henry Ford, dont le premier souci avait été de se faire imprimer du papier à en-tête pour bien montrer qu'il ne plaisantait pas. Elle expliqua que Jolly était perplexe car, parmi les chiens qu'il avait rencontrés, aucun n'était venu le flairer, aucun ne lui avait montré les dents; ils s'étaient contentés de le regarder comme s'il ne leur ressemblait pas, ce qui était très certainement le cas. Elle ne savait pas si elle devait y voir un signe supplémentaire que toutes les créatures avaient une idée différente de ce qu'était le bonheur, de ce qu'était le Paradis. En allait-il de même des anges ? Manquait-il quelque chose au Paradis ? En tout cas, les anges étaient absents, et Myosotis aussi. Elle aurait pourtant crû qu'au Paradis rien ne manquait jamais. Décidément, il fallait qu'elle découvre les anges au plus tôt.

CHAPITRE IV

L'évangile selon Henry Ford fut victime de plusieurs accidents. Jolly ne le déchira pas ni ne le mangea. Quelle ne l'emballa pas ni ne l'emmena comme souvenir. C'est le genre d'accidents que les journaux du Paradis aiment à rapporter, non parce qu'ils manquent de nouvelles, mais parce qu'ils sont tout aussi attentifs à ce qui ne se passe pas qu'à ce qui se passe. C'est le genre d'accidents qui a valu au Paradis des entrepôts pleins d'idées brillantes qui, pour une raison idiote ou pour une autre, se sont perdues sur terre et attendent une âme qui leur trouve un usage. Au Paradis, la chance est respectée. Or ce fut par pure chance que, dans le hall de l'hôtel de la Décadence, Quelle ne passa pas sans remarquer les affiches annonçant des cours de lecture et de langues, des expositions de peinture et des réunions de prière, et que ces affiches lui firent penser qu'il pourrait être intéressant de montrer le manuscrit à un expert en évangiles qui puisse porter sur lui un jugement scientifique. Et c'est ainsi qu'elle l'apporta à l'université locale, distante seulement de quelques taupinières, où elle fut brûlée comme hérétique.

Rien ne lui permettait d'imaginer qu'elle avait à craindre quelque chose d'aussi dramatique. Certes, l'université qu'elle trouva n'était plus cette université paisible dont le Paradis avait été si fier. Les anciens professeurs se rappelaient comment, il y avait quelques dizaines d'années seulement, ils habitaient un véritable paradis au sein du Paradis, avec des élèves qui étaient de perpétuels étudiants, sans autre ambition que de copier d'une plume reconnaissante ce que disaient leurs maîtres, sans autre plaisir sensuel que de sentir la surface égale du papier et le parfum enivrant des vieux livres, sans autre musique pour troubler le silence des bibliothèques que la symphonie des reniflements, des râclements de gorge et des soupirs par lesquels chacun exprimait sa présence, chacun de façon inimitable. Et les étudiants de l'époque ne prenaient pas leurs études trop au sérieux. Ils entrecoupaient leur travail de longues périodes de sommeil, conscients qu'une université n'a pas besoin d'être plus qu'un dortoir pour les optimistes qui rêvent de se réveiller chaque matin plus intelligents. Tous ceux qui regrettaient de ne pas avoir eu sur terre une éducation universitaire pouvaient ici remédier à ce manque, et sans jamais être déçus. Les professeurs eux-mêmes n'avaient pas besoin de s'inquiéter de préparer de nouveaux cours, de mettre leur programme à jour ni de bouger avec leur temps, ainsi qu'ils doivent inévitablement le faire dans les universités de la terre, sans cesse bouleversées par la mort de leurs phares et par celle des idées qui meurent avec eux ; car au Paradis, les professeurs vivent à jamais, en sorte que les doctrines et les erreurs de tous les siècles et de toutes les sectes continuent à être enseignées comme si de rien n'était et sans que personne ne se plaigne. Il n'y a pas de discussions sur les manuels à éliminer. Pour les professeurs de médecine, par exemple, il est possible d'imaginer sans fin des traitements imaginaires pour maladies imaginaires. Il est possible de faire et de refaire des expériences de manière à prouver quelque chose un jour et le contraire le lendemain. Au Paradis, les professeurs ne sont pas hantés par la crainte que leur vie soit trop courte pour que puissent être réalisés les projets grandioses qui devraient leur permettre de résoudre les énigmes de l'univers, et qu'ils doivent terminer chaque publication par cette triste berceuse : « D'autres recherches sont nécessaires » ; ils savent qu'ils ont enfin le droit d'écrire des ouvrages si longs qu'on ne peut en compter les pages, et que personne ne se moquera d'eux parce qu'ils n'ont jamais terminé ; ils peuvent tremper leurs plumes dans des bouteilles d'encre sans fond, comme des sources intarissables, et cela leur permet de se sentir jeunes à jamais. Vêtus d'or et de pourpre, des experts en tout genre peuvent inventer des mots de plus en plus spirituels pour les hymnes célestes, et ils ont la bonté de permettre aux touristes de se promener autour d'eux sur la pointe des pieds pour mieux admirer leurs grosses têtes, comme si c'étaient des monuments.

Au Paradis, quiconque en a envie peut devenir professeur, et tout professeur peut se croire un génie. Le seul problème consiste à savoir comment être un génie, comment se comporter lorsqu'on est un génie, ou un professeur, ou un étudiant. C'est là le défi que le Paradis lance à l'imagination. Beaucoup étaient trop timides pour le relever.

Cette situation aurait pu durer jusqu'à la fin des temps si une variété nouvelle d'étudiants n'avait commencé d'arriver, protestant que les professeurs avaient des manières démodées (comme s'il était possible que rien se démodât au Paradis), les accusant d'être affligés de constipation intellectuelle chronique (comme si le repos n'était pas le but universel), réclamant que l'atmosphère de l'université soit tonique et non soporifique (parce qu'ils n'avaient pas appris à savourer le goût particulier du coma paradisiaque). Des types nouveaux de professeurs firent aussi leur apparition, déprimés, ravagés de doutes, irrémédiablement marqués, semblait-il, par les expériences qu'ils avaient faites sur terre, se plaignant que les universités d'où ils venaient n'étaient plus des havres de rire et d'espoir, mais des lieux de conspiration qui troublaient et décourageaient les gens bien plus qu'ils ne les inspiraient, qu'ils avaient perdu l'art de deviner qui partait gagnant dans la vie, art qui autrefois faisait leur prestige, qu'ils étaient remplis d'arrogance alors même qu'on les accusait de ne rien faire de bon. Or ils voyaient le Paradis prendre le même chemin. Du Paradis, les universités terrestres leur apparaissaient en effet comme des volcans crachant du feu et grondant de mécontentement, et ils craignaient que leurs fumées n'en viennent avant longtemps à asphyxier le Paradis lui-même.

Si Quelle (ou Jolly) avait mieux flairé l'atmosphère, et su interpréter son étrange pesanteur, elle aurait peut-être deviné que l'activité des professeurs et des élèves ne se résumait pas à lire et à dormir. Si elle avait mieux écouté ce qu'ils se marmonnaient, elle aurait saisi les paroles de leur prière préférée, qu'ils récitaient au souffle :

Ô Dieu, toi qui chantes un chant secret
Dont je ne comprends pas le sens,
Aide-moi à garder le secret de même.

J'ai raison tandis qu'ils ont tort,
Ils mentent alors que mes paroles sont véridiques,
Nul ne le sait sauf toi et moi.

Chacun sait que, de l'extérieur, les universités peuvent paraître somnolentes et satisfaites, mais que leurs silences et leur rythme lent sont trompeurs. Derrière les yeux qui papillotent se cache presque toujours un secret bouillonnement. Chaque nouvelle vérité conçue par un savant est l'enfant naturel du doute, et elle fait invariablement l'objet d'insultes et de moqueries. L'apparence d'immobilité n'est là que pour dissimuler le fait que pratiquement tout universitaire qui se respecte porte un cilice, car sans la démangeaison permanente de l'anxiété, il se sent nu, même si certains préfèrent des sous-vêtements plus amusants. Si tout ce qu'il offrait était la vérité sur un plateau d'argent, rares seraient ceux qui voudraient bien entrer au Paradis, car la vérité est le prix d'une bataille, et bataille signifie massacre. Le cilice n'est qu'un article de l'équipement dont les universitaires ont besoin ; ils aiment en outre sortir leurs plumes acérées de leurs manches pour en piquer le derrière de leurs adversaires ; au Paradis, ils espèrent pouvoir enfin réaliser leur rêve et tirer le meilleur de ceux qui les ont contredits, leur prouver qu'ils sont dans l'erreur, démontrer la justesse de leurs théories, de leurs remèdes, des solutions dont ils se sont faits les champions. Brûler les hérétiques, condamner solennellement les erreurs ou ce qui est déclaré tel à un moment ou à un autre, constitue l'une des traditions les plus remarquables de la vie universitaire. Le pli que portent au front les érudits qui entrent au Paradis est le signe certain qu'ils pensent à leurs bêtes noires, ces érudits rivaux qui ont osé les contredire ou leur témoigner leur mépris, et qu'ils comptent bien pouvoir enfin anéantir. Ainsi, cette université avait, comme bien d'autres, fait du supplice des hérétiques par le feu un divertissement régulier du samedi après-midi, et chacun s'en réjouissait. Aucun historien n'a cru bon d'en parler, car on assimile souvent cette activité à un sport, et les chroniques sérieuses négligent d'ordinaire ce sujet. Pourtant, c'était bien davantage qu'un sport.

Quelle fut très claire quant à son but, lorsqu'elle visita l'université. Elle se montra peut-être trop naïve dans son espoir de découvrir un savant professeur pour lui décoder l'évangile de Henry Ford, lui montrer comment diviser une âme, et lui dire aussi quelque chose sur la signification du bonheur : la recherche ou la possession de connaissances rendent-elles les professeurs heureux ? Elle pensait même possible de rencontrer quelqu'un qui ne soit pas totalement absorbé par le fait de se trouver au Paradis ; et Jolly recouvrerait peut-être sa vivacité, car, à sa grande tristesse, elle le voyait maintenant presque en permanence la queue basse.

A n'en pas douter, l'université du Paradis s'intéressait aux animaux, et pas de la manière que Jolly craignait. Elle ne comptait pas, semblait-il, de savants qui énucléaient les chiens ou les rats pour pouvoir écrire des articles sur le fonctionnement des yeux ou du cerveau ; au Paradis, ni les chiens ni les rats n'acceptaient de subir de pareilles expériences ; on ne pouvait même pas les élever systématiquement pour qu'ils aient deux queues ou autre anomalie, car tous étaient libres de choisir leur destin. Et le fondateur de l'université, que Quelle rencontra brièvement avec le sentiment de choc que tant de nouveaux émigrants éprouvaient, avait une raison personnelle de ne pas traiter les animaux en inférieurs ou en simples instruments. Le sage Ganesh avait une particularité physique qui explique peut-être pourquoi il est si peu connu et si peu apprécié en Occident — où l'on cultive une vision conformiste de la beauté. Ganesh est le plus ancien de tous les dieux du savoir et de l'intelligence, des élèves et des maîtres. L'Orient le connaît sous de nombreux noms, dont : le Dispensateur de l'intelligence, l'Incompréhensible, Celui au ventre plein. Mais un jour, il perdit la tête — littéralement. Personne ne sait au juste comment se produisit l'accident. Sa tête originale fut remplacée par celle d'un éléphant. On dit que c'est par accident aussi qu'une tête d'éléphant se trouva être dans les parages, mais il n'en est rien. Ganesh choisit une tête d'éléphant parce que la mémoire est ce qu'il appréciait le plus. Mais il avait aussi d'autres intérêts : ses statues, qu'on trouve dans toute l'Asie, le montrent toujours non seulement comme un esprit pénétrant, mais aussi comme un bon vivant ; autour du ventre, il porte un serpent qui l'empêche d'exploser lorsqu'il a trop mangé ; dans ses quatre mains, il tient un lotus, un disque, une hache, et une boulette de riz sucré, qui constituait son plat favori ; il est équipé de tous les talents qu'il faut pour réussir dans le tohu-bohu académique, et autrefois, presque tous les écrivains érudits lui dédiaient leurs ouvrages. Mais en tant que dieu à tête d'éléphant, il donnait à toute créature l'assurance que rien de ce qu'elle avait fait ne serait jamais oublié. Il était le symbole de l'ancienne sagesse, selon laquelle le bien le plus précieux de l'érudit était sa mémoire.

Soit par ruse, soit par habitude de se répéter, quand Ganesh fit à Quelle une leçon de bienvenue, il l'avertit qu'il ne lui fallait pas s'attendre à trouver trop vite des réponses ; les modernes étaient toujours bien trop pressés : il y avait tant à apprendre et à mémoriser avant de pouvoir espérer comprendre quoi que ce fût qu'elle ferait mieux de se préparer à un très long séjour. Cet avertissement montrait que Ganesh n'était pas dans son état habituel de complète sérénité lorsque Quelle arriva. Il semblait surtout occupé par le souvenir de ses repas. La seule partie de son discours qu'il prononça avec plaisir fut celle où il l'invita à dîner. Son état s'expliquait peut-être par le fait qu'il était toujours bouleversé par la lettre désormais célèbre qu'il avait reçue de George Stephenson, à qui l'université avait demandé de venir parler des machines à vapeur. Stephenson avait refusé, disant qu'il avait horreur qu'on ne voie en lui que leur inventeur, et qu'il aimerait bien, pour changer, qu'on se souvienne plutôt de lui comme de l'inventeur de la machine à couper les concombres, par exemple. Il espérait mener au Paradis une existence nouvelle : la machine à concombres évoquait des souvenirs complètement différents, où des boissons rafraîchissantes et des sandwichs dégustés sous un parasol remplaçaient la fumée et le charbon. Ce refus inquiétait Ganesh, non pas parce qu'il le trouvait insultant, mais parce qu'il y voyait le signe que les âmes commençaient à se révolter contre le poids de leurs souvenirs. Ganesh était très fier de ses casiers, où il parvenait à classer tous ceux qu'il rencontrait. Il prit plaisir à relever que Quelle avait deux mauvais points contre elle, d'abord du fait qu'elle était touriste temporaire et ainsi différente de tout le monde, ensuite à cause du scandale qu'elle avait créé lors de son arrivée en amenant son cafard. Ces faits, il ne pouvait les oublier, et il l'étiqueta avec le seul souvenir qu'il avait d'elle. C'est l'un des problèmes, avec le souvenir : ce n'est qu'un fragment, il ne raconte jamais l'histoire entière, on peut toujours y ajouter quelque chose, et c'est ce qui explique pourquoi il ne peut être la base d'une existence parfaite au Paradis. Quelle ne pouvait en aucune façon se montrer satisfaite de se voir à jamais associée avec son cafard domestique.

Que faire de leurs souvenirs ? C'est l'une des questions les plus difficiles qui se posent aux nouveaux arrivants. La sagesse populaire veut que chacun garde les siens en ordre, soigneusement emballés et étiquetés, et s'efforce de leur en ajouter autant que possible : plus il y en a, mieux c'est. Le dieu éléphant sert de modèle à la plupart des gens, et c'est ce qui explique que, pendant tant de siècles, le Paradis n'a jamais inventé quoi que ce soit ni eu aucune idée nouvelle, occupé qu'il était à collectionner les anciennes. Et maintenant, de nouveaux professeurs arrivaient, chargés de souvenirs plus volumineux qu'à aucun moment du passé. Jamais le Paradis n'avait contenu autant de connaissances. Le geste de George Stephenson indiquait que certaines âmes commençaient à se sentir surchargées de souvenirs, qu'il fallait trouver le moyen de jeter ou de rendre plus légers. Mais elles ne savaient pas comment. Elles ne semblaient plus maîtresses de leur mémoire, au fardeau de laquelle elles ne parvenaient pas à échapper. Et aucun ange ne leur disait de quelle façon il convenait d'en faire usage au Paradis.

L'un des obstacles que les âmes rencontrent constamment est la difficulté extrême qu'elles ont à se parler. Elles arrivent dans l'espoir qu'elles vont rencontrer des âmes sœurs, mais elles ignorent comment elles doivent prendre contact avec elles. Même la recherche d'un professeur qui puisse répondre à une question était une affaire compliquée. Comment Quelle pourrait-elle trouver celui qui serait à même de l'aider ? Elle ne connaissait rien que le système terrestre et avait l'habitude de se fier à son intuition. C'était à son regard, au son de sa voix, qu'elle devinait si un professeur la trouverait sympathique, et réciproquement. Mais elle attendait mieux du Paradis. Elle décida donc de trouver des professeurs qu'elle mettrait à l'épreuve et observerait soigneusement, de façon à ne pas être déçue. Elle voulait les connaître à fond, et dans leurs plaisanteries privées aussi bien que leurs déclarations publiques. Jolly devait pouvoir les lécher, les flairer et faire autant de désordre qu'il le jugeait utile, en sorte qu'ils aient ensemble la possibilité de reconnaître le professeur qui serait bon pour tous les deux.

Par chance, elle en rencontra un, récemment arrivé, dont l'aspect lui parut prometteur. C'était un professeur de psychologie qui, l'assura-t-on, était célèbre, ou l'avait été, car la réputation d'un professeur dure rarement longtemps. N'ayant pas bien saisi son nom, elle n'osa pas le lui redemander par crainte de le vexer et fit mine de l'avoir compris. Au Paradis, la rencontre avec des gens qui se croient connus est une difficulté constante. Le nom du professeur en question ressemblait à Purda, ce qui parut à Quelle tout à fait surprenant, étant donné qu'aucun ouvrage ne fait mention d'un psychologue de ce nom-là. Quoi qu'il en fût, il avait vraiment l'air d'un professeur ; il s'exprimait comme un homme doux et cultivé ; il était disposé à lui parler et à se soumettre à son examen, théorique et pratique ; et enfin, elle comprenait ce qu'il disait.

Elle l'encouragea à parler, et sa première épreuve consista à bâiller pendant son discours. Chaque bâillement, vrai bâillement d'étudiant, l'arrêta au milieu d'une phrase, mais il reprit chaque fois son monologue avec une perte d'aplomb à peine perceptible. Elle fit donc mine de s'endormir. Il continua de parler. Elle fit alors mine de se réveiller, et elle lui dit avoir rêvé qu'elle le voyait descendre Jermyn Street, à Londres, à l'époque où cette rue était remplie de chapeliers. Il cherchait un chapeau, mais sa tête avait doublé de volume. Il expliquait à un vendeur à la boutonnière ornée d'un œillet incarnat qu'il lui fallait un chapeau neuf, car l'ancien était trop petit : sa tête grossissait tous les jours, mais il n'avait nulle autre part où ranger ses livres. Et le vendeur lui disait que, ce qu'il lui fallait, c'était un chapeau extensible, mais que, malheureusement, on n'en fabriquait plus. Le professeur était très ennuyé : il devait pourtant bien y avoir un chapeau qui lui aille — le style ne lui importait guère, pourvu qu'il ne soit pas trop audacieux. Pour que sa tête cesse de croître, le vendeur lui suggérait de cesser de lire. Mais le conseil venait trop tard. Sa tête enflait cependant qu'il parlait, heurtant les rayons de la boutique et en faisant tomber une cascade de chapeaux de toutes sortes tandis qu'il continuait d'expliquer à quel point il était important pour lui d'avoir un couvre-chef à sa mesure. Quand, pour finir, il se fraya un chemin hors du magasin, le dôme qui lui servait de tête était couvert, comme par des boutons et autres furoncles, de bérets, de melons, de tubes, de canotiers, de feutres et de bombes, mais une grande partie en restait néanmoins dénudée. Et il allait alors de chapelier en chapelier, achetant tout ce qu'il pouvait pour couvrir sa tête, mais sans cesse dépassé par le grossissement de son crâne. Il grognait qu'un pays qui ne fabrique plus de chapeaux extensibles était condamné, pétrifié, mesquin. Comme première épreuve, Quelle demanda alors au professeur d'interpréter son rêve.

C'était simple. L'élément le plus significatif en était la couleur de l'œillet du vendeur. « Incarnat » signifiait couleur chair. Le vendeur symbolisait donc la tentation charnelle. Mais le professeur avait repoussé son conseil, et la tentation qu'il représentait ; il avait refusé de se laisser détourner de sa recherche de connaissances, malgré toutes les difficultés qu'elle impliquait. Il était vrai qu'il ne pourrait jamais acquérir suffisamment de connaissances, ou de chapeaux, mais il était resté fidèle à lui-même. Ce qui montrait, conclut le professeur, que la clé de sa survie résidait dans son aptitude à trouver une explication qui le remette en selle.

A tort ou à raison, Quelle fut impressionnée, car Purda ne lui donnait pas le sentiment d'être écrasé par l'incompréhensibilité du Paradis.

Elle passa à la deuxième question de son examen : quel était l'état de santé du professeur ? Elle avait toujours trouvé curieux que les étudiants ne s'informent pas des tics et des frayeurs de leurs professeurs avant de leur confier leur esprit ; un étudiant malheureux ne fait que s'étouffer lui-même, tandis qu'un professeur malade ou déprimé est un expert de l'asphyxie de masse. La question de Quelle intéressa Purda, car sa santé le tracassait ; elle l'avait toujours inquiété, mais elle l'inquiétait encore davantage maintenant qu'il se trouvait au Paradis et n'avait pas été miraculeusement guéri. Il lui dit qu'il avait commencé à souffrir de faiblesses, de maux de tête et d'hypersensibilité au froid et au chaud, alors que, parvenu à l'âge mûr, il avait perdu son bien le plus précieux, soit les notes concernant ses recherches, jetées par une femme de ménage trop zélée. C'était comme un présage de mort, une soudaine révélation de la fragilité des fondements de sa réputation. Il s'était senti menacé d'anéantissement académique. Et puis sa mémoire le trahit : elle qui faisait toute sa fierté se mit à lui jouer des tours, lui donnant à penser que sa faculté de concentration déclinait, que son intelligence n'était plus ce qu'elle avait été ; et cela jusqu'au jour effroyable — ses faiblesses avaient alors presque eu raison de lui — où on l'avait accusé de fraude et déclaré coupable, pour reprendre les paroles d'un collègue relativement aimable, de rapporter ses expériences sans souci de véracité, d'interpréter leurs résultats selon sa fantaisie, voire d'inventer des preuves. Peut-être avait-il alors confondu mémoire et imagination. Quoi qu'il en soit, il avait vigoureusement repoussé ces accusations et sauvé ainsi sa réputation, les académiciens étant, comme les politiciens, habitués à essuyer toute espèce d'attaques. Mais il ne pouvait continuer à se battre au Paradis, où il s'attendait à ce qu'on le fuie comme la peste. C'est pourquoi il changea de nom et prit celui de Purda, une insulte qu'il s'infligea pour en éviter d'autres qui l'eussent fait souffrir davantage. Par la suite, Quelle apprit que c'était le premier psychologue que l'Angleterre eût anobli, le premier étranger auquel l'Association psychologique américaine eût décerné sa plus haute récompense, un homme qui avait reçu des distinctions de presque tous ceux qui en avaient à offrir. Mais comment aurait-il pu connaître la paix au Paradis quand son biographe lui-même l'accusait de tromperie, et que ses collègues jaloux écrivaient des articles vengeurs intitulés « Les chercheurs sont-ils dignes de confiance ? » ou, plus directement, « La tricherie et la science » ? Au Paradis, il avait froid malgré la douceur du climat. Il ne pouvait se détacher du souvenir de son moi terrestre, quelque déplaisant qu'il lui fût sous bien des aspects. Quoiqu'il eût bricolé son nom et son apparence extérieure, par habitude, par timidité, il ne pouvait s'imaginer tout à fait différent. Le Paradis offre pourtant à une âme la possibilité de se croire un papillon et de s'envoler, libéré de l'épingle qui le retient et le condamne à n'être que le représentant d'une espèce, d'une tribu, d'un cénacle, d'une génération ; mais même quelqu'un qui avait d'aussi bonnes raisons que le professeur Purda n'osait profiter de cette chance. Et il s'en voulait de ne pas trouver au Paradis l'assurance qu'il cherchait. Aussitôt qu'il sortait du cocon du sommeil, il lui fallait se raccrocher à ses souvenirs, et il s'agrippait au moindre d'entre eux comme par crainte de commettre une erreur infantile, qui, dans un lieu si auguste, serait irréparable et désastreuse.

Il n'espérait pas la moindre indulgence, oppressé qu'il était par l'angoisse de ne pas être compris des autres âmes. Et il persistait à penser que c'était de leur faute. Il était sûr de s'exprimer avec élégance et lucidité, mais ceux qui le comprenaient le moins bien étaient ses collègues les plus proches. Surtout, il ne pouvait pas accepter sa rupture d'avec l'un d'entre eux, qu'il croyait être de son avis sur toutes les questions de principe comme sur tous les détails techniques ; il ne voyait de différence entre leurs points de vue que quelques nuances de sympathie. Et pourtant, lorsqu'ils se retrouvèrent au Paradis, leur désaccord était si évident qu'on aurait pu les croire venus de deux mondes différents. Il ne pouvait pas oublier un ouvrage publié par ce même collègue, qui, disait le professeur Purda, « était une effroyable distorsion de mes idées. Il me faisait l'honneur de citer cinq passages d'un de mes articles, mais il s'arrangeait à chaque fois pour commettre une erreur. Cela m'a convaincu qu'il considérait mon travail comme indigne de son attention. Tout savant a le droit de se tromper dans une citation, mais le faire systématiquement traduit un mépris évident ».

Le Paradis n'offre aucune garantie de respect de la part des autres, ni aucune assurance que la réputation dont on jouit restera inviolée. C'est pourquoi Purda avait fait bon accueil à Quelle. Il cherchait de quoi renforcer son estime. Il avait besoin de disciples. Sa santé l'exigeait. Jouer le rôle de maître devant des élèves admiratifs facilitait beaucoup sa digestion. Mais maintenant, les disciples se faisaient rares. Il avait plaisir à se montrer charmant envers quiconque venait lui demander une simple information, à se comporter comme un vieux jardinier plein de sagesse montrant les fleurs dont il est fier et distribuant des boutures de plantes rares, insensible aux insectes comme aux intempéries. Ce n'est que ceux qui se prétendaient ses égaux qui le glaçaient et le rendaient distant ; c'était à cause d'eux uniquement qu'il en était venu à considérer que, par définition, une université était le théâtre d'une guerre froide permanente. Il ne pouvait perdre l'habitude de se figer. C'est là le genre de souvenirs qui flottent au Paradis comme les gouttelettes en suspension dont la brume se compose. Apprendre à naviguer à travers ce brouillard, à s'en servir pour créer de nouveaux paysages, à considérer les gouttelettes comme des diamants avec lesquels on peut jongler, c'est ce à quoi certains aspirent. Mais ce n'est pas facile.

Purda s'entourait d'une muraille de méfiance, mais pas parce qu'il méprisait les âmes qui l'entouraient. Il redoutait d'en être méprisé. Même lorsqu'il était devenu l'un des grands hommes de son pays, montré aux étrangers comme preuve de sa distinction scientifique, tellement irremplaçable qu'une exemption spéciale l'autorisait à enseigner au-delà de l'âge de la retraite, il continuait à voir la plus légère critique comme une menace pour son existence même, qui le paralysait presque physiquement, comme une prémonition de la rigidité cadavérique. Maintenant qu'il se trouvait au Paradis, il s'imaginait encore assister à des réunions de comité, et la même rigidité le frappait. Il donnait l'impression d'être détaché ; jamais il ne perdait son sang-froid ; mais il voyait le désaccord partout et considérait le moindre geste comme une attaque dirigée contre lui. Il discutait sans fin, comme un chien qui ne peut cesser d'aboyer, déterminé à s'imposer, dévastateur dans ses remarques sur les avis des autres, alors même que la plus petite réticence qu'il croyait percevoir à l'égard du sien le plongeait dans une profonde angoisse ; et il éprouvait le besoin de se venger comme si sa réputation était un ballon sans cesse à la merci d'un coup d'épingle. Aussitôt qu'il s'était éveillé de son coma paradisiaque, il avait retrouvé toutes ses anciennes souffrances physiques.

Lorsqu'un professeur fait une telle confession à un élève,

l'élève ne peut pas la retenir contre lui. Pour sa part, Quelle éprouvait une grande tendresse à l'égard de Purda ; elle n'avait jamais vu de maître aussi honnête. Mais était-il ouvert aux idées nouvelles ? C'était un sujet délicat à soulever, mais elle lui posa sans détours sa troisième question : que pensait-il de l'évangile de Henry Ford ? Pour Purda, la réponse était particulièrement difficile, car lorsqu'il avait dix-huit ans, il avait écrit dans son journal intime que son but dans la vie était de devenir parfait. Il avait fait de son mieux pour y parvenir, mais il avait beau être au Paradis, il conservait le sentiment de son imperfection. Le désir de ses dix-huit ans n'était pas un caprice d'enfant, ni une vague aspiration religieuse. Son idée de la perfection correspondait à une formule précise, largement expérimentée, et approuvée par une foule de savants, au Paradis aussi bien que sur terre ; Dispensateur de la Perfection, le dieu Ganesh lui-même la garantissait comme sacrée. Selon elle, la voie de la perfection était la recherche de la connaissance. Purda avait trop investi dans cette formule pour l'abandonner sans beaucoup de réticence en faveur d'une autre, surtout si elle venait d'un simple mécanicien comme Henry Ford. Il avait lu quinze heures par jour tout au long de sa vie, presque sans interruption. Il n'existait pratiquement aucun philosophe ou théologien qu'il ne pût résumer en une phrase mordante ou un long, long paragraphe, et qu'il ne réussît pas à lier habilement à ses propres idées ; il était passé maître dans l'art d'établir de savants rapports entre des douzaines de sujets différents. Ainsi, quand Quelle lui lut l'évangile de Henry Ford, Purda l'interrompit à maintes reprises. La mention du nom de Nonos lui fit faire toute une digression sur les hiéroglyphes égyptiens et leur traduction. Les difficultés du Modèle T le lancèrent dans une discussion sur les avantages respectifs des divers alliages utilisés dans les moteurs à combustion interne. Le manuscrit de l'évangile lui suggéra des commentaires sur l'ancienne calligraphie hébraïque et l'évolution des caractères utilisés pour imprimer la Bible. La vue panoramique que Henry Ford avait depuis son penthouse lui rappela que l'aspect du ciel était différent vu du Paradis, et cette remarque l'amena à passer en revue les erreurs commises par les astronomes, de Ptolémée à Hoyle. Il s'interrogea sur les possibilités de mettre l'évangile en musique, et joua quelques notes au piano. Quelle se demandait s'il se lançait toujours dans de telles digressions : voyait-il dans la discussion un champ de bataille à conquérir en repoussant l'ennemi ? C'est vrai qu'il avait de tout temps considéré la vie comme un champ de bataille, et le fait d'être au Paradis n'y avait rien changé. Voulait-il éblouir Quelle en lui montrant qu'il était un homme de la Renaissance ? Mais au Paradis, l'homme de la Renaissance n'est pas un modèle, et Purda ne représentait pas un idéal de perfection que beaucoup de savants auraient souhaité atteindre. La connaissance globale n'était que la moitié du but que se fixait l'homme de la Renaissance. Le prix qu'il avait à payer était un besoin insatiable d'être le meilleur dans sa branche, d'être constamment applaudi par ceux qui n'étaient pas à sa hauteur. Or dans les brumes du Paradis, il était vain de compter sur l'admiration des autres, car il était trop difficile de savoir ce qu'ils pensaient ; l'admiration réciproque flottant dans l'atmosphère était beaucoup plus rare au Paradis que sur terre.

En fait, Purda venait de donner son adhésion à un autre évangile, car au Paradis les évangiles abondent ; il n'est pas nécessaire d'en inventer de nouveaux ; les anciens sont encore solides, aussi intéressants, aussi subtils. Il est d'ailleurs très tentant pour les érudits de se faire chasseurs d'antiquités. Pour sa part, Purda avait constaté que sa formule de perfection n'avait pas fonctionné comme il l'espérait ; manifestement, elle demandait à être corrigée, mais il ne savait pas comment. Sa renommée sur terre en tant que psychologue reposait sur des expériences très spectaculaires, visant à découvrir pourquoi certaines personnes sont plus intelligentes que d'autres. Bien sûr, ces expériences n'avaient pas tout à fait réussi. En arrivant au Paradis, il déclara donc, comme le font tous ses pairs, qu'il faut à un savant la moitié d'une éternité, et des laboratoires beaucoup mieux équipés, pour résoudre un problème aussi difficile. Mais maintenant, il n'avait plus besoin de chercher désespérément des solutions originales ou des idées nouvelles, car toutes les idées, aussi vieilles qu'elles soient, sont considérées comme égales. Contrairement aux immigrants terrestres qui doivent se familiariser avec les opinions courantes et se plier aux idéologies de la majorité, il se rendit compte que, au Paradis, toutes les opinions sont admises. Il est possible de tomber sur un assassin et, la minute suivante, sur un bourreau, qui ont chacun une vision du monde tout à fait différente mais ne cherchent pas à se convertir l'un l'autre. Il ne s'agit pas vraiment de tolérance, mais bien plutôt d'indifférence, car les âmes sont souvent trop ensommeillées pour prendre note ou s'inquiéter de quoi que ce soit. Sur terre, Purda se serait efforcé de trouver quelque chose à quoi personne n'avait songé auparavant. Au Paradis, il était plus facile de s'approvisionner parmi les débris du passé, et c'est ainsi qu'il devint adepte de l'évangile du Nez.

C'est un exemple de l'un des traits les plus déconcertants du Paradis, qui est plein non seulement d'inventions modernes restées sans emploi, mais de toutes les idées anciennes que l'on a écartées : toutes les croyances que l'homme a jamais eues y vivent éternellement. S'il est possible d'y moderniser ses idées, le contraire est tout aussi réalisable, et les âmes qui soutiennent des théories caduques et excentriques n'ont fréquemment rien d'excentrique et peuvent même être très séduisantes quand on apprend à les connaître. On peut trouver de nouvelles raisons de croire à des théories discréditées. Dans le cas de Purda, s'il commença de s'intéresser au nez, ce fut peut-être dans l'espoir de plaire à Ganesh, dont la superbe trompe, de tous les nez le plus dégourdi, exerçait sur lui une fascination croissante ; mais peut-être aussi parce qu'il avait fait la connaissance d'un charmant médecin berlinois, le docteur Wilhelm Fleiss, qui, dans un ouvrage intitulé *Rapport entre le nez et les organes sexuels féminins* (1897), soutenait que l'origine de la plupart des troubles mentaux se trouvait dans le nez, et que toutes les difficultés de la vie pouvaient être guéries par la compréhension du cycle menstruel mâle de vingt-trois jours, qui jusque-là était passé inaperçu. Pour Freud, Fleiss (son meilleur ami) était le Kepler de la biologie ; rares étaient ceux qui partageaient cet enthousiasme ; mais Purda pensait que, peut-être, ce n'était que par accident que Freud était célèbre et Fleiss oublié. Il est possible qu'il eût été influencé, car il rencontra alors le fameux professeur John Noland Mackenzie, de l'université Johns Hopkins, personne on ne peut plus respectable qui avait été président de l'Association américaine de laryngologie et partageait les convictions de Fleiss. Purda était loin d'être un imbécile ; comment en vint-il brusquement à croire à cette doctrine idiote ? Elle n'était pas aussi idiote qu'elle paraissait ; elle avait même certains aspects très séduisants ; si elle était idiote, elle ne l'était pas plus que les milliers de théories idiotes auxquelles des gens intelligents avaient cru au cours de l'histoire. Ce qu'il y a de déconcertant, c'est que les divisions idéologiques de l'humanité ne font que se multiplier dans un endroit où les idées ne meurent jamais. Cela signifie que les âmes sont encore plus isolées les unes des autres ; elles ont tellement de choix supplémentaires qu'elles peuvent à l'infini raffiner les nuances qui les séparent les unes des autres.

Mais peut-être encore que ce fut l'ambition qui amena Purda à croire au nez ; peut-être espérait-il devenir guru à l'université, conseiller des archanges, pandit officiel sous l'influence duquel des leçons d'odorat deviendraient obligatoires pour toutes les âmes, et dont le règne de terreur fournirait aux parents une nouvelle raison de s'inquiéter : leur odeur convenait-elle à leur enfant ? Peut-être Purda éprouvait-il le désir de retrouver un peu de cette irrévérence, de cet esprit de papier de verre, à la fois mordant et velouté, qu'il se plaisait jadis à cultiver. Mais au fond de lui-même, il ne pouvait s'habituer à la tension que sa présence au Paradis représentait pour lui. Il n'y avait pas de panacée pour accueillir les immigrants, pas d'explication ni de guide universels à la disposition des âmes, et c'est pourquoi celles-ci passaient tant de temps à dormir. Depuis peu, chaque nouveau résident au Paradis arrivait impatient de découvrir une panacée, et le fait de ne rien trouver de plus excitant que le sommeil pouvait causer une cruelle déception. Purda se consola avec la théorie du nez.

Même ainsi, il comprit que la solution de Henry Ford était trop horrible, en ce sens qu'elle ravivait la peur, commune à tous les immigrants, d'être perdus dans le chaos. L'idée de Henry Ford selon laquelle le Paradis était chaotique lui paraissait terrible. Pour finir, il décréta donc que son évangile devait être mis en pièces. Il était dangereux. Purda se considérait comme un homme tolérant, mais il ne pouvait pas tolérer le chaos. Il y en avait suffisamment sur terre. Le Paradis devait permettre d'y échapper. Tout désireux qu'il fût de trouver de nouveaux élèves, il voulut que Quelle et Jolly s'engagent à renier l'évangile de Henry Ford au cas où ils le choisiraient comme professeur. Ils devaient s'engager d'un côté ou de l'autre. Qui m'aime aime mon chien était un principe qui s'appliquait aussi aux royaumes du pur intellect.

Comme tous les nouveaux arrivants, Purda voulait que la vérité soit enfin simple et clairement définie ; il voulait désormais pouvoir choisir sa voie sans crainte de se tromper ; pour lui, les fluctuantes incertitudes du Paradis étaient un dangereux marécage. Il avait de tout temps porté des lunettes pour voir le monde plus net et plus stable, mais maintenant, aucune sorte de lunettes ni aucune forme de détermination n'étaient en mesure de lui assurer cette vision. Quelle observa qu'il ne lui avait guère témoigné d'intérêt ; il avait du moins l'honnêteté de ne pas faire semblant. Mais elle ne voyait pas comment cette absence de curiosité pouvait cadrer avec sa soif de connaissance, à moins que pour lui la connaissance ne fût qu'une couverture pour étouffer le feu du doute qui le terrorisait. Sa grossière condamnation de Henry Ford ne l'avait pas convaincue ; d'ailleurs, la plupart des nouveaux étudiants ne croyaient plus leurs professeurs. Ainsi, elle décida de ne rien décider à son sujet et de le tenir en haleine. Elle lui dit donc qu'elle l'informerait du résultat de l'examen dès qu'elle aurait fait son bilan, et elle partit dîner.

Elle n'avait pas idée combien les âmes peuvent devenir plus susceptibles une fois au Paradis, ce qui leur donne, bien sûr, une raison de plus de s'éviter les unes les autres ; jamais elle n'aurait cru que cette conversation serait pour Purda une nouvelle raison de se sentir humilié, et qu'elle venait en quelque sorte de signer sa condamnation au bûcher.

Il ne lui sembla pas non plus que de dîner à la Table sacrée des professeurs pût représenter un danger. Tirés de leur sommeil, les professeurs ne paraissaient avoir d'autre souci que de faire valoir leurs mérites. Pour maints d'entre eux, dîner était la préoccupation suprême, l'occasion entre toutes de montrer quelle lumière ils pouvaient apporter à leurs étudiants ; ils parlaient et se comportaient d'une manière qui n'était pas à la portée du commun des mortels ; et bien que nombre d'entre eux fussent durs d'oreille, jamais ils ne laissaient voir qu'ils avaient du mal à se comprendre. Il semblait que Ganesh eût invité Quelle comme témoin de leur puissance intellectuelle et de la variété des talents sur lesquels elle pouvait compter pour l'aider dans sa recherche.

Mais Quelle eut bien de la peine à les amener à lui parler, et plus encore à lui répondre. Chacun semblait jouer son propre jeu. D'aucuns, remarqua-t-elle, se comportaient comme des observateurs d'oiseaux, avec une étonnante capacité à rester silencieux, tout en ayant l'air abîmés dans la réflexion et vibrants d'émotion, mais sans jamais juger leur pensée assez mûre pour croire venu le moment de la formuler. Ils donnaient l'impression de vouloir d'abord écouter les autres, puis prendre le temps de peser les implications de ce qu'ils avaient entendu, si toutefois ils avaient entendu. Ils n'étaient jamais assez insensés pour dire quoi que ce soit d'insensé. Quand Quelle leur posa ses questions à propos du bonheur, des âmes et du chaos, personne ne répondit. Pour eux, ne pas donner d'explications était peut-être une façon de se montrer charmants, de laisser toute chose à l'imagination. En tout cas, ils semblaient imposer partout le respect, même si l'on était parfaitement incapable d'imaginer ce qu'ils pensaient. Cependant, il y avait quelqu'un parmi eux pour qui elle se prit instantanément de sympathie sans savoir pourquoi, une âme dont le visage était celui d'une vieille Chinoise mais qui pourtant avait l'air d'une jeune fille. Elles n'échangèrent que des regards.

Changeant totalement de sport, Quelle s'interrogea sur des professeurs qui, dotés d'une force vitale différente, ressemblaient à des coureurs de marathon. En effet, leur spécialité, aussi rigoureuse que les disciplines olympiques, était le marathon verbal. Évitant soigneusement toute voltige périlleuse, tout jeu de mots imprévu, tout saut dans l'inconnu, chacun d'eux régurgitait sans fin ses propres connaissances ; ils étaient à l'affût du moindre propos qui eût un rapport — même éloigné — avec leur spécialité et pût leur donner l'occasion de prendre la parole, et dès qu'il s'agissait de se répéter, ils se montraient infatigables. Mais ils écartaient systématiquement tout sujet personnel : s'immiscer dans la vie d'autrui allait à l'encontre de leur règle d'or, qui bannissait les émotions intimes de toute conversation civilisée ; leur préférence allait à ces sujets inoffensifs grâce auxquels ils espéraient tuer le temps au Paradis comme ils avaient essayé de le faire sur terre : l'inaptitude de leurs collègues et les difficultés de la vie quotidienne. Pour Quelle, ils paraissaient ne pas savoir vraiment s'ils étaient morts ou s'ils étaient en vie. Et lorsqu'elle les eut questionnés sur ce qui lui tenait à cœur, elle n'aurait pas su dire s'ils lui avaient ou non donné leur opinion : déjà, elle avait oublié leur réponse.

C'était une toute petite minorité de boxeurs qui faisaient de la Table sacrée des professeurs un lieu de spectacle sportif, où l'événement suscitait une excitation qu'on ne trouvait nulle part ailleurs. Parmi les représentants de la catégorie poids lourds, Quelle eut tôt fait de remarquer que le champion était une âme rondelette et bien en chair qui portait le nom de Mausole ; elle pensa que le professeur en question était un Latino-Américain, mais sans en être sûre, car elle ne sut jamais d'où il venait. A n'en pas douter, celui-là était éveillé. Il faisait même partie de ceux qui ne dormaient jamais, qui étaient arrivés au Paradis avec la ferme intention de s'y manifester, l'archétype de l'immigrant moderne, la négation de la réserve académique, dont il est impossible de ne pas entendre la voix tonitruante. S'il n'avait pas été humain, on aurait pu le considérer comme un fichier parfait, en parfait état de marche. En effet, à propos de chaque mot dit en sa présence, il était capable de citer au moins une plaisanterie, une anecdote historique, une référence à un grand auteur, et une réflexion sur ses implications dans le domaine de la liberté ou de la civilisation. Sur quelque sujet que ce soit, on ne le surprenait jamais sans opinion, même si, tout à fait occasionnellement, il cherchait à gagner du temps en disant que telle question était très intéressante, importante, complexe, jusqu'au moment où une réponse idoine lui venait à l'esprit. Ensuite, il déclamait d'une voix contenant tout un orchestre symphonique :

tambours de la colère, trompettes de l'ironie, flûtes du sous-entendu, gémissements, grognements et murmures à peine perceptibles des secrets partagés dans la plus stricte intimité. Il semblait parfaitement à l'aise au Paradis, y ayant emmené ses normes et ses valeurs, prêt à en juger les mérites tels qu'il les percevait. Jamais il n'était parvenu à oublier les habitudes qu'il avait apprises de ses maîtres d'école : il n'arrêtait pas de donner des notes, à propos des gens, des événements et des opinions mentionnés; il débitait toute espèce d'anecdotes pour montrer combien telle personne était originale, sûre, vulgaire, difficile, tenace ou gentille, et il désignait toujours un gagnant; à propos d'un endroit, il ne pouvait pas s'empêcher de classer les hôtels, les rues, les monuments, précisant la difficulté qu'il y avait à visiter les galeries de peinture et la qualité des tableaux qu'on pouvait y voir, décernant invariablement un prix à ceux qu'il jugeait les meilleurs. Il ne visait pas à réduire son auditoire à un silence total, et il administrait rarement un knock-out définitif; il savait parfaitement donner à ceux qui l'écoutaient l'impression qu'ils avaient presque autant d'esprit que lui, et il arrivait même à susciter parmi ses interlocuteurs des reparties dont ils n'eussent pas été capables ailleurs. C'était une des raisons pour lesquelles on en était venu à témoigner tant de respect pour ses propos et à imiter sa façon de proférer une opinion, signe suprême de l'influence qu'il exerçait. Il enchanta Quelle, car il paraissait disposé à parler de n'importe quel sujet, céleste ou terrestre. Il avait son avis sur les anges gardiens, même s'il estimait que seule leur façon de chanter méritait une bonne note, et il promit à Quelle de lui présenter un ancien élève dont la famille fabriquait des harpes pour eux depuis des générations. Il avait (bien sûr) rencontré Henry Ford, dont il déplorait l'ignorance en matière de gastronomie et de vin, mais dont la collection de violons soulevait son enthousiasme. Il s'engagea à mettre aussitôt au travail sur son évangile une équipe de théologiens de première catégorie, ou appartenant du moins à l'élite de la catégorie inférieure. Jolly serait évidemment le bienvenu parmi les étudiants de l'université, qui accueillait évidemment les animaux avec plaisir ; il s'entendrait très bien avec le chat Pangor Ban, à propos duquel le professeur de théologie, un moine irlandais (un homme de première envergure ou presque), avait écrit ce poème immortel :

Pour Pangor Ban et moi
C'est toujours « Vive la joie ! »

Quant à Quelle, il fallait qu'elle reste aussi longtemps qu'elle le voulait ; c'était absurde qu'elle voyageât sans avoir pris au préalable aucune disposition ; il y veillerait personnellement.

Que c'était merveilleux, songeait Quelle, d'avoir enfin trouvé une âme qui dégageait tant de bonne volonté, d'énergie et d'esprit ! Enfin, elle pouvait espérer découvrir la route qu'elle cherchait. Il lui avait fallu du temps.

Jolly leva à peine la queue et regarda sa maîtresse d'un air suppliant. Elle le caressa. Elle avait confiance. L'éducation, se dit-elle, était vraiment une chose merveilleuse. Et enfin, toutes les créatures pouvaient en bénéficier.

Jolly rencontra justement le chat, et ne protesta pas contre l'idée que chiens et chats étaient égaux. Quelle envoya chez elle une photo de lui et du chat, fixant tous deux du même regard le pot à confiture vide de Myosotis. Au dos, elle écrivit : « Il est très émouvant de voir combien Jolly est désemparé de ne pouvoir retrouver Myosotis. Mais si les animaux cessaient de se considérer comme des ennemis, que se passerait-il, l'univers continuerait-il de fonctionner ? »

CHAPITRE V

Dans les universités du Paradis, ceux qui parlent mais n'écoutent pratiquement jamais et ceux qui écoutent mais ne parlent pratiquement jamais partagent le même désir d'être remarqués et appréciés, si bien que, aussitôt que quelqu'un se fait remarquer, toutes les oreilles se dressent. Pourquoi Mausole avait-il choisi Quelle comme objet de pareilles faveurs ? Était-ce parce qu'elle était nouvelle ? Mais les nouveaux étaient assez courants. Parce qu'elle était belle ? Mausole était au-dessus de cela. Parce qu'elle allait bientôt retourner sur terre ? De toute évidence, pensaient les plus malins, Mausole projetait d'envoyer un message à ses anciens repaires terrestres afin d'élargir son domaine aux deux hémisphères et de se faire entendre des vivants, car les morts le considéraient avec trop d'envie ou trop de pitié. Il était si rare d'être remarqué que la tête de ceux qui l'étaient semblait prendre instantanément du volume, comme il arrive aux chats qui se hérissent pour avoir l'air plus redoutables. Mausole tirait une partie de sa force du jeu dangereux qu'il jouait avec ses élus et avec lui-même.

C'est à peine si Quelle soupçonnait qu'il y avait dans l'air quelque chamaillerie universitaire, lorsque la Chinoise à tête de jeune fille qui, jusque-là, était demeurée silencieuse, lui sourit et la prit à part. Il s'agissait de Pan Chao, à la fois érudite et poète. Pour Mausole, qui le lui avait dit, c'était une poétesse de septième rang. On lui prêtait sans preuves des tendances féministes, et il était rare que Mausole accordât de très bonnes notes aux femmes, surtout si elles se voulaient féministes. Mais Quelle, par cette interaction magique qui amène deux êtres à imaginer qu'ils ont quelque chose en commun, tira Pan Chao du silence qu'elle se contentait depuis si longtemps d'opposer à ses collègues.

Elle dit à Quelle : « J'aime l'air de surprise de vos yeux. J'aime que votre surprise soit mêlée de plaisir — la surprise est toujours agréable. J'aime que vous ne soyez pas épouvantée à l'idée que le Paradis invite les nouveaux venus à verser des larmes. Pauvre professeur Mausole, qu'il est triste d'être sa favorite ! Comme il doit se sentir mal à l'aise de ne pouvoir remplir aucune des promesses qu'il vient de vous faire ! Tout le monde adore le voir faire l'important ; mais ce n'est que du vent : aucune âme ne peut en régenter une autre. »

Quelle demanda à Pan Chao : « Pourquoi Mausole a-t-il fait un pareil numéro ? » Il était juste assez intelligent pour se rendre compte qu'il n'était pas aussi intelligent qu'il voulait le paraître, expliqua Pan Chao ; mais il ne l'était pas assez pour savoir comment y remédier. Quelle comprit qu'il s'agissait là, dévoilé au grand jour, du débat secret dont tant de professeurs emplissaient, plus ou moins vaguement, leurs rêveries. Sur terre, Mausole avait la possibilité de collectionner les honneurs pour tromper son souci de ne pas être un génie, pour oublier que ses livres étaient ennuyeux — il le savait — et que de passer les grands maîtres de la littérature au tamis de sa critique ampoulée ne rimait à rien. Tous ses brillants discours visaient à lui donner l'illusion temporaire qu'il était plus grand que nature, illusion à laquelle, d'ailleurs, lui-même ne s'était jamais laissé prendre. Ce n'était que l'apparence de succès qu'il avait toujours recherchée, car il n'avait aucun espoir d'obtenir cette gloire idéale qu'il pensait hors de sa portée. Dans ses affections terrestres, ce qui le séduisait, ce n'était pas l'aspect mais seulement les vêtements d'une personne ; pour lui, l'amour n'avait jamais été qu'une forme de fétichisme ; il ne s'était jamais marié ; il n'avait jamais su ce que signifiait le bonheur ; il n'avait jamais réussi à hypnotiser que les initiés, disposés à jouer le même jeu que lui. Et depuis qu'il était au Paradis, sa bonhomie n'était plus qu'une torture qu'il s'infligeait lui-même, car tout espoir l'avait abandonné, y compris celui de prendre plaisir à son jeu ; ne sachant que faire d'autre, il ne faisait plus que se répéter, que se parodier. Ces professeurs ne savaient pas, au moment du réveil, ce qu'ils devaient faire de leur propre personne. Nul n'était là pour leur dire comment être un génie. L'effort déployé par Mausole pour rendre le Paradis aussi terrestre que possible était une sorte de casse-tête. Au Paradis, on ne peut plus être jugé, c'est là la grande libération qu'il représente. On peut porter n'importe quel titre, n'importe quelle décoration, personne ne s'en soucie : ce n'est vraiment qu'une décoration, sans plus de valeur qu'un ruban dans les cheveux. Les efforts de Mausole pour maintenir les gens à leur place n'étaient rien de plus qu'un jeu qu'il jouait pour lui-même.

Quelle aimait beaucoup Pan Chao et sa façon gentille et pleine de charme de s'exprimer, mais l'effervescence de Mausole ne lui plaisait pas moins. Elle ne savait pas qui elle devait croire. Il n'y avait rien dont elle eût moins envie que de se laisser attirer dans une querelle académique comme une mouche dans un entrelacs de toiles d'araignée ; elle avait peur de ne plus jamais pouvoir s'en échapper.

« Quoi que vous entendiez au Paradis, dit Mausole à Quelle, il ne faut pas croire vos oreilles — il faut d'abord vous assurer que ce n'est pas seulement le fruit de votre imagination. » Et à voix forte, il énuméra les méfaits de Pan Chao comme un juge une accusation criminelle. Ses élèves avaient déposé contre elle une plainte pour manquement à son devoir, ce qui ne s'était jamais produit dans toute l'histoire du Paradis. Elle négligeait ses étudiants, manquait des cours qu'elle avait promis de donner, refusait de répondre à des lettres, ne rendait pas les livres qu'elle empruntait à la bibliothèque. L'université se préparait à la chasser, ce qui ne s'était encore jamais vu. Seuls une poignée d'amis la défendaient, soutenant qu'elle n'était rien de moins que géniale, que quelques lignes d'elle valaient mieux que tous les gros livres écrits par ses critiques.

Après quoi, Pan Chao se lança dans son propre réquisitoire, dirigé contre l'université tout entière. Elle dit que, jusque-là, elle n'avait critiqué personne, mais qu'elle en était venue à comprendre que cette université, qui avait été son foyer pendant tant de siècles, était devenue comme une horde de maris (ou d'épouses) prisonniers d'un mariage qui ne marchait pas. Les professeurs étaient amoureux d'idéaux, de dieux ou de déesses, du génie, de la Science ou de l'Omniscience. Ils n'en avaient jamais assez ; ils voulaient toujours davantage pour atteindre à la satiété. L'horreur du Paradis était qu'ils n'en sauraient jamais autant qu'ils en voulaient savoir. Sur terre, on pouvait se contenter d'être le second, mais au Paradis, c'était une humiliante désillusion que d'avoir à se satisfaire d'une position aussi terrestre que celle de spécialiste dans une branche unique du savoir. Ils pouvaient se gargariser de leur spécialité, mais cela ne faisait que les rendre insupportablement attachés à leurs opinions personnelles. Leur obstination dans cette attitude tuait chez eux toute conversation. Il y a très longtemps, expliqua Pan Chao, on pouvait raisonnablement espérer connaître plus ou moins ce qui était connu, en sorte qu'être une personne instruite, une personne sage et une personne heureuse signifiait la même chose ; et comme les gens instruits étaient très nombreux, et que tous les autres étaient illettrés, avoir la connaissance signifiait posséder quelque chose que tout le monde enviait. Mais depuis quelque temps, la connaissance était devenue une nourriture trop riche, qui faisait engraisser. L'aimer avait une signification toute différente. Car désormais, plus on était instruit, plus on était sensible à sa propre ignorance. Plus ils étaient savants, plus les gens devaient lire de livres pour maintenir à flot leurs connaissances, et moins ils avaient de temps pour penser. Maintenant, il était donc rare qu'un érudit soit en même temps un sage. Le savant était devenu un lévrier courant après un leurre qu'il ne pouvait jamais atteindre, pris dans une course désespérée contre le temps ; il, ou elle, ne pouvait jamais emmagasiner assez de connaissances, ni les écouler assez rapidement pour qu'elles ne rancissent ou ne se démodent pas. On s'entendait moins que jamais non seulement quant à la vérité et au savoir, mais quant à la façon dont il convenait de les approcher. Pour ne pas devenir fous, les savants devaient s'emprisonner volontairement dans une cellule minuscule, car ce n'était que là qu'il leur était possible de formuler une loi sur quelque minuscule fragment de vérité, comme les mœurs du perce-oreille ou la politique étrangère de Zanzibar au Moyen Âge. Certains ambitieux s'aigrissaient à l'idée de n'être maîtres que d'un petit domaine ; sur la base du peu qu'ils connaissaient, ils édifiaient alors des théories grandioses qu'ils prétendaient être applicables à d'autres domaines ; et leur impérialisme maintenait le monde académique dans un conflit nerveux perpétuel. Les moins ambitieux parvenaient à survivre dans cette agitation parce qu'ils voyaient dans l'érudition un passe-temps comme la chasse au renard, un moyen de tuer le temps ainsi que certains « fléaux » mineurs, se gardant de poser des questions gênantes, et se servant réciproquement des bribes de compliments en guise d'assurance mutuelle. Ils faisaient un héros de l'humble étudiant éternel, adepte de la joie de la pure découverte, qui savait néanmoins que le seul moyen sûr de conserver l'estime de ses collègues consistait à n'être rien de plus qu'un rond de cuir auréolé, classant l'information de façon différente, collant de nouvelles étiquettes sur de vieilles idées, et surtout ne faisant que copier. La plupart des érudits étaient des copistes, qu'ils emploient ou non les guillemets. Une citation était une preuve d'érudition, de respect pour l'autorité, de talent de décorateur ; elle ouvrait la voie à des commentaires permettant le recours à d'autres citations, d'un meilleur effet. Découvrir un vieux document qu'aucun homme n'avait lu depuis sa rédaction devenait ainsi le plus grand de tous les triomphes, et le copier était salué comme une recherche originale. Par ces méthodes, on évitait aux universités d'avoir à placarder sur leurs portes des avis gouvernementaux du style : l'abus de l'étude est nocif pour votre santé.

Comment se faisait-il, demanda Quelle, que les professeurs montrent tant de répugnance à répondre aux questions qu'elle était venue poser et à s'intéresser à ce qui la préoccupait ? Pourquoi la discussion se déroulait-elle toujours selon un certain code, un certain rituel, permettant d'éviter un débat ? Parce que le Paradis ne donnait systématiquement aux âmes ni le courage, ni l'imagination, ni la sympathie, répondit Pan Chao. C'était la raison pour laquelle les animaux avaient mis tant de temps à venir s'immatriculer à l'université : ils sentaient que les observateurs d'oiseaux, par exemple, étaient dominés par la peur de se rendre ridicules, chose dont les animaux ne s'inquiétaient jamais ; ils voyaient bien que les coureurs de marathon avaient fait de la conversation non plus un jeu mais une routine, et qu'ils n'avaient ainsi rien à leur enseigner dans le domaine du jeu, qui, pour eux, était de première importance ; quant aux boxeurs, ils montraient très clairement qu'ils n'avaient pas trouvé le précieux secret que cherchaient les animaux, à savoir comment échapper à leur plus grave limite, qui les empêchait de communiquer d'une espèce à l'autre, les professeurs souffrant du même problème.

Mausole n'était pas homme à discuter; tout son art consistait à l'emporter dans les débats académiques par la tactique la plus traditionnelle, c'est-à-dire en intimidant ses interlocuteurs par des allusions à l'estime que lui portaient des personnages de marque, même si ceux-ci n'avaient rien à voir avec le problème discuté. Pour flatter le recteur de l'université, il avait réuni autour de lui une cour d'éléphants apparemment tout dévoués, ce qui donnait un poids impressionnant à ses moindres propos. Il les fit voir à Quelle. Ce n'étaient pas des éléphants ordinaires; il était persuadé que, s'il réussissait à charmer ceux qu'il appelait les « éléphants importants », tous les autres, et en fait tous les animaux, suivraient le mouvement. C'était là sa méthode. Parmi eux, il était fier d'en présenter un qui, l'année de la naissance du prophète Mahomet, avait sauvé La Mecque d'une attaque portée par l'armée du Négus. Un autre avait combattu Kubilaï Khan et participé à la prise de Delhi en 1299. Il y avait aussi le fameux Surus (d'origine syrienne, pensait-il), qui avait transporté Hannibal de l'Espagne aux Alpes, pour mener contre les Romains la première guerre anti-impérialiste de l'histoire. Tous ces éléphants portaient autour du cou de nombreuses médailles, et semblaient écouter poliment, à la grande satisfaction de Mausole, comme les hommes d'État écoutent les discours prononcés dans une langue étrangère. Pour Pan Chao, c'était une honte que des éléphants militaires occupent une place d'honneur dans une université consacrée aux arts de la paix; pourquoi n'avait-on pas plutôt convié les éléphants qui avaient accompli un travail artistique, comme ceux qui avaient construit pour Tamerlan l'immense et magnifique mosquée de Samarkand : ce n'était pas seulement les bulldozers et les crues de l'époque, mais de véritables créateurs.

Si Pan Chao avait été une révolutionnaire du XXe siècle, sa protestation n'aurait été qu'un incident parmi tant d'autres attestant le malaise des nouveaux immigrants. Mais c'était une âme d'un type très différent, qui était arrivée au Paradis il y avait bientôt deux mille ans, et qui, depuis, s'était abstenue de parler. Qu'elle décide soudain de le faire, alors qu'elle avait la réputation de croire que toute chose doit rester telle qu'elle est et a toujours été (mais aucune réputation n'est jamais justifiée) montrait que quelque chose de très profond bougeait dans les entrailles du Paradis, et que, pour certains du moins, les brumes se dissipaient ou en tout cas prenaient un sens. On pensait que les vieux professeurs chinois qui comptaient parmi les premiers résidents seraient irrévocablement attachés à la tradition consistant, selon leur expression, à « remplir la terre de pêches et de prunes », c'est-à-dire d'élèves dressés à respecter leurs maîtres et à répéter après eux : toute profession est basse, seule l'étude des livres est suprême. A l'université, il y avait bien des professeurs qui n'avaient jamais rien fait d'autre, et leurs collègues occidentaux en étaient pleins d'envie et d'émerveillement. Il était donc révélateur qu'une lettrée d'ordinaire aussi discrète que Pan Chao s'affirme brusquement comme une dissidente, et déclare que, au Paradis, la sacro-sainte relation maître-élève, portée — du moins théoriquement — à son expression la plus haute dans la Chine impériale, était erronée, condamnée, dangereuse. La seule idée d'une université telle que l'avaient conçue les moines, les fous et les rois, était au Paradis quelque chose d'impossible, et s'il s'en trouvait une en pareil lieu, ce n'était forcément qu'une parodie inoffensive autant qu'inefficace. C'était absolument terrible d'apprendre que l'on vivait non dans un monde réel mais dans une parodie de monde. Pan Chao avait pris conscience de quelque chose qui aurait dû être évident depuis longtemps, que l'on n'instruit pas les âmes au Paradis. Par nature, elles étaient trop indépendantes ; ce n'était pas des récipients qui attendaient d'être remplis d'informations ; telles des chenilles, elles s'efforçaient plutôt de construire leurs propres cocons, mais chacune dans un style à part, échappant aux normes.

Ses collègues étaient stupéfaits que ce soit Pan Chao qui ait une telle révélation. Ils cherchaient à comprendre pourquoi ses croyances ancestrales s'étaient soudainement dissipées, par quel phénomène elle avait remis en question le langage docile dont elle se servait depuis si longtemps. Pan Chao était probablement la première personne à avoir écrit un livre sur papier, l'invention du papier ayant été proclamée par l'eunuque Tshai Lun en 105 après Jésus-Christ, juste après qu'elle eut terminé la chronique de la dynastie Han, qu'elle laissa modestement paraître sous le nom de son frère, alors même qu'une bonne moitié était de sa main. Elle était l'une des premières femmes à avoir écrit un traité de savoir-vivre à l'usage des femmes, traité inspiré de sa propre vie, pleine de crainte à l'idée de déplaire à ses parents et à son mari, de ne pas remplir convenablement ses devoirs d'épouse, de voir ses fils lui déplaire à leur tour. Elle avait de bonnes raisons d'être fatiguée d'avoir peur. Elle enjoignait à ses filles, et à la gent féminine en général, d'être soumises à leur mari, de ne jamais se plaindre, de se laver les cheveux au moins aussi souvent que les fonctionnaires gouvernementaux, qui, pour s'acquitter de ce travail, avaient congé tous les cinq jours. Mais lorsqu'elle relisait ce livre, où elle se présentait comme « une personne vile, n'ayant pas plus d'esprit qu'un singe », elle se rendait compte que, elle que l'empereur avait sacrée poétesse lauréate et que des centaines de générations avaient considérée comme un des plus grands écrivains, elle ne pensait pas honnêtement être un singe, et pas davantage être un ver, bien qu'elle eût aussi employé cette comparaison. Elle ne croyait pas non plus avoir eu raison de conseiller aux femmes : « Ne songez pas à résister. N'essayez pas de distinguer ce qui est tordu de ce qui est droit. » En fait, c'était exactement ce qu'elle désirait faire maintenant. Et, montant de la brume, elle croyait entendre les chamanesses — qui, avant que les femmes ne soient soumises à l'homme, remplissaient le rôle de prophètes dans la Chine et le Japon anciens — pousser des cris de joie pour l'encourager à parler, à s'insurger contre la condescendance des Mausole, contre la seule idée qu'il pût y avoir au Paradis des âmes condamnées à la soumission, ou même au rôle d'élève constamment remis à sa place. D'après les érudits, le grand ouvrage de Pan Chao est parfois à ce point compliqué que seuls peuvent le comprendre ceux qui ont été instruits par ses soins. D'ailleurs, elle ne prétendrait plus qu'elle-même le comprenait tout à fait, car la poésie est une source qui doit pouvoir offrir selon sa soif un goût différent à chacun ; elle ne prétendrait plus connaître les réponses, car les réponses n'existent pas au Paradis.

Peut-être était-il vrai qu'un temps, rien ne changeait jamais au Paradis, et que les âmes restaient éternellement telles qu'elles avaient toujours été. Parmi les vieux théologiens, beaucoup pensent qu'il ne peut en être autrement, du fait sans doute qu'eux-mêmes sont incapables d'imaginer être autre chose que de vieux théologiens, redoutant le changement, autrement dit, la mort. Et il est certain que Quelle ne comprenait pas sans difficulté comment le changement était possible au Paradis. Cependant, d'humble et paisible, l'âme de Pan Chao était brusquement devenue audacieuse et agitée. Les humains ont grand mal à croire au changement soudain, car, sur terre, ils consacrent l'essentiel de leurs efforts à essayer de ralentir le temps ; pour eux, les transformations importantes sont en réalité de lentes révolutions, presque imperceptibles, d'ordinaire invisibles, et qui n'entrent pas dans la vie quotidienne du commun des mortels. Depuis deux millénaires, l'âme de Pan Chao ne tenait que par ses souvenirs. Les âmes n'ont évidemment pas de forme ; toutefois, si elles en avaient une, ce serait celle d'un œuf. Le jaune d'une âme est entouré par ses souvenirs, plus ou moins liquides, plus ou moins consistants, et la coquille est la façade d'hypocrisie que toutes les âmes présentent au monde, façade qui se repeint avec la même facilité qu'elle se dégrade, et qui ne permet pas d'imaginer ce qui se trouve à l'intérieur.

Comme la plupart des âmes ont peur de se casser, de tomber en morceaux, d'être incapables de se reconnaître dans un miroir, tant elles jugent important de préserver leur identité, elles passent l'essentiel de leur temps figées dans leur coquille. Mais une coquille peut se briser. Comment ? Par accident. Or les accidents arrivent plus facilement au Paradis. Plus un pays est libre, plus il s'y produit d'accidents. Pan Chao avait été victime — ou avait bénéficié — d'un accident. Pour qu'un changement se produise, il suffit d'une simple craquelure, d'une mutation minuscule, inexplicable, imprévisible. Ensuite, la mémoire qui donne sa cohésion à l'âme peut durcir ou mollir ; si elle devient très dure, soit elle se paralyse, soit elle éclate. Les âmes prudentes et modérées s'efforcent de ne jamais changer au Paradis, mais elles ne peuvent être certaines de réussir. Après tout, un jaune d'œuf est appelé à se métamorphoser. Il peut dévorer les souvenirs qui l'entourent jusqu'à ce qu'il n'en reste rien, du moins sous leur forme primitive. Mais, bien sûr, les accidents ne se produisent pas quand on veut. Brûler une âme sur le bûcher est une façon de provoquer un accident.

Cependant, il faut pour cela qu'une autre âme soit prête à remplir le rôle de bourreau. Quelle avait toujours très envie d'obtenir des conseils sur l'interprétation de l'évangile de Henry Ford, et Pan Chao, tout sourires, refusait de se prononcer, même sous la forme sibylline qu'elle affectionnait. Sans doute estimait-elle que chacun doit se faire son avis, et que les professeurs ne sont pas là pour fournir des réponses. Quelle ne parvenait pas à comprendre que, dans un endroit aussi savant que cette université, il n'existe pas de carte routière du bonheur ; parmi tous ses professeurs qui luttaient pour essayer de s'adapter aux bizarreries du Paradis, il devait bien s'en trouver un qui puisse du moins lui indiquer la direction à prendre. Mais il n'y avait pas de carte, pas de poteaux indicateurs, pas de spécialiste en bonheur ; aucune université n'enseignait cette branche-là.

C'est donc par accident qu'elle tomba sur une solution, l'accident étant le professeur A. A. Smirnoff. Peut-être de rares lecteurs se rappellent-ils encore son nom : ceux qui savent le russe et s'intéressent à l'organisation des armées aztèques peuvent en effet se souvenir du livre géant qu'il écrivit sur le sujet ; quant aux autres, il n'est pas impossible qu'ils le connaissent par ailleurs, car c'était un être sociable, et un grand voyageur. Rien n'atteste qu'il descendait du fabricant de vodka, mais il aimait à le prétendre, et il faisait tout son possible pour le prouver, notamment en montrant qu'il était capable de boire impunément n'importe quelle quantité de ce breuvage. Toutefois, seuls ceux qui le connaissaient plus que superficiellement étaient conscients que la vodka ne représentait pas uniquement pour lui une plaisanterie, mais une potion magique lui donnant accès au passé. Car avant tout, c'était un nostalgique. Il avait la modernité en horreur : d'instinct, sans hésiter ni discuter, il jugeait laid, stupide, ennuyeux, tout ce qui était nouveau, qu'il s'agît de mode, de musique ou d'architecture. Comment pouvait-on se vanter d'être un bon professeur en exprimant si ouvertement son mépris pour les idées des jeunes, qu'il traitait de cancres, de conformistes, de sinistres imbéciles ? Les jeunes étaient-ils donc tellement mieux de son temps ? Pour Arkadi Arkadiévitch (il cultivait la sympathie de ses étudiants et insistait pour qu'ils s'adressent à lui familièrement), cette question n'avait pas de sens. Le nostalgique ne s'occupe pas d'expliquer le passé, mais de le transformer. Le passé tel qu'on le connaît est un chaos d'incertitude et d'ignorance. La nostalgie est une façon de le purger de la souffrance qu'il renferme, de le voir sous un autre jour, de l'améliorer et d'améliorer par la même occasion son image de soi. L'ennui, c'est que la nostalgie ne marche pas au Paradis. Ironiquement, c'est une invention relativement moderne, une découverte du XVIIIe siècle, où le mot, qualifiant une forme de maladie nerveuse, s'appliquait au mal du pays ressenti en particulier parmi les soldats. Par la suite, on s'aperçut cependant que, soigneusement cultivée et amenée à fermentation, la nostalgie pouvait procurer une brume agréable de sentiment ami, et l'on en vint ainsi à l'apprécier comme un moyen de réunir des gens de la même génération qui, jusqu'à l'âge mûr, ignoraient avoir quoi que ce soit en commun. Les déprimés découvrirent qu'elle pouvait provoquer des hallucinations concernant leur adolescence, et qu'elle donnait à leurs souvenirs des teintes chaudes, lumineuses. Aux désespérés, elle permettait de chasser le désespoir, aux timides, d'éliminer toutes les pensées d'avenir. De maladie, la nostalgie se changea ainsi en plaisir.

Mais au Paradis, le passé est vivant tout autour de soi, en sorte qu'il est beaucoup plus difficile de se duper à son sujet. Le charme de la nostalgie ne dure pas, et l'imagination doit travailler sur un autre mode.

Arkadi Arkadiévitch avait été ce que les érudits appellent une « mine d'information ». Au Paradis, sa fouille inlassable du passé cessait toutefois d'avoir un sens, n'importe qui pouvant, au prix d'une petite promenade, rendre visite aux Aztèques. Aussitôt arrivé, il connut ainsi un sérieux problème. Même en tant qu'adulte mûr et respecté, il ne s'était jamais senti en sécurité sinon dans le souvenir de la petite ville de Viatka, cachée dans la forêt, où il avait passé toute son enfance, et qui, telle qu'il se la rappelait, devait rester éternellement la même. Une fois au Paradis, il alla voir sa reproduction de Viatka, et il ne la trouva ni ressemblante ni agréable. En fait, il n'en aimait que son souvenir, et son but avait toujours été d'échapper à la vie et d'éviter d'avoir à se considérer tel qu'il était. Il ne savait pas comment prendre plaisir à être lui-même. L'introspection lui semblait terrifiante, au point que tous ceux qui s'y adonnaient le mettaient en fureur et lui apparaissaient comme des fauteurs de troubles éminemment dangereux pour la paix de l'humanité. Trouver en lui plus de faiblesses encore que celles qu'il connaissait lui était une véritable torture; rechercher des explications à ces faiblesses ne faisait qu'aggraver les choses; les sociologues étaient pour lui des représentants du démon.

Ceux qui ne comprennent pas comment fonctionne le Paradis pourraient imaginer qu'un homme comme Arkadi Arkadiévitch avait précisément le genre de goûts susceptibles d'y être satisfaits. Sur terre, il avait passionnément aimé l'histoire; il avait choisi pour sujet d'étude une civilisation d'autant plus sûre qu'elle avait disparu. Or l'une des particularités essentielles du Paradis est de permettre à ceux qui y résident de vivre dans le siècle et dans le pays qu'ils préfèrent. Mais le seul but de l'amour d'Arkadi pour l'histoire était d'échapper à son environnement, et de vivre dans un monde imaginaire dont il était le maître. Il aimait s'enfouir dans les vieux documents, dans les archives, qu'il qualifiait de « sûr refuge contre la peur », imiter les morts, fuir son identité — le mot seul l'emplissait d'épouvante. Ainsi, la dernière chose qu'il désirait était de vivre au Paradis au milieu des Aztèques, susceptibles de le contredire, de ne pas apprécier sa façon de singer ce qu'il imaginait être leur accent, leur allure, et dont la parodie avait fait son succès durant des années de dîners en ville; les esclaves aztèques risquaient de ne pas trouver drôle non plus la vision sentimentale qu'il avait d'eux, son idéalisation de leur ivrognerie, si conforme à ses goûts qu'il y voyait un choix conscient de suicide collectif par l'alcool. Le problème d'Arkadi — comme de tous les nostalgiques — était qu'il ne pouvait pas tout bonnement continuer à vivre selon ses habitudes; il devait apprendre à créer une nouvelle forme de monde imaginaire. Ce n'était pas facile pour un homme adorant la routine, et qui, dans n'importe quelle ville, avait pour première préoccupation de se fixer un programme régulier, un itinéraire sans surprise, un peu comme les lapins qui déposent invariablement leurs crottes au même endroit. Ce n'était pas facile pour quelqu'un qui, malgré sa haine de la modernité, souffrait gravement de la maladie si moderne de la solitude. Son âme avait un trou, qu'il avait en vain essayé de boucher en se servant de tous les faits que son érudition pouvait accumuler. Son arrivée au Paradis n'avait fait aucune différence, sinon qu'il y ressentait encore plus vivement l'impression de n'être écouté par personne. Il était sans doute très savant à propos des grands hommes du passé, mais pour eux, il ne signifiait rien.

Au Paradis, A. A. Smirnoff ouvrit un établissement funéraire dont la spécialité était les sacrifices humains dans le style aztèque, établissement qui connaissait d'ailleurs un grand succès. Il avait installé son bureau à l'université, car c'est là qu'il trouvait l'essentiel de sa clientèle ; en effet, s'étant très souvent consacré à abattre les erreurs, le public universitaire était vivement intéressé par les exécutions. Arkadi répétait volontiers que les professeurs ont une vocation de bourreaux, en ce sens qu'ils remplissent régulièrement cette fonction, tout examen étant une sorte d'exécution pour ceux qui échouent et s'en trouvent mutilés pour la vie. En outre, il voulait une occupation qui ne comportât aucune trace de modernité, et, surtout, qui n'eût strictement rien de constructif ni de positif ; il détestait l'idée que quoi que ce soit pût arriver au Paradis ; il n'en attendait aucune joie, car où qu'il fût, il ne pouvait trouver plaisir ni à l'époque ni à l'endroit où se déroulait son existence. Ce n'était pas par hasard qu'il était devenu spécialiste des Aztèques. C'était pour lui la plus sinistre de toutes les civilisations, gouvernée qu'elle était, du moins telle qu'il l'imaginait, par les Quatre Cents Lapins ou dieux de l'ivresse, une ivresse sans gaieté, réprimée, punie la première fois par le rasage du crâne, puis, en cas de récidive, par la strangulation — une ivresse totalement dépourvue d'humour. Chez les Aztèques, les jeux mêmes des enfants sentaient la cruauté et la violence, la bataille d'oreillers étant ce qu'ils connaissaient de plus doux en matière d'amusement ; le jeu favori des adultes, un jeu de balle où seuls les genoux et les hanches pouvaient toucher celle-ci, était à ce point dangereux qu'il faisait de fréquentes victimes, et que les survivants devaient régulièrement se faire inciser les fesses pour que puisse se vider le sang de leurs contusions ; les dés — ou plus exactement les fèves qui en tenaient lieu —, leur passion entre toutes, étaient l'unique moyen qu'ils connaissaient d'échapper à leur terrifiante religion, qui enseignait qu'on ne peut jamais être sûr de voir le soleil reparaître, et que de sanglants sacrifices sont seuls capables de le persuader de continuer à briller. La vie des Aztèques consistait à fournir l' « eau précieuse » — *chalchivatl* —, autrement dit le sang humain, dont leurs dieux s'abreuvaient. Et Arkadi avait choisi de vivre à leur exemple, sans espoir, combattant sa tristesse au moyen de ses eaux précieuses personnelles, sa vodka, ses archives aztèques, et peut-être surtout son discours incessant.

L'érudition n'est pas seulement une accumulation de savoir, mais aussi une activité sociale, elle donne le droit de participer à une suite sans fin de jamborees internationaux, où l'on peut rencontrer d'autres érudits qui partagent la même obsession. Arkadi en avait toujours fait grand cas. Ses plaintes selon lesquelles le monde allait à vau-l'eau redoublèrent donc une fois qu'il se trouva au Paradis, car il se rendit compte qu'il était infiniment plus difficile d'y rencontrer des gens assez polis pour faire semblant de l'écouter. Qu'il soit dans une bibliothèque, un magasin, un train ou un bar, il avait l'habitude d'adresser la parole à quiconque lui prêtait attention. Les femmes avaient pour lui de l'importance car elles semblaient souvent reconnaissantes que le seul fait de l'écouter ait sur lui un effet salutaire immédiat, même s'il n'était que temporaire ; il parvenait à les convaincre que, sans elles, il eût été encore plus misérable, et même quand ses monologues devenaient ennuyeux, elles hésitaient à le quitter. Au Paradis, toutefois, les étudiantes ne sont pas forcément flattées par les attentions des professeurs mâles. Et tout ce qu'Arkadi avait à leur offrir se résumait à ses souvenirs, à ses anecdotes. Il en avait une collection prodigieuse ; il pouvait raconter dans les moindres détails non seulement sa vie, mais celle de tous ceux qu'il avait rencontrés, décrire avec exactitude les chaussures que portait sa grand-mère aux obsèques de son oncle, le colonel au doigt manquant, qui, un jour, avait pris le thé avec l'ex-gouvernante du tsar ; il aimait partager ses informations ; il aimait répéter mot à mot les paroles prononcées et par l'accusation et par la défense lors des nombreux procès auxquels il avait assisté ; il chérissait ses moindres anecdotes, mais il ne savait rien en faire sinon les dévider, comme un présentateur radiophonique qui doit à tout prix continuer de parler, et qui le fait sans se soucier des réactions de ses auditeurs. Arkadi Arkadiévitch parlait non pour obtenir une réponse, mais pour se soulager. En cela, il lui plaisait de se croire parent des Aztèques, connus pour leur passion de la parole, et pour les discours ampoulés et interminables qu'ils tenaient à la moindre provocation, sans gestes, sans regarder leurs interlocuteurs, les yeux toujours baissés, comme s'ils vomissaient quelque chose qui leur échappait, et qui se résumait en l'occurrence à une banalité didactico-philosophique. Ils admiraient ceux qui ne débitaient que des évidences. Mais ils n'étaient pas prêts à parler à un mur, et Arkadi non plus.

L'un de ses premiers soucis fut de décider quel cercle d'amis, ou pseudo-amis, il allait essayer de réunir autour de lui afin d'avoir un auditoire. Il ignorait qu'au Paradis, les amis ne peuvent être tels qu'ils sont sur terre. L'idée qu'il se faisait de l'amitié lui venait de son enfance ; son idéal était de devenir une sorte de chef de bande, assez humble pour partager avec ses hommes l'histoire de ses insuccès féminins, mais capable de les envoûter, comme un guide proposant des plaisirs interdits, sachant ce qu'il convient de mépriser et de valoriser, connaissant les nuances entre ce qui est sordide, minable, misérable et macabre. Quand, sur terre, il était professeur, ses élèves, qui formaient un groupe d'élite, appréciaient ses jugements parce qu'ils étaient fascinés par le changement constant de ses sujets d'indignation et d'engouement ; lorsqu'ils passaient des nuits à parler et à boire, ils voyaient dans leurs épigrammes un sûr moyen de dominer le monde. Mais au Paradis, lorsqu'il retrouva ses anciens élèves, Arkadi eut la mauvaise surprise de constater que l'idée de renouer avec lui leur inspirait une réticence non dissimulée. Car pour créer des liens entre les âmes, la camaraderie née de la lutte contre l'ennui ne suffit pas. Et il vécut la même expérience avec les douzaines de femmes à qui il avait proposé le mariage au courant de son existence, le plus souvent quand il les connaissait à peine. Il devait en outre y avoir un millier de femmes au moins auxquelles il avait ouvert son cœur, et qui s'étaient comportées par la suite comme des agents publicitaires chassés de leur emploi, disant à tous ceux qui se croyaient ses amis ce qu'il avait dit d'eux dans ses moments d'ivresse ou ses accès de rage. Jamais il n'avait cru bon d'aimer ses amis, qui pouvaient si facilement devenir des ennemis. Au contraire de Purda, qui craignait d'en être entouré, les ennemis étaient quelque chose dont il avait besoin. S'il était attiré par les Aztèques, c'était aussi parce qu'ils avaient fondé leur civilisation sur la conviction que les ennemis étaient nécessaires, afin qu'on pût les sacrifier aux dieux. Leur religion exigeait d'eux qu'ils soient toujours en guerre, et quand, les ennemis venant à manquer, ils se trouvèrent en paix, ils durent inventer une formule particulière de guerre froide, la guerre des fleurs, qui leur permettait de sacrifier des victimes malgré tout. Jusqu'au moment du sacrifice, les guerriers aztèques appelaient d'ailleurs leurs victimes leurs fils bien-aimés.

« C'est mon ami, et je le méprise. » Quand Arkadi disait cela, il n'y voyait aucune contradiction. Pour lui, il était naturel qu'après avoir passé sur terre de longues heures avec un professeur femme, dont il semblait l'ami, il écrivît après sa mort une attaque sans merci à son sujet, l'accusant d'être une fausse érudite, de ne pas vraiment connaître le domaine dont elle se prétendait une spécialiste, de manquer de jugeotte et d'être victime de ses angoisses. Sa version personnelle du coup de Jarnac académique correspondait à la notion double qu'avaient les Aztèques de la cruauté, notion qui leur permettait de juger leurs pratiques parfaitement normales tout en se scandalisant des méthodes de torture espagnoles. Arkadi n'attendait pas la mort de ses amis pour manier le couteau et cracher son mépris dans les blessures qu'il avait faites. Ses insultes alternaient avec ses sourires. D'une façon ou d'une autre, il fallait qu'il comptât dans la vie des gens. Et quiconque buvait avec lui, lui témoignait de l'intérêt et cherchait à l'aider, était assuré de sa gratitude tant qu'il continuait. Il était capable d'écrire pour ses élèves des lettres de recommandation qui étaient presque des poèmes de passion, débordant des louanges les plus folles, mais l'expression « le meilleur élève que j'aie jamais eu » revenait dans chacune d'entre elles.

Au Paradis, les âmes ne se déplacent pas en bande, même si, occasionnellement, elles se réunissent pour chanter. La seule bande qu'Arkadi put trouver fut celle des Sept Sages de la Forêt de Bambous, groupe de philosophes très prisés dans la Chine du IIIe siècle. Hsi K'ang, le plus connu d'entre eux, avait été exécuté à l'âge de trente-neuf ans parce qu'il prêchait que l'homme idéal était un sage qui tenait toujours une bouteille de vin à la main et paraissait perpétuellement ivre, et que le disciple idéal n'était pas un saint, mais un fonctionnaire paresseux et brouillon, ayant le culte de la bouteille, et peut-être aussi de l'esprit et de l'art. Ces sages s'étaient retrouvés au Paradis, et ils avaient fondé une petite principauté, le Pays de l'Ivresse, ou Tsui-Chih Kuo, dont les habitants portaient le titre d' « Immortels du Vin », ou Chiu-hsien. Arkadi eut tout de suite envie d'entrer dans ce groupe littéraire exotique et sélect. Mais ses membres ne lui plurent pas autant qu'il l'espérait, car, si la confession publique de leurs péchés constituait l'une de leurs principales activités, ils entendaient, par elle, montrer leur indifférence à tout et à tous, au monde ainsi qu'au Paradis. Or l'indifférence ne convenait pas du tout à Arkadi si lui-même devait en être victime. Il n'était pas fait pour être ermite, même dans un groupe d'ermites.

Il passait donc les heures ouvrables dans son institution de pompes funèbres, à attendre des victimes à exécuter, victimes dont il pourrait être à la fois l'ami et l'ennemi, et dont le sacrifice serait assez spectaculaire pour attirer du monde. A sa porte, on pouvait voir une plaque où se trouvaient gravés un œil, une boîte de conserve, une abeille, un cheval, un trou dans le sol et une table, ce qui, en aztèque, signifiait « Je sais être hospitalier. » Lorsque Quelle arriva, Arkadi parlait avec volubilité. Mais personne n'était dans la pièce. Avait-il appris à s'écouter lui-même ? C'est Jolly qui trouva la réponse. Il poussa un jappement de joie et exécuta sa danse préférée, tournant en cercle aussi vite que possible, comme s'il courait après sa queue. Quelle vit alors que la pièce n'était pas vide. En effet, Myosotis, le cafard, se tenait dans un coin, agitant ses antennes comme pour mieux entendre Arkadi, qui lui faisait un cours sur la place des cafards dans les rites sacrificiels des Aztèques, sujet auquel des sous-spécialistes avaient consacré plus d'études et de réflexions que le profane pouvait l'imaginer.

Pour Jolly, qui avait enfin retrouvé l'odeur de Myosotis, cette heureuse réunion était un triomphe. Cependant, Myosotis ne réagit pas. Si Jolly n'avait pas senti plus que l'odeur rance du cafard, il eût sans doute été décontenancé. De temps à autre, Myosotis avait volontairement tourné le dos à Arkadi pour vaporiser dans sa direction un peu du liquide qui lui servait à éloigner les hérissons, les grenouilles et les araignées, ses grands ennemis terrestres ; peut-être avait-il découvert une nouvelle défense contre l'ennui ; passant à dormir les trois quarts au moins de leur temps, les cafards ont un champ d'attention limité. Pourtant, Myosotis était resté là tout le temps de la conférence, retenu qu'il était par l'odeur d'alcool tenace que dégageait le professeur même au Paradis ; si les cafards adorent la bière, ils ne résistent pas à la vodka. Myosotis avait sombré dans un assoupissement quasi comateux. Stupéfaite, Quelle vit avec émoi Jolly pousser très délicatement le cafard, du bout de ses moustaches, en direction du pot à confiture. Clopin-clopant, Myosotis regagna son gîte comme un infirme retourne dans son lit. Jolly prit position à côté du pot, comme pour en assurer la garde. Il semblait que l'air du Paradis fût capable de donner naissance à une nouvelle sorte d'amitié. Mais n'avait-il cet effet-là que sur les animaux ?

Myosotis n'était pas, et de loin, le seul client d'Arkadi. Celui-ci avait tôt fait de découvrir qu'une foule d'âmes ne pouvaient se passer du plaisir de souffrir, et aspiraient à être écartelées, crucifiées ou brûlées, chacune pour des raisons privées qu'il ne se souciait pas d'élucider. Mais il y avait aussi celles qui se sentaient mal à l'aise au Paradis, ne le jugeant pas à leur convenance, et qui, désireuses de déménager, étaient prêtes pour ce faire à prendre certains risques. Quelle elle-même dut admettre que les âmes réunies en ces lieux n'étaient pas son genre. Ainsi, l'assimilant à un cafard ou à n'importe quel être humain, Arkadi ne voyait en elle qu'un ennemi doublé d'un instrument utile, un ingrédient entrant dans les recettes magiques utilisées par les anciens Aztèques pour fabriquer des charmes et des envoûtements, sujet auquel il avait consacré une publication qui constituait une contribution importante pour la connaissance. Cependant, un sacrifice aztèque public par le feu était exactement ce que Quelle recherchait. Elle n'avait encore rencontré personne qui eût vu les anges ou se fût entretenu avec eux, et il devenait évident qu'elle ne pourrait pas les atteindre tant qu'elle demeurerait sur le même terrain que Mausole et Purda ; avec eux, elle ne verrait jamais qu'un Paradis de pantomime, jouant une parodie des désordres terrestres. Elle ne parvenait pas à croire qu'au Paradis, toutes les âmes devaient se conduire comme des coqs auxquels on a coupé la tête, et qui, pourtant, continuent d'avancer. Le Paradis manquait de poésie parce que la plupart de ses résidents cultivaient les mêmes peurs que sur terre. Ce n'était pas ainsi, elle en était sûre, qu'elle en découvrirait les charmes dans toute leur plénitude. Elle savait qu'elle devait apprendre à voler, que marcher ne suffisait pas ; il lui fallait se délester de son passé, laisser son ancien moi se dissoudre en fumée. Si elle tenait vraiment à rencontrer les anges, elle devait se préparer ; toutes les cartes, tous les renseignements qu'elle pourrait réunir ne lui suffiraient pas ; il fallait qu'elle commence par changer. Elle comprenait qu'il y avait deux façons distinctes de vivre au Paradis : se maintenir fermement sur le sol, ou gagner les nuages, où résidaient les anges.

Mais brûler de son propre chef... Elle ne se considérait pas commee courageuse. La souffrance ne l'attirait pas. Elle ne supportait pas les visions d'horreur, les désastres quels qu'ils soient. Son imagination ne travaillait pas dans ce sens. Elle ne voulait pas penser à l'effroi que représentait la mort sur le bûcher. Les vaillants soldats ne pensent pas non plus lorsqu'ils courent sous le feu de l'ennemi. Pour être courageux, il n'est pas nécessaire d'être un individu courageux. Le courage n'est rien qu'une question d'attention. Lorsqu'ils tentent d'atteindre une colline, d'aider un blessé, de trouver de la nourriture, les soldats sont si concentrés sur leur but qu'oubliant le danger, ils oublient d'avoir peur. Ce n'est pas le courage qui vainc la peur. De tous les ennemis de celle-ci, les plus puissants sont la curiosité, la constance et le désir, car ils ignorent la peur. Étant déterminée à voir tout ce qu'il y avait à voir au Paradis, à essayer toute forme adaptable à l'humain, Quelle ne s'inquiétait pas de brûler sur le bûcher. Devenir air, s'élever en fumée, ne suscitait que sa curiosité.

Arkadi organisa donc à son intention un holocauste aztèque, car son plaisir était d'être à la fois utile et destructeur. La civilisation aztèque considérait leur sacrifice comme un honneur pour les victimes, qu'il n'était ainsi pas besoin de haïr, mais qu'il fallait au contraire traiter avec respect, nourrir des meilleurs aliments, vêtir royalement, jusqu'à les amener à se réjouir de leur sort, qui devait les conduire en présence des dieux. Il donna rendez-vous à Quelle le samedi soir dans l'amphithéâtre de l'université, l'assurant que tout serait prêt.

C'est là que la cérémonie a lieu, car pour les professeurs, l'amphithéâtre est l'endroit où il est possible de parler indirectement, faire semblant d'être quelqu'un d'autre, faire semblant de ne pas parler vraiment. L'holocauste est précédé d'un spectacle de ballet, d'opéra ou de théâtre, dont le style et le contenu varient, mais dont le but est toujours le même. Pour Quelle, Arkadi choisit une pièce intitulée *l'Ordre du jour manquant*. A première vue, il s'agissait d'une pièce très intellectuelle sur la difficulté qu'il y a à comprendre le sujet d'une pièce. Elle comptait trente-quatre scènes sans entractes, chaque scène portant un titre sans rapport évident avec ce qui était dit. La seule chose claire, c'est que les acteurs, qui étaient tous des professeurs habillés comme des prêtres aztèques, dansaient autour d'une table couverte d'un tapis vert, avec des gestes suggérant une profonde réflexion. Peut-être ressemblaient-ils vaguement à l'idée que A. A. Smirnoff se faisait des prêtres aztèques, mais quant à l'auditoire, c'était une parodie de sénat académique, un retour improvisé à cette époque bénie où les professeurs pouvaient encore croire qu'ils décidaient de ce que le monde pensait. Le doux vieillard qui tenait le rôle principal portait un masque de coucou, sortant de sa torpeur aux moments les plus imprévus, mais mystifiant chacun par des murmures signifiant qu'il pensait — sans donner aucune indication sur le contenu de sa pensée. A force d'écouter, Quelle réussit à distinguer trois types de murmures différents. Le plus fréquent était une sorte de bourdonnement — um, um um — entrecoupé de pauses plus ou moins longues. Il y mettait tant de foi et de conviction que le corps enseignant retenait son souffle. Quelle pensa que ces « um » n'étaient peut-être que le « om » des yogi prononcé avec l'accent d'Oxford. Fort habilement, le coucou laissa jusqu'à la fin l'auditoire se poser des questions quant au sens de sa réflexion. Parfois, son bourdonnement tournait au cri, et, plaçant les mains derrière ses oreilles, il hoquetait : « Je n'entends pas ce que vous dites. » Parfois, tous les professeurs s'agitaient et parlaient en même temps, s'abandonnant à une danse frénétique dictée par l'émotion. Le coucou s'efforçait alors de leur imposer le silence par des pépiements frénétiques et désespérés, où l'on devinait les mots : « Il nous faut suivre l'ordre du jour. » Ce n'est qu'à l'extrême fin de la pièce que l'on comprit pourquoi.

Car, scène après scène, les professeurs continuaient leur danse, illustrant les thèmes de l'ambivalence, de l'indécision et de l'incertitude. Chaque scène commençait avec la formulation d'une question et s'achevait sans que rien ait été décidé, ou plutôt avec la formulation de la même décision, qui était de ne rien décider. Comme dans une partie de tennis volontairement soporifique, les professeurs se renvoyaient la balle, échangeant réplique sur réplique, donnant l'impression de vouloir s'imposer à force d'ennui, jusqu'au moment où l'arbitre interrompit le jeu, remettant le débat jusqu'à plus ample informé. Peu à peu, il apparut que les acteurs s'attachaient à prouver qu'ils possédaient un esprit académique qui se glorifiait de ne jamais donner de réponses claires, les réponses claires n'existant pas. Trente-trois exemples se succédèrent pour illustrer ce propos. Dans une scène remarquable, un pas de deux dansé par le coucou et un professeur femme portant un masque de dragon montra qu'il était impossible de décider si un professeur devait être modeste ou hautain pour être convaincant. Le coucou figurait un aristocrate britannique, prenant en permanence l'air complètement stupide, protestant de son ignorance, et expliquant que les classes supérieures avaient sauvé leurs privilèges grâce à cette attitude, qui les faisait paraître inoffensives. Sa partenaire incarnait une marquise française, aussi hautaine et impressionnante que possible, alors même que cette pose devait la conduire à la guillotine. Là encore, on n'en arriva à aucune conclusion. Dans une autre scène, plus caricaturale encore, les professeurs s'efforçaient de décider où, au cas où des toilettes seraient construites dans l'université, il conviendrait de les situer. Au Paradis, les toilettes sont évidemment superflues, mais ils n'en discutaient pas moins des conséquences que pourraient entraîner des restrictions d'eau, au cas où il s'en produirait, et de la question de savoir si, au Paradis, il serait possible de se suicider dans les cabinets en se pendant à la chaîne des chasses d'eau, si chasses d'eau il y avait. En outre, il y eut une délicate introduction au problème de la disparition des objets, en prévision du tour qui devait permettre à la victime de disparaître lors du sacrifice.

Les professeurs, qui donnaient depuis quelque temps des signes de fatigue, tombèrent un à un endormis, la tête sur la table. Et c'est alors seulement que le coucou souleva la question du jour, sous la rubrique Divers. Ce fut le grand moment : on retrouva l'Ordre du jour manquant. Bien sûr, il ne fut pas question de Quelle. Le cas soulevé fut celui de Myosotis : pouvait-on accepter un cafard comme étudiant, ou même comme professeur ? Cependant, comme tout le monde dormait, personne ne discuta de la question, et le coucou exécuta un prodigieux solo de danse, dont le mouvement le plus spectaculaire, répété *con variazioni*, consistait à pointer le doigt. Tout en dansant, il accablait Myosotis de compliments académiques, l'ensevelissant sous les louanges, et suggérant qu'il faudrait peut-être rédiger des thèses, consulter des ouvrages et compiler des bibliographies afin d'éclairer la question. Mais pour finir, il s'interrompit et lança : « Pas d'objections ; à l'unanimité, il est convenu que le cafard brûlera sur le bûcher. » Ravis, les professeurs levèrent la tête : on avait pris une décision. Or, en condamnant le cafard, c'est autre chose qu'ils avaient en vue : ils laissaient à Quelle le choix d'interpréter leur décision comme elle le souhaitait, car tout dépendait de la manière dont on interprétait les décisions.

Le spectacle d'Arkadi ne manquait pas de grandeur. Par leur attitude, les professeurs entendaient exprimer au mieux ce qu'ils n'osaient pas dire, à savoir qu'il se trouvait une âme qu'ils ne pouvaient instruire, pour laquelle l'université ne pouvait rien. La parodie de la fatigue leur était nécessaire pour l'avouer, pour signer leur abdication. Maintenant, Quelle était libre de s'en aller.

Être brûlée sur le bûcher fut pour elle une merveilleuse expérience, le moment le plus exaltant qu'elle eût jamais connu. Il fut inoubliable d'abord du fait du nombre d'âmes exceptionnel qu'elle rencontra lors de la cérémonie qui suivit, âmes qui toutes lui dirent quelques mots, souvent assez inattendus, âmes que, sinon, elle n'aurait jamais appris à connaître. Il y avait parmi elles un Espagnol qui avait été victime d'un sacrifice aztèque, et qui chanta cet hymne mystérieux :

Intonam Intota
Tlatecuhtli tonotiuh
(Au Père et à la Mère,
La Terre et le Soleil)

s'excusant d'être la seule victime aztèque, alors que 20 000 autres avaient été sacrifiées avec lui, par les érudits de l'époque, lors de la consécration du Grand Temple de Mexico. Elle fut impressionnée par les martyrs de l'Église chrétienne primitive, qui prirent la peine d'abandonner leurs ermitages pour lui donner conseil. Ils lui dirent la fierté qu'ils avaient éprouvée à vivre la même expérience, ou quelque chose de similaire. Ils lui parlèrent de la satisfaction toujours vivante que leur procurait le fait d'avoir défié ces prétentieux inquisiteurs, ces ennuyeux pédants, ces soldats brutaux ; à les en croire, ils avaient souffert non par la chair mais par le cœur ; s'ils avaient été lacérés, ce n'était pas par les lances, les pierres ni les griffes d'animaux, mais par le plaidoyer de leurs familles cherchant à les ramener à la raison, par la pitié que leur inspiraient leurs enfants et leurs vieux parents, qui les considéraient comme des irresponsables, obstinés, ingrats et sans cœur ; et c'est de la tristesse surtout qu'ils avaient ressentie devant la foule de leurs frères humains qui prenaient un si grand plaisir en entendant leurs os craquer, leur corps se déchirer, qui demandaient à ce qu'on fasse durer leur supplice, qui protestaient qu'on les trompait si les victimes demeuraient calmes, si, au dernier moment, malgré la maîtrise qu'elles avaient de leur corps, celui-ci ne cherchait pas instinctivement à se défendre.

Bien sûr, une âme ne peut brûler ni être détruite. Le bûcher peut détruire le corps ; mais pour l'âme, ce n'est qu'une sorte de fonts baptismaux, une fumigation de l'esprit. Au Paradis, où l'on n'a pas à s'occuper de corps souillés et nauséabonds, la chose est plus évidente. Là, un martyr n'est pas quelqu'un qui subit la mort. A l'origine, le mot « martyr » signifiait témoin. Un martyr est quelqu'un qui voit quelque chose d'important, qui s'en fait une idée, et qui se sait le droit de penser ce qui lui plaît, que rien ne peut l'obliger à penser autrement, ainsi que certains voudraient le lui faire croire. C'est un Romain qui refuse de vivre comme les Romains. Peut-être est-ce là précisément ce qu'une âme, du moins si elle désire être plus qu'un reflet de son ancien moi, doit apprendre à faire une fois au Paradis, où elle est absolument seule, et où prétendre qu'elle est toujours romaine ne soulage pas sa solitude.

Pour les âmes, la cérémonie du bûcher est une occasion merveilleuse de dire ce qu'elles pensent. Elles peuvent vomir la haine qui est accumulée en elles, et que, dans leur paisible environnement normal, elles peuvent avoir du mal à exprimer. L'enfer est devenu pour leur colère un objectif si éloigné, si abstrait, qu'il ne suffit plus. Il leur faut au moins un événement hebdomadaire pour régler leurs vieux comptes et se vider de leur mépris, tout comme elles avaient l'habitude de sortir le samedi pour rompre avec les règles de retenue qu'elles observaient le reste de la semaine. Pour les universitaires, la chose est particulièrement importante, car leur profession implique le devoir de se critiquer les uns les autres, et il ne leur est pas facile de se contenir. Et pour Quelle, ce fut un plaisir de les voir oublier leur hypocrisie et lui dire librement tout le mal qu'ils pensaient d'elle. Avec son tact incorrigible, Ganesh le fit en chantant une incantation à la louange de la mémoire, maudissant tous ceux qui n'en avaient pas honoré les maîtres suprêmes ainsi qu'il convient : à n'en pas douter, Quelle ne s'était pas inclinée assez bas lorsqu'il lui avait été présenté, de même qu'elle n'avait pas été suffisamment impressionnée par les grands éléphants qu'elle avait eu la chance de rencontrer. Certes, admit Quelle, elle n'était pas assez respectueuse, de qui que ce fût. Le professeur Purda monta timidement sur la scène, le visage voilé, et prévint l'auditoire que Quelle était une personne irrémédiablement subversive, attirée par la nouveauté pour la nouveauté, vite gagnée par l'ennui. Certes, avoua Quelle non sans fierté, elle s'ennuyait très facilement. Le professeur Mausole lança agressivement qu'elle l'avait déçu : elle accordait trop d'intérêt aux bavardages. Certes, répliqua Quelle, les bavardages l'intéressaient, ou du moins les sons de cloches venant d'ailleurs, car elle ne croyait pas tout ce qu'on lui disait. Pan Chao monta sur la scène et l'embrassa sans dire un mot, ce qui suscita les huées d'une moitié de l'assemblée, persuadée qu'elles complotaient entre elles, et les applaudissements de l'autre, émue de voir deux âmes unies par l'affection. Arkadi déclara que son rôle de bourreau ne lui donnait pas aujourd'hui le même plaisir que d'habitude, car il n'aimait pas se compromettre avec des gens comme Quelle. Ensuite, rangée après rangée, les âmes vinrent certifier qu'elles la désapprouvaient pour toutes sortes de raisons, bien qu'elles n'aient jamais eu l'occasion de lui parler, et qu'en fait, elles ne la connussent pas. Au Paradis, les préjugés prospèrent.

Tout cela confirma Quelle dans l'idée qu'elle n'avait pas atteint le Paradis qu'elle recherchait, et que cette université ne voyait pas l'intérêt d'en chercher un autre ; elle savait du reste qu'aucune université n'avait jamais osé donner un cours sur le bonheur, et il lui semblait naturel que celle-ci ne fît pas exception. Ainsi, lorsque Arkadi mit le feu au bûcher, la chaleur la réconforta. Son isolement cessa de lui paraître étrange ; maintenant, elle était heureuse d'être seule et de l'être ainsi publiquement. La fumée semblait pénétrer par toutes les fissures et par tous les pores de son âme, et toutes sortes de souvenirs surgissaient, pareils à des fourmis brusquement chassées de leurs galeries. Les étincelles qui jaillissaient du feu se changeaient en fantômes, en mirages, en arcs-en-ciel brisés, dont elle avait l'impression que, après avoir longtemps vécu en elle, ils disparaissaient dans les airs. Elle se sentait elle-même quitter le sol. Elle comprenait qu'elle avait conquis le droit de se promener parmi les nuages, parce qu'elle avait ignoré la peur et montré son désir d'affronter l'inconnu, de quitter la sécurité et l'ennui où se plaisaient les foules. Quand elle sortit des braises, quand l'ultime spectateur fut parti et qu'il ne resta plus que l'homme-sandwich avec son écriteau proclamant « Faites travailler vos intestins », elle se sentait aussi légère que l'air. Elle avait découvert qu'il n'est pas si terrible d'être seul, ou d'être différent, et que le seul plaisir de l'être permet de marcher comme sur des ressorts.

L'homme-sandwich savait-il où se trouvaient les anges ? Pas vraiment. C'était un ancien praticien de Harley Street, qui, au milieu du XIXe siècle, s'était fait rayer de l'ordre des médecins parce qu'il croyait dans les vertus de la farine de son et qu'il vendait à ses clients des miches de pain complet. Maintenant, il se désolait que les âmes ne trouvent pas le repos au Paradis. « Tout le monde ici est complètement bloqué par ses souvenirs, disait-il. Constipation de l'esprit. Constipation de l'âme. Si seulement ils savaient faire fonctionner leurs intestins, leurs souvenirs ; si seulement ils apprenaient à oublier, ne serait-ce qu'occasionnellement ! » Pour trouver les anges, peut-être fallait-il que Quelle commence par oublier toutes ses idées à leur sujet.

Quelle prit une des feuilles qu'il distribuait pour l'envoyer chez elle en souvenir. Elle ne voulait pas inquiéter ses parents par une lettre décrivant sa crémation. Si elle leur racontait que Jolly avait suivi de loin toute la cérémonie, l'air triste, comme s'il trouvait navrant qu'au Paradis les hommes continuent d'éprouver le besoin de grogner, d'aboyer les uns contre les autres, cela ne ferait que les renforcer dans l'idée qu'elle avait eu tort de partir. Si elle leur expliquait que Myosotis était de retour dans son pot et se remettait des effluves d'alcool dégagés par le professeur, que Jolly s'occupait de lui comme une garde-malade, maintenant à distance quiconque menaçait de lui faire la morale, ils n'auraient pas su si cela cachait de bonnes ou de mauvaises nouvelles. En outre, elle répugnait à avouer qu'elle n'avait découvert aucune science du bonheur bien élaborée, prouvée et garantie, et que la sagesse ne semblait pas croître sur cette montagne de connaissances mieux qu'en aucun autre lieu. Elle déchira donc toutes les lettres qu'elle essaya d'écrire. Comment aurait-elle exprimé l'excitation qu'elle éprouvait ? Comment aurait-elle pu expliquer que, alors qu'elle n'avait encore rencontré que des âmes mécontentes, elle restait persuadée que, quelque part au Paradis, il s'en trouvait qui savaient oublier leur désenchantement, ou faire de ce désenchantement un début et non pas une fin.

CHAPITRE VI

Le tonnerre et la foudre sont signes de la colère de Dieu — c'est ce qu'affirment et croient une foule de spécialistes. Lorsqu'ils arrivent au Paradis, ils se précipitent sur les lieux de l'explosion dans l'espoir d'entrevoir l'Invisible. Mais ils découvrent alors que le bruit vient des cuisines, où, même au Paradis, il arrive que des couvercles sautent et que des poêles s'enflamment. C'est là que se préparent les différents mets et potions dont les âmes deviennent friandes une fois qu'elles ont compris que la perfection ne s'atteint pas automatiquement, que, pour jouir du Paradis, il faut tout un apprentissage. C'est dans l'une de ces bruyantes cuisines que Quelle cherchait maintenant l'énergie qui la soutiendrait dans son vol vers les anges. Comme, d'après l'homme-sandwich, les restaurants les plus intéressants et les plus exotiques du Paradis se trouvaient à l'intérieur des pyramides d'Égypte, Quelle descendit les huit étages qui la séparaient d'elles.

Cependant, comme elle traversait taupinière après taupinière, elle sentit son exaltation la quitter. Elle se demandait pourquoi elle semblait la seule âme à vouloir rencontrer les anges — sa quête allait-elle la conduire dans un piège ? Elle commençait à soupçonner que le Paradis n'avait rien pour lui plaire. Sa nouveauté et ses surprises l'excitaient par trop brièvement ; le plaisir qu'elle en retirait la laissait sur sa faim ;

le Paradis paraissait amplifier les caractéristiques désagréables de la vie terrestre, leur donner plus de corps et plus de mordant, montrer à quel point ils étaient difficiles à changer, à quel point les humains chérissaient leurs faiblesses, leurs vices, leur mesquine fierté. En outre, elle commençait à se persuader qu'on ne lui montrait pas tout ce qu'il y avait à voir — peut-être lui cachait-on les joies les plus subtiles, les plaisirs les plus raffinés ? Elle s'inquiétait que sa visite pût n'avoir d'autre effet que de la rendre insatisfaite, de lui enlever son appétit de vivre. Mais peut-être était-ce justement de cette façon-là que l'on consolait les âmes mortes ? Peut-être était-ce la raison pour laquelle les employés du consulat lui avaient affirmé qu'il était inutile de prendre un billet de retour ? Quelle idiote elle avait été de ne pas avoir deviné que ce qui la retiendrait au Paradis, ce ne serait pas ses charmes, mais le dégoût qu'elle aurait pris de la folie humaine en la voyant si soigneusement embaumée pour l'éternité ! A moins, se disait-elle, que sa déception ne soit le signe de quelque chose d'encore plus grave, de son incompétence en tant que voyageur, du manque de sympathie et de patience qui l'empêchait de découvrir les vrais plaisirs d'un pays étranger. Réussirait-elle à se réformer, elle à qui le xxe siècle avait si bien appris à se montrer toujours critique ? Au Paradis, tout le monde semblait arriver avec un sac plein de péchés, de culpabilité, de regrets, et, surtout, de peurs. Oui, c'est ce qui la troublait le plus profondément. Le Paradis était plein de peurs. Et la peur était peut-être une partie intégrante de l'âme, dont on ne pouvait se défaire ; le sommeil servait peut-être à l'apaiser provisoirement, mais la peur n'en était pas moins là, et le Paradis ne paraissait pas avoir à offrir d'autres remèdes contre elle. Quelle effroyable perspective que d'avoir à combattre la peur éternellement ! Non, il n'était pas possible que le Paradis réserve un tel avenir. Il devait y avoir un secret qu'il lui restait à découvrir.

La vue des Pyramides ne fit qu'ajouter à son trouble. Pour

quelle raison avait-on transporté si loin ces immenses monuments funéraires — ne pouvait-on jamais oublier la mort ? Ce n'est que peu à peu qu'elle se rendit compte que leurs chambres à peine éclairées ne servaient plus de tombes pour les rois et les reines. Maintenant, des âmes de tous pays venaient pour y manger, mues par une autre faim qu'une faim ordinaire. Lorsqu'elles constituaient les plus hauts édifices de l'univers, les Pyramides étaient considérées comme « l'escalier menant au ciel » ; pouvait-on trouver lieu de décollage mieux approprié pour un vol vers les anges ? Entre le IIIe siècle avant notre ère, où l'art de déchiffrer les hiéroglyphes s'était perdu, et 1822, où il fut retrouvé, on vit les Pyramides comme un vaste entrepôt de magie, où toute la connaissance secrète du monde ancien avait été mise à l'abri contre les cataclysmes à venir — une sorte de précurseur sacré des refuges anti-atomiques. Et comme la plupart des humains croient à la magie, ils viennent au Paradis impatients d'apprendre ces secrets, et pleins d'espoir quant à ce qu'ils pourront leur apporter. Toute civilisation est éclairée par son soleil magique, qui la fait vivre et espérer : espérer une fin magique à ses souffrances dans l'au-delà, une occasion magique de devenir riche et célèbre... mais quel genre de soleil éclairait le Paradis ? Ses habitants s'efforçaient depuis longtemps de ne pas s'en inquiéter ; ils ne posaient aucune question ; ils vivaient le présent comme s'il embrassait le passé et l'avenir tout entiers. Mais les immigrants de fraîche date, qui n'employaient pourtant jamais le mot « magique », se montraient manifestement toujours plus exigeants, attendant des miracles qui soient plus prodigieux encore que ceux de la science et de la magie. C'est ainsi qu'ils étaient impatients de se débarrasser de leurs doutes. Ils voulaient pouvoir faire des prévisions exactes concernant l'avenir ; ils pensaient être à même de manipuler le futur avec la même facilité qu'on tire un lapin d'un chapeau ; et ce qui les intéressait le plus à propos de l'avenir, c'était, bien sûr, leur destin personnel, la possibilité de commencer une nouvelle vie, de renaître tout en restant eux-mêmes, de trouver la force d'accomplir ce qu'ils avaient toujours cru hors de leur portée. Ils venaient donc aux restaurants des Pyramides pour le repas qu'ils espéraient être le plus mémorable, le plus décisif, sans trop savoir où cela les conduirait, mais attirés comme des insectes par le bouillonnement inquiétant et les âpres vapeurs s'échappant des marmites, sous lesquelles grondaient des feux tels qu'on se serait cru en enfer.

Ce qui se prépare dans les cuisines du Paradis n'est évidemment pas la nourriture que connaissent les humains. La pensée de la nourriture est une autre obsession qui saisit l'âme, une fois passé le choc de l'arrivée ; manger n'est pas une habitude qu'on souhaite abandonner ; quand il y a si peu de choses à faire, même attendre le repas suivant semble un plaisir qu'il vaut la peine de cultiver. Ceux qui ont produit leur propre nourriture, travaillant jusqu'à l'épuisement, sont aussitôt séduits par l'idée que, désormais, elle leur tombera du ciel. Ils mangent la manne avec entrain. D'après certains, c'est le seul aliment des anges ; et les humains qui ont eu le privilège d'en goûter n'ont, dit-on, « nul besoin de se soulager, car tout ce qu'elle renferme est bon, de sorte qu'elle s'assimile intégralement ; seuls ceux qui pèchent en se plaignant de son goût éliminent comme le fait le commun des mortels ». Pour d'autres, la manne a la saveur de tous les mets concevables ; l'enfant lui trouve le goût du lait, l'affamé, du pain, le malade, de l' « orge macéré dans de l'huile et du miel » ; les femmes peuvent même l'utiliser comme cosmétique. C'est donc une nourriture dont il est impossible de se plaindre, et dont on ne peut manger ni trop ni trop peu, car la quantité recueillie est toujours proportionnée à l'appétit. Et pourtant, elle ne plaît plus à tout le monde. Un homme bon est un homme à l'estomac plein, disaient les sorciers des tribus où régnait la faim ; mais les âmes modernes murmurent toujours plus fréquemment que la manne — une poudre blanche qui peut devenir poisseuse — n'a rien d'exaltant, qu'elle ressemble trop aux mets qu'on trouve dans des sachets de plastique, qu'on ne peut pas faire grand-chose pour en varier l'aspect peu appétissant. C'est en vain que diverses civilisations (par ailleurs illustres) ont tenté d'en inculquer le goût à leurs rejetons. Ici, de nombreuses cuisines en préparent, et il arrive qu'elle soit brûlé ou carrément immangeable. Mais ce n'est pas ce qu'on vient chercher aux Pyramides.

Ce qui plaît aux femmes qui, toute leur vie, ont transpiré devant leurs fourneaux dans la crasse et dans la misère sans jamais vraiment réussir un plat, est un menu bien différent. Ce qu'il leur faut, ce sont des festins de reine. Ainsi, des mets élaborés apparaissent devant elles, sur d'immenses tables de banquet, exactement au moment qui convient, parfaitement cuisinés, en quantité inépuisable et toujours délicieux — rôtis de sangliers énormes, friandises inédites, yeux de moutons et langues de cailles, puddings à damner les palais les plus délicats, vin à profusion. Le sanglier, le mouton et la caille sont, bien sûr, des mets inexistants, mais rien ne peut empêcher les âmes d'imaginer que c'est ce qu'elles mangent, ni de refuser de croire qu'avec le temps la nourriture des rois elle-même perd sa saveur. Ces plats royaux sont parfois d'une telle complication qu'ils explosent avec un bruit de tonnerre effrayant. Pourtant, ce n'est pas pour eux qu'on se rend aux Pyramides.

C'est le troisième menu qui est responsable du pire vacarme de couvercles, accompagné d'occasionnels éclairs. Les restaurants des Pyramides ont pour spécialité ce qu'ils appellent la cuisine personnalisée. A chaque âme, ils proposent un menu qui est censé s'accorder à son caractère et à son humeur, de même qu'un architecte peut construire une maison avec des tourelles, des niches, des fenêtres aux endroits les plus imprévus en fonction des dadas et des manies de son client, ou tracer un jardin dont les haies et les pergolas, les allées et les tonnelles, sont disposées de façon qu'il puisse converser avec la nature dans les différents langages qu'il connaît. Ceux qui attendent plus du Paradis qu'un sommeil sans surprise, qui rêvent d'aventure et souhaitent avoir l'énergie qui leur permettra de continuer à vivre éternellement, ont faim d'une nourriture particulière et complètement nouvelle, même si l'idée que toute âme est unique est déconcertante, même si la création d'un plat original à chaque repas paraît un défi impossible. Quelle se décida pour un menu personnalisé : elle était là pour tenter de résoudre les énigmes du Paradis, mais elle trouvait non moins intéressant de tenter de résoudre l'énigme que représentaient ses capacités personnelles.

Elle passa d'une pyramide à l'autre, en quête de celle qui lui plairait le mieux. Parmi la foule des touristes désœuvrés, de soi-disant guides lui proposèrent de décider pour elle, et lui dirent quels étaient ses besoins et ses goûts, bien qu'ils ne l'eussent jamais vue. Elle pensa d'abord qu'ils appartenaient à ce type de vendeurs inévitables qui, dans les bazars d'Orient, hantent les boutiques des marchands de tapis et prétendent vous faire faire des affaires fabuleuses par faveur personnelle ; mais celui qui s'attacha à elle avec le plus d'obstination n'était rien moins qu'un ancien scribe ayant servi les pharaons. « Soyez scribe, disait-on dans l'ancienne Égypte, vous éviterez toute fatigue et tout travail pénible. Le scribe dirige le travail de tout le peuple. Tout dépend de lui, y compris l'armée. » Cette âme de scribe ne jugeait pas au-dessous de sa dignité de racoler des clients au pied des Pyramides, car son désir était de continuer à influencer le destin d'autres âmes. Ces restaurants avaient un but caché, fixer la destinée d'autrui, tâche la plus délicate, la plus subtile du Paradis. Sur terre, une mère décide souvent dès sa naissance des goûts de son enfant, et la nourriture qu'elle prépare elle-même garde à jamais quelque chose de magique ;

mais au Paradis, le goût peut être reconsidéré, renégocié, et la nourriture peut devenir symbolique des choix nouveaux qui se présentent à l'âme. Une âme capable d'en convaincre une autre de ce qu'elle est et de ce qu'elle désire est en passe de devenir son maître. Le scribe rabattait les clients dans son restaurant parce que, comme tant de ceux qui ont exercé une certaine autorité, il avait du mal à admettre que les âmes puissent dîner où bon leur semblait, et manger à leur gré n'importe quelle nourriture : la mission qu'il s'était fixée consistait à mettre sur pied des mariages de raison entre un dîneur et son repas, à régulariser la procédure en conditionnant l'appétit, à créer des formalités pour réglementer sa satisfaction. Et le pouvoir d'une voix autoritaire dans un lieu étranger est tel que, par sa seule façon d'interroger Quelle, de lui demander pourquoi elle tenait tant à rencontrer les anges, il l'amena à dire, et peut-être à croire, qu'elle voulait en faire trop, que, peut-être, elle avait atteint ses limites, qu'elle avait besoin d'aide ; comment pourrait-elle emmener Jolly alors qu'il était terrifié à la seule idée de voler ? Elle ne voyait pas du tout comment s'y prendre, elle ne savait pas s'il tiendrait sur son dos. Jolly et elle avaient grand besoin de plus d'énergie, de plus de force qu'ils n'en avaient, d'une nouvelle dose de courage.

Le scribe expliqua que personne ne se sentait vraiment au Paradis avant d'avoir trouvé l'endroit où il pouvait à volonté faire le plein d'énergie. Sur terre, il fallait accepter l'énergie comme un don naturel, dont certains étaient mieux pourvus que d'autres ; on pouvait essayer de la développer par différents trucs, régime, entraînement, jeûnes ou thérapies, mais elle restait imprévisible, insaisissable comme un poisson toujours susceptible d'échapper à la prise. Les restaurants des Pyramides avaient pour but de révéler la source de l'énergie, de la volonté, ou du moins d'aider ceux qui la cherchaient. Sous l'effet de la pompeuse assurance du scribe, la force de Quelle se ratatina complètement : elle se sentait incompétente, indigne, épuisée. Il en profita pour l'entraîner dans la pénombre du restaurant établi dans la grande Pyramide, et Jolly les suivit docilement.

Toute une série d'âmes se sont succédé dans les Pyramides, chacune avec une autre brillante idée de la façon dont ces merveilleux monuments pourraient être employés au Paradis. Longtemps, des âmes vinrent couramment s'étendre dans les sarcophages vides, curieuses du sentiment qu'on éprouvait à être un roi que tout le monde prenait sincèrement pour un dieu. Des rois vinrent également, que leurs sujets avaient assassinés ou insultés, et qui aspiraient à être respectés sans arrière-pensées, même s'il leur fallait s'enfermer dans l'obscurité absolue d'un tombeau sans air. Mais l'endroit cessa d'être un lieu de silence et de tristesse le jour où le roi chinois T'ang de Shang vint le visiter. Le fait d'être couché dans un sarcophage suscita chez lui un sentiment de faim, et, grâce à lui, les âmes commencèrent à prendre conscience que manger n'était pas un acte animal, ainsi que le croyaient la plupart, mais pouvait être au Paradis une activité aussi importante que de chanter des hymnes. Jusque-là, l'histoire de l'alimentation s'était résumée à varier les menus, les recettes, à trouver de nouveaux ingrédients et de nouvelles manières de cuisiner, à inventer des lois d'hygiène ou de nutrition, à imaginer des régimes laissant souvent à désirer. Mais depuis lors, et d'une façon imprévue, la nourriture devint presque un instrument de salut pour les âmes mécontentes. La chose prit du temps ; Tang ne fit que montrer la voie en mettant à la mode le fait de manger aux Pyramides. Sur terre, il employait 2 400 personnes dans ses cuisines, dont 62 spécialistes en saumures, et 62 en sauces et marinades. Pour lui, habileté culinaire et intelligence étaient synonymes, si bien qu'il confia à I Yin, dont l'art l'impressionnait tout particulièrement, les fonctions de premier ministre, et que ledit I Yin fut le seul cuisinier terrestre jamais élevé à cette dignité. Le roi T'ang commença à remplir les Pyramides de réserves d'épices et d'aliments rares provenant de son pays, et comme d'autres dîneurs imitèrent son exemple, les Pyramides devinrent un gigantesque magasin, où, comme dans une bibliothèque contenant tout ce qui a jamais été écrit, on pouvait trouver tout ce qui avait jamais été mangé. Les visiteurs ne tardèrent pas à affluer, d'abord seulement pour s'étonner et pousser des exclamations horrifiées ou émerveillées devant l'étrangeté des goûts proposés ; mais peu à peu, cette collection revêtit un emploi plus pratique.

Le deuxième événement marquant de l'histoire de l'alimentation au Paradis fut l'arrivée de l'empereur germanique Rodolphe II (1552-1612). Il avait l'étoffe d'un réformateur, et il était persuadé que la meilleure façon de résoudre les problèmes financiers d'un gouvernement consistait non pas à lever des impôts, mais à fabriquer de l'or à partir de rien, ou plutôt d'un vil métal ou de n'importe quoi, grâce à l'alchimie, science dans laquelle plusieurs parmi les meilleurs esprits de l'époque avaient placé tous leurs espoirs, et que lui-même considérait comme la science de l'avenir. Sous son règne, Prague devint la ville la plus cosmopolite d'Europe, attirant non seulement les meilleurs alchimistes de tous les pays, mais aussi des musiciens et des poètes, capables de créer une atmosphère propice à leurs recherches. Maintenant, il n'avait plus à se soucier ni d'argent ni d'impôts, pas plus que de sujets aussi insaisissables que le mouvement perpétuel, toutes choses étant perpétuelles au Paradis. Dans ces conditions, il s'était donc posé la question de savoir ce qui, au Paradis, avait autant de valeur que l'or sur la terre, était aussi rare et aussi recherché, autrement dit ce que les alchimistes pouvaient trouver à faire dans un endroit où l'abondance régnait en tout. Et il fut le premier surpris de découvrir que ce qui, au Paradis, était le moins facile à obtenir était un bon repas.

La chose peut paraître étonnante puisque les âmes pouvaient manger tout ce qu'elles voulaient ou imaginaient. Mais le problème était qu'elles ignoraient ce qu'elles voulaient. Ou encore qu'elles voulaient beaucoup plus que ce que la nourriture était jamais capable de leur donner — elles attendaient de la nourriture qu'elle soit franchement miraculeuse. Au Paradis, elles présument qu'elles peuvent tout avoir. Et pourtant, ce n'est pas assez. Les nouveaux arrivants se demandent toujours plus souvent si ce qu'ils ont est bon pour eux. Et l'intérêt pour la cuisine personnalisée augmente en parallèle chez tous ceux qui ne sont pas facilement satisfaits, et dont les espoirs vont même plus loin que le besoin de découvrir, à chaque repas, de nouvelles vérités sur eux-mêmes, en vertu du principe « Dis-moi ce que tu manges et je te dirai qui tu es ». Ils veulent qu'un repas les réforme, fasse d'eux des êtres neufs. D'où il résulte que des âmes toujours plus nombreuses veulent des plats impossibles, qu'aucun cuisinier ne peut préparer, quel que soit son talent.

Mais l'impossible est la spécialité des alchimistes, et la cuisine est en réalité très proche de l'alchimie, puisqu'elle s'occupe de transformer une substance en une autre, de rendre doux ce qui est amer. Ainsi, quand Rodolphe visita les Pyramides, il comprit qu'il avait trouvé sa niche et sa mission : gagner une gloire éternelle en faisant de la nourriture du Paradis une nourriture vraiment paradisiaque, à la hauteur de tout ce qu'elle promet sans jamais tout à fait tenir sur la terre, où un repas ne fait qu'apaiser la faim, puis n'est plus qu'un souvenir, et où personne n'est jamais devenu meilleur en mangeant. Le Paradis devait faire mieux. Il fallait que manger devienne un art, qui transforme le caractère, le tempérament, la vision du monde. L'empereur réussit à réunir autour de lui une équipe d'alchimistes encore plus formidable que celle de Prague, les appâtant avec la perspective qu'enfin, grâce à une potion encore à inventer, ils seraient en mesure d'assurer la réalisation de tous les rêves humains, et notamment le plus invraisemblable, la création de l'énergie et de la volonté inépuisables. Il était certain que c'était la clé du bonheur parfait, clé revêtant au Paradis, où presque tout le monde arrivait fatigué, une importance exceptionnelle. En fait, plus une âme avait récemment débarqué, plus elle avait du mal à négocier sa lassitude. On prétend que l'empereur fut très impressionné par l'opinion du docteur George Miller Beard, de New York (1839-1883), qui vit dans la fatigue (et la nervosité qui en découlait) le mal type des Américains, et qui lui expliqua que tout, au Paradis, confirmait son point de vue selon lequel les nations épuisées n'étaient pas les nations décadentes, mais les nations jeunes, chez qui tous ceux qui n'étaient pas assez compétitifs, autrement dit la grande majorité, étaient victimes du stress. La fatigue avait différents noms selon les modes, mais aussi pour montrer qu'elle méritait la sympathie, qu'elle était une affaire de malchance et non un péché ; certains l'emballaient dans des termes obscurs, comme « neurasthénie » ; d'autres en firent le syndrome Da Costa, découvert durant la guerre civile américaine, où des soldats réputés énergiques étaient soudain frappés de maux de tête et de suffocation, et déclarés atteints de dégénérescence cardiaque ; les survivants de la Première Guerre mondiale rentrèrent chez eux avec le syndrome de l'effort ; ceux de la Deuxième Guerre avec la fatigue du combat ; les réfugiés de la prospérité sont réputés souffrir de mononucléose chronique, ou virus d'Epstein-Barr ; les victimes d'accidents d'avion restent incrédules en constatant que les objets inanimés eux-mêmes peuvent être frappés de fatigue métallique. Bien des âmes sont traumatisées par le seul travail, et chez beaucoup, l'idée de devoir se lever évoque des souvenirs effroyables, en sorte que la seule pensée du travail suffit à entretenir leur lassitude. De toute évidence, la fatigue était ce dont les âmes se plaignaient de plus en plus souvent.

Devant la tragédie de la désillusion qui paraissait hanter le

Paradis, les alchimistes avaient tous une autre attitude. L'empereur Rodolphe était fier d'avoir engagé l'une des toutes premières femmes savants, qui, entre autres noms, portaient ceux de Marie la Juive ou de Marie la Prophétesse. Elle avait inventé les instruments de base employés par les alchimistes depuis le IIIe siècle, où l'on croit qu'elle vécut : l'alambic et le bain-marie, qui lui doit son nom, et qu'on trouve dans toutes les cantines où des plats plus très frais sont maintenus au chaud dans une eau frémissante. Maintenant, elle était occupée à expérimenter une nouvelle formule, permettant de redonner vie à toute nourriture plus très fraîche, et, espérait-elle, à toute âme plus très fraîche qui en consommerait. Rodolphe avait également attiré le grand alchimiste arabe Jabir ibn Hayyan (730-804), exploit d'autant plus remarquable que ce dernier n'aurait pas été une personne unique mais un groupe, comme on le prétend volontiers de quiconque a beaucoup écrit, et comme on ne pouvait manquer de le faire à propos d'un auteur dont les livres sont si longs et si difficiles à comprendre que le seul souvenir qu'il ait laissé est le mot *gibberish,* équivalent anglais de baragouin ; maintenant, il consacre ses efforts à la rédaction des menus des Pyramides sous forme de charades, et il a la réputation de les rendre parfaitement incompréhensibles. Telle qu'il la concevait, sa fonction consistait à assurer que tous les progrès du Paradis — si progrès il y avait — conservent une aura de mystère, restent à jamais un sujet d'étonnement, et ne deviennent jamais des faits acquis comme c'est le cas sur terre. Le rôle de maître d'hôtel était tenu par Theophrastus Bombastus von Hohenheim (1493-1541), d'une longue lignée de médecins suisses hétérodoxes mais séduisants, chicanier mais charmant, qui soutenait avec obstination que toute maladie devait avoir un traitement, y compris ce qu'on appelait alors le « mal français » et qu'il considérait comme « la pire maladie du monde », la syphilis, et dont l'avenir a montré qu'il avait plus ou moins raison ; si donc quelqu'un pouvait guérir l'angoisse régnant au Paradis, ce devait être lui, qui avait si ingénieusement marié la médecine et l'alchimie. Derrière lui, des hordes d'autres alchimistes — dont certains étaient des femmes — œuvraient dans les coins sombres à préparer les feux dont on pouvait avoir besoin. L'excitation embrasait la grande Pyramide, et les vieilles inscriptions couvrant les murs brillaient comme des constellations pour inspirer ceux qui entraient. A son arrivée, chaque dîneur recevait, en guise d'apéritif, un exemplaire de *l'Alchimie du bonheur* (vers 1100) d'Al Ghazzali, avec cette pensée soulignée : « Les Arabes ont leurs coutumes et les Persans les leurs, Dieu sait où est le bien. »

Grâce à l'empereur Rodolphe, les Pyramides devinrent un rendez-vous célèbre pour les menus étranges qu'il proposait, et dont on pouvait espérer la surprise même au Paradis. Bientôt, la rumeur courut qu'on allait entrer dans une époque de festins et de banquets comme on n'en avait encore jamais vu. Mais Quelle n'en fut pas témoin.

Une fois qu'on ne s'inquiète plus de la mort, on n'a plus jamais besoin de se hâter, et l'habitude qu'avait Quelle d'engloutir sa nourriture aussi vite que possible était désormais tout à fait déplacée. Il lui fallut attendre un bon moment avant qu'un garçon ne vienne la servir. Et ensuite, elle resta encore plus longtemps à s'ébahir devant le menu qu'il lui apporta :

Crème de potage Pandit et mouvement d'horlogerie en croûtons
Patine d'acajou brésilien rôti sauce laiton
Rochers du Niagara sautés
Petits pois voyou

Sandale sur canapé
Sorbet corde et chandelle

Le menu était censé être composé tout exprès pour elle, mais elle se plaignit que les plats étaient immangeables, incuisables et inconcevables. Theophrastus Bombastus rétorqua que le Paradis existait pour réaliser l'inconcevable et l'impossible. Les alchimistes y passaient tout leur temps. Il lui faudrait peut-être attendre un peu, ou peut-être toujours, pour qu'ils mettent au point les recettes selon lesquelles ces plats devaient être préparés ; mais l'anticipation était un de ces plaisirs que le Paradis devait veiller à préserver. Si chaque âme pouvait avoir immédiatement ce qu'elle voulait, l'avenir n'aurait plus aucun intérêt. Certes, les alchimistes n'étaient pas parvenus à fabriquer de l'or, mais depuis des millénaires les gens continuaient d'avoir confiance en eux, car tout le monde a besoin de rêves impossibles. Si ce restaurant pouvait aider Quelle à rêver aux myriades de formes que la nourriture pouvait revêtir, et aux formes nouvelles de bonheur qu'elle pouvait apporter, ce ne serait déjà pas mal.

Mouvement d'horlogerie en croûtons, sauce laiton... Quelle n'aimait pas être considérée comme quelqu'un désirant l'impossible. Elle n'était pas de ces gens qui se contentent de rêver ou de parler de visiter des endroits exotiques : si elle était au Paradis, n'était-ce pas grâce à sa détermination ? Et maintenant, elle allait rencontrer les anges, aussi difficile que cela puisse être.

Les immigrants commettent souvent la triste erreur, expliqua le docteur, de prendre trop à la lettre ce qu'ils voient au Paradis. Si seulement ils laissaient leur imagination travailler librement, si seulement ils comprenaient que l'évidence cache presque toujours une poésie secrète, le Paradis leur offrirait d'autres surprises. La surprise est quelque chose à quoi il faut se préparer. Les gens qui savent être surpris sont beaucoup plus rares qu'on ne le pense.

Tout cela signifiait-il qu'on ne lui donnerait rien à manger ?

Au ciel comme sur la terre, dit le docteur, les choses qui ont de l'importance sont invisibles. En outre, elles sont impossibles à décrire. L'imagination est la vertu souveraine. C'est grâce à l'imagination, et à rien d'autre, que Dieu lui-même a créé le monde. Un menu devrait être lu comme un encouragement à l'imagination de chaque dîneur, un stimulus lui permettant de comprendre qu'il y a plus de plaisir à chercher qu'à trouver, une invitation à savourer les processus d'initiation et de rêverie, une occasion d'approfondir la signification de symboles qui paraissent dépourvus de sens. Les alchimistes sont des marchands de rêves ; ils ne veulent surtout pas réveiller leurs clients. Et toutes les âmes, ayant passé leur vie à transformer la nourriture en chair, sont des alchimistes qui s'ignorent ; même si elles n'en ont pas toujours conscience, elles viennent au Paradis parce qu'elles veulent être des alchimistes dans le plein sens du terme, dans tout ce qu'elles font : transformer tout ce qu'elles touchent, transmuer la réalité tout entière, si du moins elles en avaient le courage. Il était essentiel qu'elles commencent par la nourriture, la plus révélatrice et la plus influente des habitudes. Mais le grand danger pour elles était de transformer trop de leurs rêves en réalités. Certains devaient rester toujours impossibles. Lorsqu'on dresse un menu — domaine dans lequel Jabir était très doué —, tout l'art consiste à y faire figurer un plat au moins défiant tous les efforts visant à le réaliser. Quelle aurait-elle pu dire lequel, parmi les plats de son menu, était le moins réalisable ? Les Pyramides réunissaient les alchimistes les plus célèbres du monde, et quand les marmites où ils essayaient de nouvelles recettes explosaient, loin d'y voir un échec, ils étaient ravis et allaient saluer dans les salles à manger. Pour jouir de ce restaurant, conclut le docteur, les âmes doivent se rappeler qu'au Paradis, elles ne doivent plus considérer comme un fardeau le monde privé que chacune transporte avec elle — ses souvenirs, ses rêves, son sentiment d'inaptitude, les effets secondaires de ses diverses maladies.

Quelle commençait à comprendre pourquoi rien ne semblait jamais se passer au Paradis, et pourquoi les alchimistes y jouissaient de tant de succès et d'estime. Les habitants avaient pour la plupart passé leur existence terrestre à se préparer à une autre vie, ou à se sacrifier en sorte que leurs enfants n'aient pas à connaître leurs souffrances ; une fois au Paradis, ils avaient si bien l'habitude d'attendre, d'espérer, de remettre à plus tard, qu'ils ne pouvaient imaginer de faire autrement qu'ils avaient toujours fait, qu'ils ne se rendaient même plus compte qu'ils attendaient ; pour eux, attendre et exister étaient une seule et même chose. Et ils emmenaient avec eux leurs croyances ancestrales touchant la volonté : pour peu qu'on ait à faire des choses intéressantes, on ne manque jamais d'énergie ; si l'on est absorbé par une passion, on oublie tout le reste ; l'énergie se nourrit d'espoir — et ils en concluaient que le Paradis invente constamment de nouveaux intérêts pour ceux qui ont coutume de dire qu'ils n'ont pas d'énergie parce qu'ils n'ont pas d'intérêts. Et ceux qui pensaient que, comme l'argent, l'énergie doit être amassée avant de pouvoir se dépenser, ne faisaient qu'attendre d'en avoir assez ; ceux qui disaient que c'est le premier pas qui compte admettaient qu'il leur faudrait attendre d'avoir compris comment le monde a été créé pour voir enfin toutes espèces de vertus apparaître en eux, jaillissant du néant, comme des fleurs pourraient naître sans avoir été des boutons. Les humains ont une grande pratique de l'attente. Les alchimistes en sont les spécialistes ; ils n'ont jamais fabriqué d'or, et leurs repas ne sont jamais tout à fait prêts, mais ils n'en espèrent pas moins le succès, qui, pour eux, n'est qu'une question d'attente. L'empereur Rodolphe se rendait compte que son restaurant était particulièrement apprécié quand, plutôt que de servir de vrais repas, il se contentait d'annoncer des menus toujours plus succulents et plus bizarres. La seule chose que ne voulaient pas ses clients, c'était être déçus. Or les alchimistes savaient comment transformer la désillusion en espoir, comment maintenir en permanence l'eau à la bouche, comment rendre les préparatifs d'un bal si passionnants que danser devenait superflu. Ainsi, les hommes pour qui la vie s'était réduite à voir tomber les jours comme des têtes sous la hache d'un bourreau étaient fascinés par les alchimistes, qui savaient remettre le temps à sa place et refusaient d'en être les victimes.

Mais Quelle était trop impatiente pour entrer dans ce jeu. Elle répétait sans se lasser qu'elle jugeait insatisfaisant le repas qu'on lui proposait. Elle était venue là en quête d'un remontant, d'un surcroît d'énergie ; elle était fermement décidée à poursuivre sa recherche des anges. Tout le monde parut surpris par son obstination, mais pour finir on lui dit qu'elle devait s'adresser à Marie. C'était Marie qui s'occupait des plaintes.

D'ordinaire, on apaise les dîneurs qui ne sont pas satisfaits de leur menu par des rêves de délices encore plus succulentes. Mais c'est à Marie qu'on envoie les récalcitrants, ceux qui, comme des bébés inconsolables, refusent absolument de se laisser calmer. Marie est le dernier recours. Elle seule est assez courageuse pour révéler les faits du Paradis sans aucun déguisement, pour ramener à la raison les âmes les plus pénibles. Ses protestations valurent à Quelle d'apprendre les pires nouvelles touchant le Paradis.

Jadis, les magiciens employaient fréquemment des pseudonymes, par mesure de sécurité, et les érudits publiaient volontiers sous le nom d'un dieu ou d'une célébrité. Pour sa part, Marie l'Alchimiste cultivait la confusion entre elle et la sœur de Moïse, pour donner l'impression que ses recherches tenaient de l'inspiration prophétique, et peut-être aussi pour laisser entendre que ses livres étaient l'œuvre d'une femme qui ne se considérait pas seulement comme un porte-parole des hommes. Car la sœur de Moïse avait été une personne vraiment formidable, dont on prétend qu'elle vécut jusqu'à cent trente-deux ans : incarnation du courage et de la franchise, elle s'était fait connaître pour avoir sans détour rabroué le puissant pharaon, et dirigé une rébellion contre Moïse, sous prétexte que Dieu ne s'était pas adressé à lui uniquement, mais également à elle. On se souvient de Moïse comme prophète, mais on oublie qu'il avait étudié la médecine à Héliopolis avec son épouse Zipporah, et vraisemblablement aussi avec sa sœur. C'était une famille d'intellectuels, où les femmes aussi travaillaient, les femmes médecins étant fréquentes dans l'Égypte ancienne. Ainsi, quand Marie l'Alchimiste prétendait parler par la bouche de la sœur de Moïse, elle exprimait ses propres prétentions et sa propre révolte. De plus, elle était membre d'une secte égyptienne qui tenait pour une vérité divine l'égalité entre l'homme et la femme ; elle avait étudié au temple de Memphis sous l'égide du dieu Ptah, que sa tête rasée signalait comme le dieu le plus intellectuel, et qui prétendait avoir créé le monde par la seule puissance littéraire, le seul pouvoir des mots. Selon Marie, auteur de la première théorie alchimique du monde occidental, les métaux étaient mâles et femelles, et l'art de fabriquer de l'or consistait à trouver et à apparier deux métaux constituant un couple. « Unissez le mâle et la femelle, et vous trouverez ce que vous cherchez. » Mais l'union parfaite lui avait toujours échappé.

Seule une âme de sa trempe pouvait supporter de connaître les limites du Paradis. Elle décida de se risquer à en informer Quelle. Dans un murmure aussi doux que possible, elle lui expliqua que, bien qu'elle eût horreur de le dire, son idée d'aller chez les anges rencontrerait peut-être un obstacle infranchissable. C'était triste de devoir l'avouer, mais bien que tout fût possible au Paradis, certaines choses étaient presque irréalisables, même pour les alchimistes. Quelle n'était pas la première personne à vouloir s'envoler chez les anges. Dans le passé, on avait déjà vu des dîneurs qui souhaitaient voler, et qui demandaient un repas qui les rende plus légers. Se sentir le cœur plus léger était une noble ambition, mais plus difficile à réaliser qu'ils ne le croyaient. Tout ce dont ils avaient besoin, croyaient-ils, c'était une nourriture qui les fasse rire. N'était-ce pas là aussi ce que voulait Quelle ? Quelle était stupéfaite que Marie fût assez perspicace pour mettre ainsi le doigt sur quelque chose qui la préoccupait vraiment. Bien que, chez Henry Ford, elle eût vu rire les dieux, elle n'avait encore rencontré que très peu d'âmes humaines riant au Paradis, surtout par pur bonheur, d'un rire franc et irrépressible, mais même pour se moquer les unes des autres. Il n'y avait rien de comique dans les rugissements de Mausole. Elle-même n'avait jamais ri que sous cape. Jolly n'agitait plus la queue comme à son habitude. C'était comme si les âmes craignaient de rire au Paradis ; encore une nouvelle crainte, toujours la crainte...

Il était caractéristique de Quelle qu'elle ne voulût pas croire ce qu'on lui disait, qu'au Paradis, le rire était rare, rationné, voire dangereux. Marie fut contrainte de lui exposer toute la vérité. Le dernier explorateur du Paradis à y avoir trouvé quelque chose d'amusant, lui révéla-t-elle, était le héros celte Bran, fils de Fulda, qui prétend l'avoir visité au VIIe siècle, et qui, étant irlandais, le décrit comme un ensemble d'îles ayant chacune ses attractions. Il vit ainsi ce qu'il appelle l'île de la Joie, d'où s'échappaient des éclats de rire continuels ; mais il ne fit que l'apercevoir de loin, et, jugeant le rire indigne de son intérêt, il ne prit pas la peine de s'entretenir avec ses habitants. De là, il cingla vers l'île des Femmes, qu'il ne jugeait pas très intéressantes non plus, et où, si elles ne l'avaient pas pris au lasso dans son embarcation, il n'aurait pas passé toute une année, qui, apparemment, lui procura bien des plaisirs. Cet incident confirme que, au Paradis, l'humour a de tout temps été considéré comme une forme d'aberration, ceux qui avaient envie de rire étant contraints de se réfugier dans une île, comme des fumeurs dans un fumoir. Saint Jean Chrisostome, qui mena une enquête sur le sort de telles âmes, en conclut que le rire est l'œuvre du diable, et qu'un bon chrétien doit toujours demeurer sérieux.

Le décret de l'Église catholique romaine, fruit du concile de 1418, qui veut que « soit anathème tout prêtre qui dit des paroles facétieuses susceptibles de provoquer le rire », paraît avoir été scrupuleusement suivi au Paradis. La grande majorité des âmes estiment inconvenant d'y rire, comme dans une église. On n'a jamais vu d'affaires importantes conclues en riant où que ce soit sur terre, même dans les tribus les plus excentriques ; la guerre, les examens, les visites aux postes de police et les consultations chez les médecins exigent tous un visage parfaitement sérieux : pourrait-il en être autrement au Paradis ? Quand les immigrants arrivent à ses portes et entendent le rire d'Ismaïl, ils refusent souvent d'en croire leurs oreilles. Loin de répondre à son accueil jovial, Mark Twain lui-même lui donna l'assurance qu'il ne troublerait pas la solennité de l'endroit, et ne serait pas tenté de le faire : « Il n'y a pas d'humour au ciel », affirmait-il avec une conviction profonde avant même qu'on l'y eût admis. « Tout ce qui est humain est pathétique. La source secrète de l'humour même n'est pas la joie mais la tristesse. » Et comme, selon lui, la tristesse ne pouvait exister au Paradis, l'humour ne le pouvait pas davantage. Pour la plupart, les habitants du Paradis étaient parfaitement d'accord avec lui. Avaient-ils à ce point peur de la tristesse qu'ils étaient prêts à lui sacrifier le rire ?

Mais Quelle continuait à protester que le Paradis sans rire était impossible ; on essayait de lui faire peur ; elle était sûre qu'en cherchant bien, on pourrait en trouver quelque part. Sa détermination, son obstination étaient telles que Marie fit venir l'empereur Rodolphe, dernier recours pour les clients particulièrement difficiles.

Et c'est ainsi que le restaurant des Pyramides en vint à organiser une soirée de gala pour le seul bénéfice de Quelle. L'empereur accepta d'inviter tous les anciens comiques qu'il connaissait, tous les farceurs, moqueurs, railleurs, blagueurs, humoristes et plaisantins qu'il put trouver à venir donner un spectacle qui montre ce qu'était devenu le rire au Paradis. Ils arrivèrent les uns après les autres, mais sans chapeaux cocasses, sans sifflets et sans fausses moustaches. Ils arrivèrent dans des camions de déménagement chargés de lutrins et de caisses à savon, et, après avoir laborieusement construit des estrades de fortune, ils entreprirent d'édifier Quelle et les dîneurs par des discours moralisants.

Nul amuseur professionnel n'avait tenté de faire entrer subrepticement le rire au Paradis, car rire était la dernière chose que souhaitât un amuseur professionnel.

Mon temps de vie est clos.
Donne-moi enfin la paix et le repos.

Tel est le refrain que chanta Jippensha Ikku (1765-1831), premier romancier japonais à avoir pu vivre de la vente de ses livres, résumant en ces termes la pensée de tous ceux qui se trouvaient réunis au restaurant des Pyramides. L'auteur des aventures désopilantes de Yaji et Kita monta sur une estrade qui était une copie du monument dressé à sa mémoire dans l'enceinte du temple de Chomei, à Mukojima, monument où se trouve gravée cette pensée : « Quelque nouvelles et intéressantes que les choses [en général et les plaisanteries en particulier] puissent d'abord paraître, elles perdent leur intérêt lorsqu'elles deviennent communes, mais on ne se fatigue jamais d'un clair de lune et d'un dîner, d'un livre et d'un verre de saké. » Victime de deux divorces et de deux incendies qui détruisirent son foyer, alcoolique impénitent,

Ikku avait vécu une vie pleine de désastres, où, contrairement à ses héros, il n'avait rien trouvé de drôle, et il n'avait aucune envie de se sacrifier à jamais pour faire rire ses lecteurs.

L'acteur qu'employait Shakespeare pour jouer le Fou du *Roi Lear* et le fossoyeur de *Hamlet* arriva non avec une caisse à savon mais avec un plateau de bijouterie, invitant en silence les dîneurs à choisir ce qui leur plaisait. Robert Arnim était un être volubile; auteur de *Railleries,* un recueil de bons mots, il avait en outre publié un livre intitulé *Bouffonneries sur les bouffons ou un nid de niais,* racontant la vie des acteurs de son temps; mais il préférait ne pas s'en souvenir. On eut bien du mal à le faire parler, et tout ce qu'il consentit à faire en réponse aux questions qui lui furent posées fut de chanter :

Bien des hommes discourent sur l'esprit des autres
Et montrent ainsi qu'ils n'en ont pas autant.

Malgré toute la gloire qu'il avait connue dans la compagnie de Shakespeare, au Paradis, il avait choisi d'être orfèvre, comme il l'avait été au début de sa vie et comme il se définit à la fin, dans son testament. « Y a-t-il donc un avantage à être humoriste ? » A cette question qu'on lui avait jadis posée, il avait répondu : « Oui, car un air de simplicité peut gagner l'amour, alors qu'avec tout ce qu'ils savent faire, les sages l'obtiennent rarement. » Mais comme clown, il n'avait pas obtenu suffisamment d'amour, et c'était en vain qu'il avait réclamé davantage de respect pour les clowns. Il avait perdu sa foi dans le rire.

Un des comiques entra dans le restaurant puis en ressortit à plusieurs reprises, comme si, au dernier moment, il se donnait tort d'accepter l'invitation. Il s'agissait de Jaroslav Hašek, qui avait créé le brave soldat Chveik, imbécile toujours satisfait, pour montrer qu' « être idiot est la seule façon d'être libre dans le monde ». Il ne pouvait se décider quant au genre d'idiotie qui lui convenait, et ne savait toujours pas s'il avait été plus idiot en tant que journaliste alcoolique auteur d'un chef-d'œuvre qu'il ne pouvait achever (journaliste que tout le monde plaignait, mais à qui aussi tout le monde en voulait d'être instable et irresponsable), ou en tant que secrétaire efficace et peu amène d'une cellule du parti communiste (rôle particulièrement sérieux dans lequel il avait inspiré une crainte générale). Il ne savait toujours pas laquelle de ses deux femmes bigames il avait été le plus idiot d'épouser. Être un idiot n'était pas chose facile, surtout pour quelqu'un qui, comme lui, se considérait comme « une des énigmes de la vie... qui n'a jamais trouvé personne pour la comprendre. » On ne pouvait vraiment comprendre ce qu'il se murmurait entre les dents ; il semblait mécontent du Paradis parce qu'il ne voulait pas choisir entre toutes les formes d'idiotie possibles ; s'il y avait un endroit où décider n'était pas une obligation, ce devait être le Paradis.

L'ecclésiastique qui se trouvait à côté de lui n'était pas l'aumônier militaire dont Chveik avait été l'ordonnance si compréhensif, mais le grand Gogol habillé en prêtre, ainsi qu'il aimait à se déguiser. Gogol était devenu humoriste parce que ses camarades d'école riaient de son long nez, et qu'il avait pris l'habitude de se défendre en retournant contre eux l'arme du ridicule. Alors qu'il croyait les victimes de ses moqueries définitivement hors de combat, il était tout surpris de retrouver au Paradis les fonctionnaires qui, à Saint-Pétersbourg, l'avaient fait pleurer de rire ou d'ennui en parlant boutique, et qui continuaient d'échanger des ragots comme s'ils n'avaient pas quitté leurs bureaux ; tous ceux dont il s'était moqué et qu'il avait vus « écrasés par la pesanteur, noyés par les besognes insignifiantes auxquelles ils consacrent leur vaine existence », paraissaient ravis de continuer comme devant, et de faire du Paradis aussi le « tombeau du rêve ». Gogol était toujours aussi surpris par ce qu'il considérait comme la grande énigme de la vie, c'est-à-dire que chaque génération puisse rire des erreurs de celles qui l'avaient précédée, et s'engouffrer ensuite dans les mêmes abysses. Son but n'avait pas été d'amuser ses lecteurs, mais de les aider à devenir meilleurs et plus sages ; désespérant d'y réussir, il avait pris le lit, et, refusant toute nourriture, il s'en était allé au Paradis. Mais là encore, la solution de son énigme, à savoir comment rendre les imbéciles intelligents, continuait de lui échapper.

Même le fantôme de Monty Python, que l'on n'avait pas invité, fit son entrée au restaurant en poussant des lamentations, disant qu'il avait été assez fou pour se mettre en rage, alors qu'il n'était qu'un enfant, parce que tous ses amis d'école étaient parfaits et lui pas, parce que quelque chose s'était alors emparé de lui et l'avait amené, vingt ans durant, à tenter d'obtenir la considération en faisant rire le public, parce que ces vingt ans étaient autant de vie perdue vu que ses pitreries ne lui avaient jamais donné aucune satisfaction, le laissant à chaque fois frustré et comme obligé de recommencer. Les comiques pensaient tous que la guerre qu'ils avaient menée contre le sérieux était un échec, et qu'il fallait que le Paradis ait à offrir d'autres moyens d'évasion.

Au Paradis, le rire est rare parce que, sur terre, il a été trop étroitement lié à la tristesse, et que les âmes sont incapables d'imaginer comment elles pourraient rire sans quelque accompagnement de douleur, de drame, de cruauté ou d'imbécillité.

Toutefois, si les humoristes ne demandent qu'à cesser de rire, de nombreuses âmes sont à l'affût d'une nouvelle forme de rire pour égayer leur existence sans fin, dont tout le monde s'accorde à dire qu'elle est fréquemment ennuyeuse, solitaire ou désespérée. Les âmes estiment qu'au Paradis chacun a le droit de vivre comme un roi, et que tout roi doit avoir son bouffon. Cependant, aucun ancien bouffon n'est d'accord pour continuer son métier, tous l'ayant exercé parce qu'ils souffraient d'un problème grave. Il en va ainsi depuis l'époque du premier fou, Khnoumhoptu, surintendant appartenant à la famille de Pharaon et promu fou du fait de son nanisme autant qu'à cause de son esprit, et la tradition était toujours la même au temps de Pierre le Grand, qui avait quatre-vingt-dix-neuf fous à son service et élevait des nains, aussi difformes que possible, pour en faire ses bouffons, espérant que, tandis qu'il riait, ses sujets remercieraient Dieu de ne pas être nains et seraient assez sages pour se contenter de leur sort.

Un ou deux fous avaient néanmoins essayé de perpétuer leur succès d'amuseurs, mais ils s'étaient vite rendu compte que la chose était impossible. Quoique tout soit éternel au Paradis, et que les légumes y restent à jamais frais, les plaisanteries moisissent et se dessèchent : elles sont la seule chose susceptible de mourir. Frère Mariano Felti, bouffon du pape Jules II si célèbre que Raphaël fit son portrait, fut assez fou pour penser que ses pitreries allaient faire exception, tant on le trouvait irrésistible lorsqu'il chassait, attrapait et tuait une volaille à la table pontificale, lorsqu'il se barbouillait de sauce ou organisait une bataille à coups de pots de terre, menant un tel tapage que le Saint Père ne pouvait s'empêcher de sourire malgré sa gravité ; mais, mise à part la difficulté qu'il y avait à trouver des poulets disposés à se faire tordre le cou pour le plaisir, lui-même finit par déclarer, avec l'amertume d'un vieillard, qu'on ne s'amusait plus comme autrefois.

Pour sa part, Quelle imaginait que le Paradis devait avoir au moins un music-hall, ou quelque auteur spécialisé dans les railleries inoffensives, pour que les âmes aient l'occasion de rire de leurs voisines et de donner du même coup l'impression qu'elles pouvaient rire d'elles-mêmes ; le Paradis se devait de dispenser cette espèce de divertissement, ne fût-ce que parce que ses vertus apaisantes et exorcisantes permettaient un sommeil plus profond. Mais non, même cette forme d'humour était considérée comme diabolique, tout comme l'humour des parasites, que les anciens pratiquaient au détriment de leurs hôtes, pour détourner des riches le mauvais œil. Buhlul al Madjnun, le clown fou de Bagdad, qui parvenait parfois à faire pleurer le calife Haroun al Rachid, était le plus habile de ce type d'humoristes agressifs, mais lui aussi se trouvait sans emploi au Paradis, et si découragé qu'il refusa l'occasion offerte par l'empereur Rodolphe de réapparaître en public. L'humour qui ne provoque qu'un sourire de quelques secondes, un rire de quelques minutes, un sentiment de bien-être de quelques heures, est tenu pour impuissant contre le grand bâillement de l'éternité, comme une étincelle contre l'obscurité de la nuit. Même l'humour aux dépens des boucs émissaires est absent ; de quelque espèce qu'ils soient, les boucs ont le droit d'être au Paradis aussi bien que n'importe qui. Les âmes ont renoncé à répéter à l'infini leurs histoires favorites, comprenant que, dans la grande guerre contre la tristesse cosmique, elles avaient l'efficacité de sarbacanes. Au Paradis, il est bien plus facile de se laisser intimider par le souvenir des sages qui prétendent que le rire est idiot, ou qu'il s'agit d'un moyen infantile d'échapper à son devoir d'homme. Le rire de Dieu n'a encore été entendu par personne, et aussi longtemps qu'il en sera ainsi, les âmes continueront à croire qu'il vaut mieux ne pas rire. Personne n'ose dire que le rire est peut-être créateur, parce que personne n'ose croire que Dieu a le sens de l'humour.

Si l'on organise des spectacles de cabaret en enfer, songea Quelle, on peut difficilement concevoir qu'ils soient plus douloureux que celui auquel je viens d'assister. Elle ne s'était pas attendue à voir au Paradis les âmes de ceux qu'elle affectionnait particulièrement parader comme des prisonniers auxquels on a retiré tout espoir. Ces histoires au sujet du rire étaient trop absurdes. Était-elle, étaient-ils tous, victimes d'une plaisanterie ? Mais quand elle voulut rire, le son qui sortit de sa bouche était creux et mal assuré. S'agissait-il d'une version aberrante de ce jeu d'enfants où il faut garder son sérieux alors que tout le monde cherche à vous faire rire ? S'agissait-il vraiment d'un jeu, malgré toute la peur qu'elle sentait autour d'elle ?

Ce fut le moment le plus dramatique de sa visite au Paradis. Et ce n'est qu'à partir de là qu'elle commença à jouir de l'endroit. Elle eut soudain l'impression de comprendre. Elle était au pays de l'imagination. Au Paradis, l'imagination fonctionne sans entraves. Elle est plus libre que lorsqu'on est enfant, qu'on peut parler à des amis imaginaires et s'inventer un monde à soi, jusqu'à ce qu'on vous dise d'arrêter et de vous mettre à grandir. Les adultes ordinaires ne savent pas ce que c'est que d'avoir l'imagination libre. Les règles, les restrictions, font partie intégrante de la vie terrestre ; une fois au Paradis, les âmes croient qu'il leur faut en découvrir les règlements. Mais pourquoi croirait-elle ces pseudo-guides qui prétendaient savoir à quoi ressemblait le Paradis, alors qu'ils ne faisaient qu'y perpétuer leurs attentes ? Sans doute elle-même rencontrait-elle la peur dans tous les coins du Paradis parce qu'elle était habituée à la voir partout sur la terre. Le Paradis semblait sans doute un réseau de problèmes parce qu'on apprenait aux gens d'aujourd'hui que le monde était ainsi fait : si l'on n'est pas capable de reconnaître un problème dans toute situation, on passe pour un simple d'esprit, de même qu'au Moyen Age on considérait comme aveugle quiconque était incapable de voir des démons embusqués dans l'obscurité ou des lutins cachés derrière les pierres. Mais au Paradis, l'oppression ni la pauvreté n'existaient. L'imagination n'avait d'autre souci qu'elle-même.

Le pitoyable spectacle des humoristes avait touché Quelle plus qu'aucune des autres rencontres qu'elle avait faites.

Jamais elle n'aurait cru que le rire comptait tant pour elle. Elle commençait à se dire qu'il était davantage qu'une détente, qu'aucune ambition, même grandiose, ne l'emportait sur lui. Car sans lui, le monde s'arrêterait. Si rien ne prête à rire, il n'y aura plus aucun changement. Peut-être est-ce pour cette raison-là qu'on ne riait pas au Paradis, par crainte que sa paix ne s'en trouve ébranlée et que le ciel ne s'effondre. Un sourire est un feu vert qui indique que l'imagination mijote ses visions. Souvent, le progrès débute par une vision, et souvent une vision apparaît d'abord comme une plaisanterie. Une grande partie de l'art de vivre consiste à empêcher l'imagination de dégénérer en hallucination. Les psychiatres protestent : les gens heureux n'ont pas besoin de visions. Mais combien de gens heureux connaissent-ils suffisamment pour pouvoir l'affirmer ? Sans rire, la perle de grand prix qui se trouve en chaque âme ne serait jamais révélée, et le potentiel du Paradis ne pourrait se concrétiser. Les visions partagées sont les liens les plus forts qui unissent les humains. Le signe le plus certain de la vieillesse est le remplacement de la vision par le souvenir. Quelle refusait d'admettre que le rire n'était là que pour effacer l'inquiétude.

Le moment décisif fut celui où elle décida qu'elle n'écouterait plus les vieilles âmes lui expliquer comment était le Paradis, ni ce qu'elle pouvait ou ne pouvait y faire. Son Paradis, elle allait se le construire elle-même. Elle ne se laisserait plus intimider par les « faits » que chacun colportait, ni ensevelir sous une montagne d'opinions de seconde main. Il valait beaucoup mieux créer ses propres expériences et pouvoir dire : « Voilà ce qu'il m'a été possible de faire au Paradis. Voilà ce que l'endroit peut être. » Pour exister vraiment au Paradis, il faut constamment le réinventer. Autant dormir, si l'on se contente d'observer et de suivre l'exemple des autres, si les obstacles sont la seule chose qu'on imagine, si l'on demande aux autres de résoudre nos doutes. Pour apprendre ce que signifiait le bonheur, il fallait qu'elle le trouve elle-même, qu'elle le goûte avec sa langue à elle, sous toutes ses formes, plutôt que de demander à des âmes endormies leur opinion sur le sujet, comme si elles allaient lui confier ce qu'elles pensaient vraiment, à supposer qu'elles sachent ce qu'elles pensaient, qu'elles soient capables de se souvenir, qu'elles aient essayé tous les choix qui leur étaient offerts. Elle allait devoir peindre son propre tableau du Paradis, et il ne ressemblerait à celui d'aucun autre ; il fallait qu'il en soit ainsi : elle n'allait pas rentrer chez elle en n'ayant vu du Paradis que des photos truquées. En tout cas, elle sentait qu'elle avait trouvé quelque chose à faire qui soit bien réel. Sur terre, l'air sert à respirer et la mer à nager. Le Paradis, lui, sert à imaginer. On pouvait y faire preuve d'imagination partout et en toute occasion, même en chantant des hymnes. La prière même était un acte d'imagination, et non (contrairement à ce que tant d'âmes persistaient à croire) un rite de supplication, de flatterie, de promesse et d'excuse.

Pour que le Paradis ne déçoive pas leur attente, il fallait que les résidents eux-mêmes s'occupent de le refaçonner. Il ne fallait pas qu'ils soient trop polis, trop timides pour imaginer qu'il présentait des failles. Remédier à son absence de rire serait aussi difficile que de donner le sens de l'humour à quelqu'un qui en est dépourvu. Mais Quelle était certaine que Dieu ne voulait pas que Ses créatures deviennent plus graves, se prennent plus au sérieux de siècle en siècle ; Son but ultime ne pouvait pas être l'élimination radicale de tout sens de l'humour. Les humains avaient simplement échoué à trouver le vrai Paradis, le Paradis tel qu'il pouvait être.

Quelle demanda à Marie s'il lui était venu à l'esprit que le rire pouvait être le maillon qui manquait dans sa quête d'alchimiste — n'était-il pas concevable qu'une immersion complète dans l'auto-dérision fût ce dont elle avait besoin pour que pût réussir enfin l'union entre principes mâle et femelle ? Était-elle sûre que Dieu voulait que les deux sexes accordent un tel poids à leurs différences ? Les absurdités que ces différences engendraient ne pouvaient-elles cacher une plaisanterie divine ? Si ses recherches n'avaient conduit Marie nulle part, c'était peut-être parce qu'elles avaient été menées dans un esprit qui ne convenait pas, avec trop de sérieux. Mais Marie répliqua qu'elle ne voyait pas comment une quelconque recherche pouvait s'accompagner d'un autre esprit.

Quelle en fut donc réduite à se prouver elle-même que la chose était possible. Elle laissa Jolly explorer la cuisine. Si elle ne pouvait obtenir un repas qui la fasse voler, peut-être son chien y parviendrait-il. Et de fait, Jolly trouva que la cuisine était l'endroit le plus passionnant qu'il eût jamais connu. Les nourritures étranges qui s'y accumulaient depuis des siècles le fascinaient : il ouvrit les barriques et les pots, mit son nez dans les boîtes, les bols, les paquets, d'où sortaient des arômes qui, pour lui, étaient de vraies révélations. Il était tout couvert de feuilles, d'écorces, de résines, de cristaux, de racines et d'huiles parfumées, et comme, de temps à autre, il s'ébrouait pour s'en débarrasser, les clients du restaurant étaient de plus en plus éclaboussés. Des pots tombaient des rayons avec un bruit qui, au loin, devait faire l'effet du tonnerre. La musique des parfums semblait plonger Jolly dans une sorte d'extase, comme si elle lui disait qu'il avait enfin découvert son foyer véritable, où la bataille contre l'ennui pouvait être enfin remportée, un paradis conçu pour les esprits curieux, ou les chiens, dont la gloutonnerie correspond au besoin d'avoir en permanence quelque chose de nouveau à flairer, un nouveau sujet de méditation. La chaude pénombre qui régnait dans le restaurant se chargeait d'électricité sous l'effet du frottement des odeurs entre elles. Les dîneurs commençaient à tousser, à cracher, à pâlir de peur à l'idée que les âmes étaient peut-être susceptibles d'étouffer malgré qu'on les eût assurées du contraire. Bientôt, ils furent complètement ivres de parfums et se mirent à regarder Jolly comme s'il était ensorcelé, comme s'il accomplissait un rite extrêmement sérieux. Ils ne pouvaient imaginer qu'il s'agissait d'un simple jeu. Pour eux, l'arrivée de Jolly parmi eux était forcément un signe divin. Il faut dire que les âmes sont perpétuellement à l'affût de signes, et que plusieurs de celles qui se trouvaient au restaurant s'étaient acquis sur terre une certaine renommée en prédisant la fin du monde ; c'était en quelque sorte leur lieu de rendez-vous, l'endroit qu'elles jugeaient idéal pour attendre quelque chose qui jamais n'arrivait.

Les gens qui prophétisent la fin du monde sont de différentes sortes. Saint André le Fou, un Byzantin du VIIIe siècle auteur d'un best-seller sur le sujet, décrivit toutes les inondations et tous les incendies qui allaient balayer l'humanité, et cela, en donnant l'impression qu'il s'en réjouissait, alors que d'autres, qui sont souvent loin d'être des saints, ne se sont servis de la prophétie qu'en guise de menace pour amener le monde à s'amender. Ce soir-là, ces derniers étaient particulièrement nombreux au restaurant des Pyramides ; il s'agissait pour la plupart d'anciens censeurs, toujours aux aguets, toujours optimistes quant à ce qu'il y avait à censurer, toujours pessimistes quant à la folie de l'humanité, et qui cherchaient par-dessus tout à dépister le rire, auquel, prétendaient-ils, le Paradis était incurablement allergique. Sur terre, ils avaient beaucoup travaillé, et ils en étaient fiers, à empêcher l'humanité de rire ; ils s'étaient efforcés de tuer le rire, mais sans savoir pourquoi ils n'avaient jamais réussi, sans s'expliquer pourquoi le rire était immortel, sans perdre l'espoir qu'ils n'en trouveraient plus trace au Paradis. D'autres dîneurs, que ne dissimulaient ni lunettes noires ni grands chapeaux, et qui pouvaient passer pour n'importe quels quidams, n'étaient, prophètes en catastrophes ou censeurs dans leur petit monde, que de simples amateurs, qui s'étaient gâché la vie à l'idée que les gens étaient sans cesse occupés à se moquer d'eux, et qui vouaient au rire une haine passionnée ; toutes leurs convictions religieuses se seraient effondrées s'ils avaient eu la preuve que le Paradis autorisait le rire, en quoi ils ne voyaient rien d'autre qu'un instrument de torture dirigé contre eux-mêmes. Mais ceux qui annonçaient la fin du monde avaient au Paradis bien d'autres inquiétudes : le moment venu, est-ce que le Paradis aussi allait disparaître ? Auparavant, ils n'y avaient jamais songé, mais c'était maintenant leur premier souci ; toutefois, ils n'étaient pas très sûrs de souhaiter que le cataclysme se produisît avant de savoir quel refuge, encore plus exclusif, leur permettrait d'y échapper. En attendant, ils disaient à quiconque leur prêtait attention qu'on regretterait alors qu'il n'y ait pas eu davantage de censeurs pour sauver le monde ; ils déploreraient, par exemple, qu'en 1742 un roi de France eût été assez fou pour créer un corps de censeurs qui, avec ses soixante-dix-neuf membres, était ridiculement inadéquat (si toutefois cet adverbe peut leur être appliqué) ; il était désormais évident que de ne prévoir que huit censeurs pour les mathématiques, dix pour la médecine, la chimie et l'histoire naturelle, trente-cinq pour les belles-lettres (quand on sait les horreurs qui se cachent sous cet épithète), un seul pour la peinture et un seul pour l'architecture (passe encore pour cette époque bénie de colonnes classiques, mais il en faudrait des milliers aujourd'hui), trahissait une incompétence criminelle dans la lutte contre les vrais ennemis de la société. Les gens regretteraient d'avoir ri des censeurs qui faisaient taire les écrivains (aussi dignes de pitié que ceux-ci puissent paraître avec le recul), lorsqu'ils prendraient conscience des désordres provoqués par le rire. Il fallait protéger le Paradis contre la contamination du rire, ou alors lui aussi s'en irait en fumée. Comment pourrait-il en être autrement si les âmes se mettaient à rire les unes des autres ?

Cependant, il ne venait à l'esprit de personne que Jolly riait, car on se trouvait dans le pays des pharaons. Les Égyptiens d'alors qui avaient eu accès au Paradis avaient été particulièrement bien accueillis par le dieu Anubis, doté d'une tête de chien. Les chiens de l'ancienne Égypte, qui jouissaient d'un statut à part, avaient une ville à eux (Cynopolis), que les hommes traitaient avec grand respect. La visite d'un chien dans les Pyramides était presque l'équivalent de la visite d'un ange. Pour souligner l'admiration qu'elle vouait à la gent canine, Marie l'Alchimiste fit remarquer que, alors que les humains trouvent déplaisantes neuf odeurs sur dix, les chiens peuvent sans dégoût en discerner 400 000, et qu'aux dernières nouvelles, leur nombre serait en constante progression ; jadis, on estimait à trente les odeurs du whisky, mais il semble aujourd'hui qu'il en compte pour le moins trois cents, dont la plupart n'ont toujours pas de nom. Dans ce domaine, Jolly pouvait être une source de renseignements très précieuse.

Il y avait dans le restaurant un vieux Chinois qui, en son temps, avait été un censeur redoutable, mais qui avait pour l'alchimie un intérêt tout anodin. Jusqu'ici, il s'était montré très discret, car l'alchimie de son pays était spécialisée dans la recherche de l'immortalité, en sorte que le Paradis n'était pas l'endroit idéal pour faire valoir ses connaissances. Il crut néanmoins devoir signaler que ses ancêtres avaient toujours considéré les chiens comme le meilleur remède contre « les maladies causées par le chagrin », et que lui-même avait souvent mangé un cœur de chien pour chasser sa tristesse ; la bave de chien, ajouta-t-il, était tenue pour radicale contre les hémorroïdes ; on ne pouvait donc voir dans l'apparition de Jolly autre chose qu'un signe. Cependant, une sorcière qui, dans un coin de la cuisine, brassait une potion fétide, fit remarquer qu'en anglais le mot « chien » et le mot « dieu » (*dog* et *god*) s'écrivaient avec les mêmes lettres mais en sens inverse, ce qui voulait peut-être dire que Jolly était le diable, encore qu'avec le diable on ne soit jamais sûr de rien.

Pour trouver le Paradis qui lui convenait, Quelle savait qu'elle devait faire un choix. Comme la plupart des âmes, elle pouvait dormir et laisser vivre son imagination dans ses rêves uniquement ; comme ça, elle ne se créerait pas d'ennuis, et elle n'en créerait à personne. Mais que se passait-il au moment du réveil ? S'inventer des visions, c'est flirter avec la folie, même si personne ne s'aperçoit que vous êtes fou, et même si l'on considère un brin de folie comme plus ou moins normal. Quoi qu'il en soit, ce n'était pas son idée du Paradis. L'alternative était de trouver un moyen de communiquer avec au moins quelques autres âmes. Elle s'était déjà efforcée de le faire, mais elle savait que ses tentatives dans ce sens avaient lamentablement échoué. En fait de communion d'âmes, il ne s'était strictement rien passé. Et elle sentait qu'il était vain d'attendre une réunion miraculeuse. La seule solution qu'elle voyait, c'était de faire entrer un mythe au Paradis, un peu comme un germe.

Un nouveau Paradis devait se fonder sur de nouveaux mythes. Un nouveau monde de l'imagination devait être créé, qui soit capable de se libérer de l'emprise des craintes terrestres. Le restaurant lui en fournissait l'occasion. Au Paradis, il y a une pénurie constante de mythes et de contes de fées, car les limites de l'impossible sont sans cesse repoussées, et l'on demande toujours de nouvelles histoires fantastiques. Les vieux récits perdent vite leur intérêt. Mais les mythes ne viennent pas de nulle part. Il faut bien que quelqu'un les imagine. Les censeurs ont beaucoup d'expérience pour ce qui est de créer des mythes. Ils savent comment changer l'histoire, comment faire de la vérité un mensonge et réciproquement, et cela, sans autre instrument que leurs plumes ; l'invention de nouvelles imaginaires est devenue, grâce à leur concours, l'une des plus importantes fonctions de la civilisation. Quelle ne comprenait pas seulement que le Paradis resterait le même aussi longtemps qu'il n'aurait pas de nouveaux mythes, mais également que, si elle introduisait un mythe par trop étrange ou révolutionnaire, il mettrait beaucoup plus de temps à faire son chemin que ceux que répandaient les autorités. La plupart des humains, elle en avait la certitude, et plus encore depuis qu'elle voyageait au Paradis, sont des conservateurs innés ; au Paradis, cela sautait aux yeux. Sur terre, ce qu'on appelle des révolutions ne sont souvent que des changements superficiels réalisés par ceux qui ont quelque chose à perdre, et qui, craignant de devoir trop changer, acceptent de changer un peu. Ce que voulait Quelle, c'était que le Paradis transforme son esprit quant à l'impossibilité de voler, de rire et de communiquer. Le seul moyen, c'était d'obtenir des censeurs qu'ils inventent un mythe qui rende la chose possible. Seul un mythe pouvait amener les gens à se révolter contre eux-mêmes. Sans le vouloir, bien sûr : les révolutions les plus radicales sont accidentelles, imprévues. Jolly les stimulait. Qu'ils inventent un mythe à propos de lui ! Quelle savait se montrer persuasive. Bientôt, ils dictèrent leur mythe au scribe, qui l'écrivit en hiéroglyphes, lui conférant ainsi un caractère d'éternité. Son papyrus, qui constitue l'une des premières œuvres littéraires du Paradis, peut être résumé comme suit :

Les livres d'histoire écrits par les humains ne mentionnent pas le rôle déterminant du chien dans l'essor de la civilisation. Ils prétendent que c'est l'homme qui a civilisé le chien. Pourtant, c'est le chien qui a découvert le rire, qui compte parmi les fruits les plus dangereux de la civilisation. Les choses se sont passées ainsi. Jadis, comme tout le monde le sait, les chiens étaient des loups, et leur queue pointait vers le sol. Quand les loups devinrent chiens, leur queue se dressa aussitôt. Selon les anciens, la raison en est que les chiens se sentirent honorés d'être promus au rang d'amis de l'homme. Pendant longtemps, la vraie raison en est demeurée ignorée. Mais le fait est que les chiens riaient, et ne pouvaient pas s'arrêter de rire, bien que silencieusement, en pensant aux bipèdes qui, dans cette relation, se prenaient pour les maîtres. Ils ne disaient mot, car leur rôle leur assurait sur terre une existence très confortable. Ils en vinrent d'ailleurs à éprouver pour l'homme un attachement considérable dans la mesure où ils étaient régulièrement nourris ; et pour lui témoigner leur affection, ils apprirent même à aboyer, car l'homme voulait qu'ils lui ressemblent et soient, comme lui, prompts à se mettre en colère. Mais sinon, ils jugèrent prudent de ne rien dire, et c'est ce qui explique qu'on ait pour eux une si grande tolérance. S'ils avaient parlé, ils auraient pu dire combien un trait humain leur semblait déplorable. Avec ses spasmes et ses pouffements, le rire de l'homme leur paraissait dangereux. Pour eux, c'était de l'amadou qui pouvait s'enflammer pour un rien, et qui, après avoir un instant éclairé les ténèbres, les faisait apparaître encore plus tristes qu'auparavant ; ils voyaient que même le rire des enfants, réputés innocents, était souvent une variation sur le thème de la cruauté. Ainsi, ils jugèrent sage de développer deux formes de rire qui leur soient propres : le frétillement de la queue, et ce sourire énigmatique qui intrigue tellement les humains parce qu'ils ne peuvent lui donner un sens clair — traduit-il le mépris ou la politesse ? Veut-il dire oui ou non ? Ou signifie-t-il simplement que le monde est à ce point incompréhensible, paradoxal et incohérent qu'on ne peut pas le prendre au sérieux ? Les chiens furent les premiers à découvrir qu'un être intelligent ne dit jamais pourquoi il rit. Il a fallu attendre longtemps avant que la science puisse expliquer cet exploit canin. Mais récemment, elle a découvert que les chiens ont davantage de chromosomes (78) que la plupart des autres animaux, et beaucoup plus que l'homme, qui n'en possède que 46, et qui, dans la hiérarchie de la création se situe ainsi à peine au-dessus du lapin (44) et du rat (42), et loin derrière la chèvre (60) et le mouton (54). De ce fait, les chiens sont susceptibles de prendre des formes plus variées que tous les autres animaux, la race la plus grande ayant un poids quarante fois supérieur à celui de la plus petite, et ses possibilités de croisement étant plus nombreuses que dans toute autre espèce. C'est pourquoi le chien peut maîtriser une complexité qui échappe à l'homme, et pourquoi l'homme est jaloux de lui et le traite avec dureté même s'il prétend l'aimer. Pour conclure, on peut dire que le chien a appris à rire comme il faut, et que l'homme en reste incapable.

Le Paradis fut transformé par la création de ce mythe, du moins pour Quelle, de même qu'un pays est changé quand ses archéologues découvrent une ancienne civilisation sous la laideur des bâtiments modernes. Prouver que le rire était semé au Paradis et qu'il attendait de germer donnait à Quelle beaucoup de joie en perspective. De leur côté, les censeurs étaient des plus satisfaits, car ils pensaient avoir créé un mythe renforçant les raisons de ne pas rire, à l'appui de leurs préjugés. C'était un mythe qui avait une chance de survivre à cause de son ambiguïté. Plus il est ambigu, plus un mythe a de chances d'être cru, car plus nombreux aussi est alors le public susceptible d'y trouver son compte. Les mythes doivent leur puissance au fait qu'ils sont ouverts aux interprétations les plus contradictoires. Ce phénomène fut expliqué par un philosophe grec présent au restaurant. Depuis qu'il était au Paradis, il avait passé des siècles à se promener au grand jour avec une lanterne allumée, expliquant qu'il cherchait une âme honnête ; il se disait cynique (le terme vient du mot par lequel les Grecs désignaient le chien, ce qui explique peut-être son intervention). D'après lui, une fois qu'un mythe est né, les raisons d'y croire surgissent de toutes parts. Les fictions se couvrent de mousse pour se fondre dans le paysage, et bientôt l'on a du mal à les distinguer de la vérité — qui oserait d'ailleurs dire que le paysage lui-même n'a jamais été une fiction ?

C'était là un progrès réel, songea Quelle. L'ambiguïté est un excellent ferment pour le rire. Démontrer ses ambiguïtés était la seule façon de découvrir le potentiel du Paradis. Le rire révélait les ambiguïtés comme des crevasses cachées.

Elle n'eut pas à attendre longtemps pour que le mythe ait des conséquences imprévues. Marie déclara tout à coup qu'elle comprenait enfin ce qu'était l'humour. Ce que Quelle avait dit à propos des sexes lui avait paru dénué de sens. Mais maintenant, elle croyait qu'il y avait malgré tout en elle quelques gouttes d'humour, car elle avait toujours aimé mêler l'imaginaire à la réalité, comme elle aimait à mélanger sa cire et ses pigments sur sa palette de peintre pour représenter ses symboles pleins de couleur et de mystère, comme elle pilait de bizarres ingrédients pour fabriquer ses cosmétiques, comme elle composait avec ses vêtements des tenues excentriques. Avait-elle ri sans le savoir alors qu'elle essayait de transformer et de recombiner des éléments ? Le sens de l'humour était-il en chacun, caché dans une infinité d'endroits qu'il suffisait de découvrir ?

Jolly devint soudain davantage qu'un objet important : une sorte de phare, une inspiration. Marie dit qu'il fallait lui donner la meilleure table du restaurant, soit au sommet même de la Pyramide. Une fois qu'il serait là pour protéger de la contamination l'ensemble des habitants du Paradis, peut-être chacun pourrait-il faire pour soi l'expérience du rire. Marie prit Jolly dans ses bras, et, accompagnée de l'empereur et de tous les cuisiniers, elle le porta jusqu'à ce qui était jadis le toit du monde. Les censeurs, qui sentaient le danger partout, coururent en avant pour effacer les graffiti. Tout s'effectua en silence, comme si chacun était certain de faire ce qui lui incombait. Jabir ibn Hayyan arriva avec cinq assiettes vides, en prévision de l'instant où l'on pourrait servir. Il dit qu'il avait calculé qu'il fallait cinq mille ans pour faire de l'or avec de vils métaux, mais qu'il ne pouvait assurer à quel moment le repas serait prêt. Le plus tard serait le mieux, car attendre était un plaisir, surtout dans un cadre aussi somptueux. S'il était un rêveur, expliqua-t-il, il ne l'était pas davantage que les idéologues et autres utopistes qui prétendent que les hommes réussiront un jour à résoudre leurs problèmes et à s'organiser de façon rationnelle. Le menu qu'il avait composé pour Quelle n'était pas plus chimérique que les promesses des politiciens. Tôt ou tard, il en était certain, il serait possible d'extraire la sagesse d'un pandit et d'en faire un potage, et tôt ou tard, non seulement les croûtons seraient bons, mais ils rappelleraient l'heure de leur consommation. Tôt ou tard, quand les arbres seraient susceptibles d'être mangés crus comme ils l'étaient déjà par les termites, une fois qu'on saurait comment apprêter leurs protéines et leur cellulose, il était évident que la patine d'acajou constituerait un mets aussi prisé que le caviar. Le temps viendrait où ceux qui sont intellectuellement anémiques se soigneraient en absorbant de très petites doses de métaux, servies dans une sauce. En attendant suffisamment, on arriverait à traiter les rochers de façon qu'ils fondent dans la bouche, et à trouver des variétés de petits pois libertaires qui refusent de croître bien sagement alignés dans leurs cosses. Dans un monde parfait, tout gaspillage serait éliminé, et plutôt que de jeter les vieilles sandales, on en tirerait par fermentation une crème acidulée plus délicieuse que le yaourt. Le seul plat irréalisable qu'il avait prévu était le sorbet corde et chandelle : utilisé comme mèche, le chanvre avait par trop souffert pour qu'il soit jamais plus possible de le réconcilier avec la chandelle. Jabir dit à Quelle qu'elle devait apprendre à être patiente. Il lui faudrait peut-être attendre des milliers d'années, mais Jolly finirait par avoir son repas, et il pourrait alors recommencer à agiter la queue, ce qui lui permettrait sûrement de décoller et de voler — du sommet de la Pyramide, ce serait sans nul doute une expérience de rêve.

Flairant les assiettes vides, Jolly en fit le tour en cercles réguliers, mais sur trois pattes. Ce fut la consternation générale. Pourquoi cette brusque claudication ? Le docteur von Hohenheim l'examina, et trouva sa patte en parfait état. Pour tous, il s'agissait évidemment d'un signe divin, mais personne ne savait ce qu'il signifiait. On redescendit au restaurant pour discuter. Une fois seul avec Quelle, Jolly se mit à agiter la queue, les yeux brillant d'une lueur malicieuse. Il fit une pirouette. Sa patte allait on ne peut mieux. Il s'amusait, c'est tout. Et il riait d'un rire inextinguible. Quelle était si heureuse qu'elle l'imita, riant de tout son cœur, riant à gorge déployée, riant si fort que son rire retentit à travers tout le Paradis. Au restaurant, le vacarme était terrifiant, mais tout le monde pensa, ou fit semblant de croire, que c'était Jolly qui riait. Les dieux ont tous les droits, y compris celui d'enfreindre leurs règles, de rire, et même de se saouler. Mais il faut que ce soit en privé. Ainsi, Marie quitta le restaurant et gagna son laboratoire, où, une fois certaine qu'on ne pouvait l'entendre, elle entreprit de s'exercer à rire avec le même bonheur que Quelle.

Quelle demeura longtemps à admirer la vue, tout en se demandant de quelles aventures elle allait parler dans sa lettre à ses parents. Ses expériences aux Pyramides n'étaient pas des anecdotes sans lien les unes avec les autres. Quelle sentait qu'elles formaient un tout. Et c'était là sa vraie nouvelle.

Pour finir, elle écrivit que ses parents croyaient sans doute les racontars selon lesquels le Paradis connaîtrait une fixité éternelle. Or il était tout ce que les âmes pouvaient imaginer. Il fallait donc que la liberté y régnât. Il fallait qu'il fût susceptible de changer. Et si la liberté avait une forme, c'était, à son avis, celle d'une source d'eau cristalline sans cesse renouvelée. Elle se sentait tout excité, car elle voyait maintenant que la liberté n'était pas un trésor qui ne demandait rien de plus que d'être protégé contre ses ennemis, éternels et terrorisés. Une âme pouvait se sentir en sécurité au Paradis, mais si elle continuait à avoir les mêmes pensées, elle cessait bientôt d'être libre. La liberté était comparable à la vie ; elle ne pouvait pas demeurer immobile. L'intérêt suprême de la liberté était la création de libertés nouvelles. Le changement en était un ingrédient vital.

Mais à son arrivée au Paradis, elle n'avait que peu d'expérience pour ce qui était de changer les choses ; et cela était vrai pour tous les immigrants. Sur terre, changer est horriblement difficile, car bien que tous les jours soient porteurs de nouvelles idées, les hommes s'en servent instinctivement de manière qu'elles confirment leurs idées anciennes. Il ne suffit pas qu'un changement se produise ; encore doit-on le reconnaître, faute de quoi il ne prend pas corps. Les habitants du Paradis ont tous vu se succéder d'innombrables gouvernements, laissant la vie pratiquement inchangée ; ils ont vu des lois être promulguées, enfreintes puis oubliées — si les puissants n'arrivaient à rien de mieux, comment le commun des mortels pouvait-il espérer se transformer tout seul ? Il n'était pas surprenant que le changement lui apparût comme un mystère, ou comme une illusion.

Sa grande nouvelle était qu'elle croyait commencer à comprendre de quelle façon la liberté circulait : comme l'eau d'infiltration. Plus le monde devenait complexe, plus la liberté y trouvait facilement une place. Plus il y avait de détails où se perdre, plus elle trouvait d'endroits où s'infiltrer. La civilisation offrait des possibilités de combinaison et de permutation de plus en plus nombreuses. Le Paradis devenait lui aussi toujours plus compliqué. Quelle voyait parfaitement comment on s'y prenait pour boucher les issues. L'obstacle le plus courant qu'on mettait à la liberté était le mythe. C'était le mythe qui expliquait pourquoi les choses ne pouvaient pas, ne devaient pas bouger. Les âmes aimaient à répéter qu'elles devaient accepter leur destinée : de tous les mythes, c'était le plus ancien. Un mythe paraît consistant jusqu'au moment où l'on découvre qu'il est absurde, qu'il se dissout dans l'eau et dans le rire. Une fois qu'il est décomposé, les faits dont il tirait sa consistance sont libérés ; ce qui passait pour vrai s'effondre, et l'on peut alors reconstruire une nouvelle vérité.

Pourtant, ce qu'elle n'avait pas découvert, c'est pourquoi les humains ne défaisaient pas plus souvent les mythes, puisqu'ils en étaient les seuls artisans. Peut-être ne savaient-ils pas par quoi les remplacer ? Était-il possible de vivre sans mythes ? Au Paradis aussi, les âmes semblaient les apprécier, car ils rendaient leur existence plus confortable, leur donnant l'impression que tout était expliqué.

Le Paradis tenait-il en réserve une autre solution ?

CHAPITRE VII

Les âmes qui étaient assez éveillées pour entendre le rire de Quelle eurent un mouvement de recul, s'agitèrent, essayèrent de se rendormir. Mais pas l'âme de Sir Isaac Newton. Lui crut entendre l'éruption d'un nouveau volcan, la chose la plus importante qui, depuis des siècles, se soit passée au Paradis, ou lui soit arrivée personnellement. Jusque-là, on ne l'avait jamais vu témoigner le moindre intérêt pour les femmes, ni le rire. Il n'avait aimé qu'une personne, de vingt-cinq ans plus jeune que lui, en qui il voyait son âme sœur : Fatio, le prodige des mathématiques de son temps, et qui, après avoir gagné son cœur par l'enthousiasme de son admiration, de sa curiosité et de son affection, l'avait brisé en se révélant trop extravagant, trop instable, de sorte que leur espoir de vivre ensemble s'était effondré. Newton n'avait pas essayé de revoir Fatio au Paradis. Et ni la jeunesse ni la beauté de Quelle ne l'avaient ému ; il ne la croyait pas de son intelligence. Mais elle avait une qualité qu'il ne possédait pas, la seule chose qui lui manquait : elle était vivante. Au Paradis, qu'on imagine bientôt comme le seul endroit de l'univers, il est très facile d'oublier la vie. Quand il était vivant, Newton était trop près de la vie pour la considérer impartialement, comme il convient à un savant ; ce n'est qu'au Paradis qu'on peut voir la vie avec détachement, mais alors, la vie n'est plus là. Ainsi, la visite de Quelle était une occasion que Newton était décidé à ne pas manquer : il avait l'impression que son rire pourrait marquer le début d'une ère nouvelle au Paradis, où l'immortalité, la gravité, la pesanteur régnaient en maîtres depuis le commencement des temps.

Le désert égyptien ne semble pas l'endroit où chercher un homme qui, sur terre, a découvert les lois de la gravité, et ce n'était d'ailleurs pas là son lieu de résidence habituel. Durant des siècles, il était demeuré sous un pommier qu'il affectionnait particulièrement (Fatio avait écrit un livre sur les pommiers), luttant contre la tentation de s'endormir, et s'efforçant de maîtriser l'art de somnoler, qui devait lui permettre de penser tout en ayant l'air endormi, de faire des rêves des outils de raison. Mais pour ce qui est de se reposer, il n'en avait aucune envie. La perspective de devoir rester éternellement oisif le remplissait d'horreur ; il était atterré que le Paradis n'eût jamais rien réalisé, jamais rien inventé, pas de gadgets, pas de médicaments, pas même une philosophie. Toutefois, pour une personne comme lui, il n'était facile ni de penser ni de dormir au Paradis ; il avait beau avoir l'éternité devant lui, il répétait qu'il n'avait pas de temps à perdre, et pourtant, il était constamment dérangé. Toute âme ayant connu la passion de la science considérait une visite à Newton comme une plaisante excursion d'après-midi. Dans son verger, les arbres devaient porter des fruits d'un bout à l'autre de l'année pour qu'il puisse donner une pomme en souvenir à chacun de ses hôtes, et signifier ainsi que l'entretien était terminé ; la vitesse à laquelle il distribuait ces pommes montrait aux savants venus se vanter de leurs découvertes à quel point leurs efforts paraissaient minces vus à la lumière de l'éternité. S'il acceptait de payer ainsi la rançon de sa gloire, c'est qu'il obtenait quelque chose en échange : une histoire complète, et de première main, de la science, mais différente de celle que l'on trouve dans les livres, car ses visiteurs ne faisaient que semblant de venir lui parler de leurs succès de pionniers en marche vers la vérité. Lorsqu'ils le quittaient, ils lui laissaient un sentiment d'hésitation, d'erreur et d'ignorance omniprésentes, de tâtonnements perpétuels pour concilier des visions de l'univers qui changeaient sans cesse. Il en tirait un certain réconfort, car il avait lui-même vécu dans le doute et la peur, bien plus que ses admirateurs ne s'en seraient douté. Il aimait à se sentir utile en écoutant la confession de ses confrères. Toute âme a besoin de quelqu'un auprès de qui se vanter, mais, inexplicablement, il semblait que le Paradis n'eût pas d'endroit ni de personnes prévus à cet effet. Newton était étrangement fasciné par la difficulté que ses visiteurs avaient à lui parler ou à se parler entre eux, par la façon qu'ils avaient d'ignorer les signaux qu'ils ne comprenaient pas ou qui ne cadraient pas avec leurs idées, par la stupeur qu'ils affichaient devant les contradictions du Paradis. L'isolement de l'âme au Paradis, amplifiant la solitude humaine au point que chacun apparaît à autrui comme une lointaine étoile, et que chacun se sent comme une planète désolée, piquetée de cratères creusés par l'ennui, fit penser à Newton qu'il existait une astronomie de l'âme, qui attend toujours d'être étudiée. Il escomptait d'ailleurs assister bientôt à une sorte d'explosion parmi les âmes qui l'entouraient. Plus ses visiteurs actuels lui parlaient des possibilités ébouriffantes qu'offrait l'Ère de la Communication, mieux il se rendait compte de la difficulté qu'ils avaient à communiquer. Il s'intéressa toujours davantage à la source de l'énergie qui les maintenait en rotation chacun sur son axe propre, et commença d'élaborer une théorie suggérant que, après la gravité, le rire pourrait bien être la force que devraient étudier les mathématiciens, et même, qu'il existait après le rire une troisième force dans l'univers, qui donnerait enfin aux habitants du Paradis ce qu'ils étaient venus chercher sans jamais oser l'espérer.

Un jour, Newton se glissa hors de son verger plein de

visiteurs, et se rendit aux Pyramides, où il installa sa nouvelle résidence à deux pas du Sphinx. Une personnalité aussi connue que lui ne peut se déplacer sans que les journalistes en aient vent. Ceux-ci donnèrent à son déménagement diverses explications, bien qu'il soit extrêmement difficile de deviner ce qui motive les âmes. Certains, mesurant le prestige extraordinaire dont il jouissait, étaient convaincus qu'il avait développé certaines ambitions politiques. D'autres prétendaient qu'il cherchait simplement à échapper aux passionnés de science qui l'assiégeaient, et dont les mathématiques commençaient à le dépasser. Enfin, une troisième explication disait qu'il n'aimait pas la nourriture du Paradis ; son hospitalité lui valant en retour d'innombrables invitations à des repas de toute espèce, et les âmes étant peu douées pour la conversation, il lui arrivait souvent de manger en silence, et il avait ainsi posé les bases d'une Théorie de l'Alimentation, qu'il avait décidé de publier aux Pyramides. A première vue, cette dernière hypothèse était la plus invraisemblable, car on savait bien que Newton accordait si peu d'importance à la nourriture que, lorsque ses pensées l'occupaient, il était fréquent qu'il oublie de manger. Mais au Paradis, il lui venait de nouvelles pensées. Il jugeait le moment venu pour la science de se pencher sur l'étude de l'âme, d'en décrire la forme, de la mesurer et de la peser, et c'est aux Pyramides qu'il allait découvrir comment l'âme est influencée et modelée par la nourriture. Il espérait que ses recherches aboutiraient bientôt, mais certaines énigmes lui restaient à résoudre. Cependant, le rire de Quelle eut sur lui un effet aussi décisif que la chute de la pomme pour sa compréhension de l'attraction universelle.

Dès qu'il entendit cet éclat de rire, il eut l'idée d'une expérience. Pour celle-ci, il fallait d'abord qu'il réunisse au pied du Sphinx une centaine d'âmes d'une variété particulière, puis qu'il obtienne de Quelle qu'elle se joigne à elles. Il alla la trouver et lui demanda : « Quelle heure est-il ? »

Quelle s'affola. Pour une âme qui désire engager la conversation avec une autre âme, il est tout à fait extraordinaire de demander l'heure. Aucune âme n'avait sans doute posé cette question jusque-là, car le sens du temps chez les morts est trop particulier pour qu'on puisse en parler en termes simples. Quelle préféra donc garder le silence, et Newton lui demanda alors si elle trouvait curieux que des gens qui avaient vécu dans des siècles différents soient réunis au Paradis comme si le temps n'existait pas.

Non, cela ne l'étonnait pas. Elle ne s'était jamais inquiétée de savoir quand les gens étaient nés. Ce qui l'intéressait, c'était de connaître l'époque dans laquelle ils vivaient mentalement, de savoir s'ils avaient conçu leurs idées durant leur enfance ou leur adolescence, et s'ils continuaient à les entretenir comme si leur horloge personnelle s'était arrêtée le jour où ils s'étaient crus capables de vivre comme des adultes. Sans partager les goûts de ces vieilles badernes qui remettaient sans cesse leur montre à l'heure de quelque été imaginaire du passé, elle éprouvait une certaine sympathie pour les visionnaires qui faisaient fonctionner les leurs deux fois plus vite que la normale, ou pour les romantiques qui les adaptaient au tempo d'une valse. La liberté par rapport au temps lui semblait un des droits que l'homme avait oubliés. Elle ne voyait rien d'anormal au fait que des gens d'époques diverses puissent se trouver ensemble au Paradis. Sur terre, cela arrivait constamment.

Le temps, dit-elle, n'était qu'une bulle d'air vicié, que les hommes avalaient et recrachaient chacun à sa façon. Après quoi ils se querellaient à propos de l'art de le recracher. D'ailleurs, la politique était une querelle au sujet du temps, entre ceux qui voulaient vivre dans le passé et ceux qui auraient déjà voulu être à demain. De ce fait, il ne pouvait y avoir de politique au Paradis : à quoi bon se disputer dans un endroit où les horloges n'existent pas, où il est toujours temps qu'arrive n'importe quoi ? Pourtant, elle avait vu des âmes courir au Paradis, regardant nerveusement leur montre d'un air désespéré, comme c'est si souvent le cas sur terre, où les gens utilisent leur énergie à se battre contre le temps, si bien qu'ils n'en ont plus pour faire ce qu'ils désirent vraiment.

Newton était ravi que l'attitude de Quelle fût compatible avec la sienne, qu'elle fût plus à l'aise avec ce qui est intemporel qu'avec ce qui est à la mode; seuls ceux qui réagissent ainsi peuvent profiter des occasions du Paradis; seuls ceux-là savent que ce qui est intemporel est nécessairement plus réel que la réalité ordinaire. Quelle était flattée. Elle était curieuse de savoir ce qu'il allait inventer. De toutes ses forces, elle voulait croire qu'elle avait enfin rencontré quelqu'un qui la reconnaissait comme un être unique, dont les idées valaient la peine qu'on s'y intéressât. Peut-être le grand Newton était-il assez grand pour n'être pas entièrement absorbé par lui-même?

Mais rien n'était moins sûr, car jamais il n'avait été très sociable, et il supportait parfaitement la solitude du Paradis. Du reste, c'est sans doute pourquoi il s'intéressait tant à la solitude, comme à tout ce qui lui était étranger. Pourtant, il avait de bonnes raisons pour faire une exception pour Quelle, et il était tout prêt à les lui exposer. Il lui raconta que, alors qu'il travaillait aux découvertes qui lui vaudraient la renommée, il avait plus ou moins vécu en reclus; tout ce qu'il aimait, c'était s'asseoir dans un fauteuil et réfléchir. Quelqu'un qui se comporte ainsi passe inévitablement pour étrange, et il savait qu'on le jugeait austère, renfermé et distant, ayant rarement une bonne parole pour qui que ce soit. Il donnait l'impression de se croire supérieur. Il semblait se suffire à lui-même, ce que les gens détestent pardessus tout. A une certaine époque, on avait ricané en voyant sa chambre entièrement décorée de dessins de sa main. Il était rare qu'il cherche la compagnie d'autrui, même quand, dans ses dernières années, il lui arrivait de donner des fêtes somptueuses. Il finissait toujours par se retirer en lui-même.

Ses travaux scientifiques étaient des jeux qu'il jouait seul avec lui-même, et qu'il n'avait aucune envie de publier. Rien ne lui déplaisait tant que d'argumenter avec ses confrères ; l'obligation de leur parler de ses découvertes lui paraissait une forme d'esclavage, d'autant qu'ils étaient très têtus et lents à le comprendre. L'originalité était son plaisir personnel. Il ressentait comme une perte de temps d'avoir à se défendre contre des savants qui voyaient dans la connaissance ce qu'un chien peut voir dans l'urine : un moyen de délimiter son empire personnel. Il ne s'était ouvert à personne des idées qui lui étaient venues au Paradis. Mais maintenant, il ne pouvait continuer à progresser sans l'aide de Quelle. La faiblesse de la théorie qu'il était en train d'édifier était qu'elle se fondait sur l'étude d'âmes mortes. Il lui fallait examiner une âme vivante pour être sûr qu'il avait découvert quelque chose d'essentiel concernant les propriétés permanentes des âmes en général, et pas seulement la détérioration qu'elles subissaient après la mort. Il était donc très content de ce que Quelle avait dit, car cela renforçait sa conviction que les questions que se posaient les immigrants lors de leur arrivée au Paradis pour savoir où il leur fallait se fixer, s'ils se sentiraient mieux dans telle civilisation disparue, chez les Incas ou parmi les anciens Hellènes, ou au contraire sur une plage grecque à la mode, tout cela était superficiel et inutile, et ne faisait que refléter l'incompréhension qu'ils avaient de l'âme. Ce que disait le calendrier n'avait pas d'importance — ce n'était qu'une décoration au mur. Ce qui comptait, c'était ce qu'on écrivait sur le calendrier, et il pensait que Quelle était venue au Paradis pour marquer son passage de cette façon-là.

En effet, répliqua-t-elle, elle n'était pas venue au Paradis pour revivre les plaisirs flétris du passé. Pour elle, le Paradis n'était pas le passé, mais l'avenir. Elle en savait suffisamment sur la dureté du bon vieux temps pour ne plus se faire d'illusion sur son compte ; si cela n'avait pas été le cas, elle serait restée chez elle à lire au lit des romans historiques en sirotant du cacao. Non, elle était venue voir ce que l'on n'avait encore jamais vu, et c'est pourquoi, avant qu'ils n'aillent plus loin, elle voulait s'assurer que le Newton du Paradis était plus que le Newton terrestre. Est-ce que Newton pouvait comprendre ce que cherchait une âme moderne ? Ou devait-elle plutôt se mettre à la recherche d'Einstein ?

Si Newton était physicien, il n'avait jamais été que cela. Sur terre, il avait pour autre passion la chasse au lion vert — expression secrète désignant les longues heures qu'il passait devant ses chaudrons fumants. « Lion » désigne l'or, et « vert », la vie. Tout au long de sa carrière, il avait cherché à découvrir la vie qui se cache dans les choses (l'or n'était qu'une d'entre elles) que les gens tiennent pour mortes ; au Paradis, il n'essayait plus de nier qu'il en avait assez de ces branches scientifiques qui lui avaient valu la gloire, comme il s'en était souvent plaint de son vivant ; il les trouvait trop limitées ; prouver que le monde fonctionnait comme une machine, toujours symétriquement, n'était pas tout à fait satisfaisant ; les machines, et la matière, étaient sans doute intéressantes, mais ce qui le passionnait, c'était la vie : son mystère était un défi digne de lui. Il voulait comprendre plus clairement comment Dieu avait créé la vie, et comment lui, Newton, célibataire dédaignant la reproduction pure et simple, pouvait réellement devenir créateur à l'image de Dieu. Il avait apprécié l'alchimie parce qu'il y voyait la science la plus proche de la création, poussant la chimie au-delà de ses limites, et pas uniquement pour l'amour de la connaissance ; expliquer ne suffisait pas ; il souhaitait accomplir ce que personne d'autre n'avait fait. Sur terre, l'alchimie l'intéressait parce qu'elle semblait offrir l'espoir de multiplier non seulement les objets, mais la vertu elle-même ; il déplorait qu'elle ait tourné au mysticisme ésotérique. Maintenant, il aspirait à découvrir s'il existait certaines limites aux ambitions que l'on pouvait réaliser au Paradis. Ce qui l'excitait, c'était l'idée que la créativité n'était pas qu'une propriété divine, un don exceptionnel, mais une étape obligatoire du développement humain, un sort auquel nul ne pouvait échapper, l'essence même de l'âme. Ainsi, il projetait de tenter l'expérience la plus difficile dans laquelle on se fût lancé : donner vie au Paradis. En Quelle, il voyait un instrument unique pour découvrir ce qu'était la vie, ce qu'était vraiment l'âme, censée contenir la vie, mais que personne n'avait jamais eu l'occasion de toucher ni de voir. Maintenant, il était tout entier plongé dans l'astronomie, la physique, la chimie et la biologie... de l'âme.

Quelle se montra intéressée, car elle avait le sentiment qu'au Paradis les âmes ne faisaient qu'hiberner — elles existaient à peine. Quand donc viendrait l'été ? Cela valait-il la peine d'attendre ?

Newton expliqua qu'en effet, quelque chose avait mal tourné. C'était, croyait-il, parce que les hommes avaient mal compris le message selon lequel Dieu les avait créés à son image. Ils persistaient à se conduire comme des reproductions, comme de pâles copies de l'original. Pourtant, Dieu avait une qualité que, de toute évidence, les humains ne partageaient pas avec lui. Il ne souffrait jamais de solitude. Pourquoi, au contraire, les hommes se sentaient-ils si souvent comme des orphelins, éprouvant désespérément le besoin d'un père parfait ? Était-ce volontairement qu'Il ne leur avait pas transmis Son immunité personnelle contre la solitude ? Ou cette immunité était-elle là, ignorée, cachée dans quelque appendice dont l'emploi échappait aux hommes ? Ou bien encore était-ce Lui qui avait commis une erreur dans la façon dont Il en avait équipé les humains ? Il est inévitable qu'un créateur fasse des erreurs. Selon toute vraisemblance, l'homme était l'une de Ses erreurs.

Quelle était étonnée d'entendre Newton citer presque textuellement l'évangile de Henry Ford, dont il ignorait jusqu'à l'existence. Au Paradis, tout le monde ayant son opinion, il était très curieux que deux âmes soient d'accord.

Newton avoua que, sur terre, il avait laissé des montagnes de manuscrits concernant les problèmes de l'alchimie, et qu'il était allé jusqu'à copier cinq traités complets touchant la pierre philosophale. Ces papiers, il le savait, étaient demeurés dans l'oubli jusqu'au XXe siècle, où, après les avoir enfin étudiés, un érudit du nom de Keynes s'était déclaré stupéfait d'avoir découvert en Newton le dernier des magiciens, le dernier des Babyloniens et des Sumériens. Cette incompréhension avait blessé Newton, mais près de la moitié des Prix Nobel qui vinrent alors le voir lui dirent qu'ils étaient tristes aussi qu'on ne les eût pas récompensés pour ce qui, dans leur œuvre, leur paraissait être le plus important. En fait, seuls ceux qui manquent de caractère sont d'accord avec l'opinion que les autres ont d'eux-mêmes ; et ceux-là n'entrent certainement pas dans la catégorie des personnes modernes. Newton avait le sentiment d'être une personne moderne bien plus que beaucoup parmi ceux qui se bousculaient à sa porte pour lui exposer leurs brillantes idées. Une personne moderne est une personne qui, sans renier son passé, ne voit aucune raison d'en être esclave ; c'est le contraire d'un paysan qui accepte sa place et son sort. Alors qu'il avait quarante ans, raconta Newton, ses cheveux étaient devenus gris. Ses grandes découvertes et la passion qu'il leur avait vouée ne l'avaient jamais hanté que comme le souvenir d'un amour de jeunesse, qu'il est impossible d'oublier tout à fait ; mais une fois parvenu à l'âge mûr, il s'était davantage intéressé aux questions de l'esprit, à la prophétie, qui lui inspiraient des écrits sans fin. Ses intérêts ne cessaient de se développer ; il sentait qu'il était enfin sur le point de s'épanouir. De nouvelles théories bouillonnaient en lui, comme si, ici, le soleil était plus brillant et répandait une chaleur plus nourrissante. Peut-être avait-il tort de penser que c'était de bonnes théories, mais il prenait plaisir à les faire ronronner en lui. Sa quête du lion vert revêtait désormais une signification plus large.

Il était ravi et soulagé que la grande époque de la science dont il avait été l'un des pionniers eût pris fin. Ceux qui l'avaient suivi, se réclamant de lui, le consternaient souvent : ils prenaient ses principes trop littéralement, ou trop partialement, comme le font les disciples. Les savants qui étaient venus le trouver entre le XVIIIe et le début du XXe siècle étaient très curieux, trouvait-il, tout à fait différents de ceux qu'il avait vus avant, ou après. Ils croyaient pouvoir décrire un arc-en-ciel en prose et réduire la matière en nombres, et que la réalité attendait d'être observée et mesurée par l'homme, fragmentée en minuscules spécialités, jusqu'à ce qu'un jour, tout ce qui pouvait l'être soit enfin connu. Pendant tout ce temps, Newton avait accueilli leurs aveux avec un respect mêlé de tristesse. Mais la passion l'avait repris. Depuis quelque temps, les savants lui paraissaient moins satisfaits, plus imaginatifs, plus proches des alchimistes. Il avait l'impression qu'ils redécouvraient d'anciens arts, lorsqu'ils jonglaient avec l'anti-matière comme lui, jadis, avec la « matière philosophique », lorsqu'ils parlaient de particules sans masse comme lui, jadis, d' « esprit éthérique » ; ils lui étaient plus sympathiques maintenant qu'ils prouvaient ce qu'il n'avait qu'imaginé, que le monde n'était pas stable, et qu'un élément pouvait de lui-même se muer en un autre. Il avait toujours dit qu'un septième seulement de toutes choses était vraiment solide, que le reste n'était qu'espace vide, ainsi qu'ils paraissaient à peu près le confirmer. Il se sentait presque comme un grand-père qui voit avec délice des rejetons malicieux agrandir sa famille, lorsqu'il les entendait parler de la naissance de « quarks » doués de propriétés scientifiques portant le nom de « charme », de « charme nu » et d' « étrangeté », lorsqu'il les entendait parler de bosons capricieux, de neutrinos rebelles et de leptons insaisissables, tous si doués pour jouer à cache-cache. Quand il avait vu, pour la première fois, danser des protons, cent mille fois plus petits qu'un atome, d'une manière si folle qu'elle dépassait son entendement, il s'était dit que la science avait enfin démontré que, dans la vie, ce sont les petites choses qui comptent, et que, manifestement, l'espace invitait l'imagination à se joindre à la danse.

Il importait peu de savoir quand une âme avait vécu, si elle parlait comme le faisait Newton. Quelle avait honte de s'être méfiée de lui pour la seule raison que c'était un grand homme du passé. Était-il démodé ? Était-il dépassé ? Toutes ces questions étaient absurdes. Le calme de ses yeux, sa façon de regarder au loin comme si un phénomène intéressant ne pouvait manquer d'apparaître, étaient pour elle extrêmement séduisants, extrêmement rassurants. Tandis qu'ils rejoignaient le Sphinx, elle ne put le quitter des yeux.

Une centaine d'âmes les y attendaient. Un pli de colère ou de souffrance leur barrait le front, comme si on les avait marquées au fer pour toute l'éternité. Newton avait rassemblé là un groupe d'anciens esclaves. Il voulait que Quelle voie non seulement des âmes mortes, mais des âmes auxquelles on avait retiré la vie de leur vivant déjà, et qu'attendait au Paradis une tâche difficile entre toutes : la restauration de leur âme. Newton voulait savoir si vivre constituait une expérience si épuisante, si destructrice, qu'on en ressortait sans plus de chaleur que pour soi, si le climat du Paradis plongeait les âmes dans un tel état de langueur qu'elles ne pouvaient y restaurer leur énergie, si le feu des cuisines n'était que théâtre, l'agitation des immigrants que comédie, bref, si l'on pouvait faire quelque chose d'absolument nouveau dans cet environnement que tout le monde croyait conçu pour un repos paisible, et que lui seul, apparemment, pensait susceptible des plus étonnantes créations. Il ne voulait ni tricher ni s'illusionner : il avait choisi pour son expérience les victimes les plus défavorisées de la vie.

Jamais les historiens n'ont réussi à compter combien le monde a connu d'esclaves depuis ses débuts ; toutefois, ils estiment qu'un tiers des humains ont été des esclaves, légalement reconnus comme tels par des juges admirés pour leur gravité. (A certaines époques, les neuf dixièmes de la population de diverses colonies britanniques, espagnoles et portugaises vivaient en esclavage, la moitié de celle des États-Unis et de la Russie, nettement moins dans le monde islamique.) Parmi les ex-esclaves que Newton avait invités, beaucoup étaient trop las pour pouvoir accepter, et certains s'étaient excusés en disant qu'il leur faudrait encore du temps avant de se sentir à nouveau l'envie de participer à quelque réunion que ce soit : ils n'étaient pas encore convaincus que, au Paradis comme sur la terre, les âmes n'avaient pas pour mission de se rendre malheureuses, de se faire pleurer les unes les autres, peut-être pour empêcher que l'univers ne se dessèche. Certains étaient tout entiers occupés à oublier le monde, à faire de la musique céleste, à composer de nouveaux airs et à répéter d'anciens hymnes, et ils ne voulaient pas rompre le charme en se lançant dans des conversations pleines d'amertume. Certains se sentaient trop timides, encore trop humiliés par leurs expériences, trop peu sûrs d'avoir vraiment vécu, car pour les juges, les esclaves n'étaient pas tout à fait des personnes, et aux yeux de la loi, c'étaient des morts vivants. D'autres prirent mal son invitation, y voyant la preuve que, même au Paradis, on continuait à les considérer comme une race à part, une variété d'étrangers. Ceux-là lui écrivirent qu'ils ne supportaient pas qu'au Paradis, on continue à employer les vieilles excuses dont toutes les civilisations s'étaient servies pour maltraiter les étrangers, les accusant d'être dangereux et d'avoir des mœurs déplorables pour mieux les tenir à l'écart. Une lettre particulièrement violente disait : « Comment se fait-il qu'il ne comprenne pas que le Paradis ne contient que des étrangers, essayant d'oublier les leçons de leurs maîtres, qui leur ont appris à admirer les généraux destructeurs d'étrangers, comme Jules César, qui a mis près d'un million d'étrangers sur le marché aux esclaves, et cela, pour le confort des sénateurs parlant latin ? » Quant à savoir quel rapport il avait avec Jules César, Newton n'en voyait qu'un : ils portaient tous les deux des noms célèbres. Il ne s'était pas rendu compte du genre de sensibilités qu'il froissait. Comment un ancien esclave aurait-il pu se réunir avec d'autres âmes, disait l'un d'eux, alors qu'il risquait de se trouver côte à côte avec un de ces moralistes hautement respectés qui affirmaient que l'esclavage faisait partie de l'ordre naturel des choses, et la guerre également, étant donné qu'on en avait besoin pour avoir des esclaves ? Il aurait pu tomber sur un de ces riches mécènes, immortalisés dans les musées, qui avait fait fortune en achetant et vendant des esclaves. Comment lui aurait-il été possible, s'il l'avait rencontré, de faire des politesses à quelqu'un comme le docteur Samuel W. Cartwright, qui avait acquis la célébrité en découvrant deux maladies propres aux esclaves : la *dysaesthesia aethiopica*, dont le symptôme était « une propension à faire des bêtises et à être insouciant due à la stupidité de l'esprit et à l'insensibilité des nerfs », et la *drapetomania*, c'est-à-dire « la manie de la fuite », dont les malades pouvaient être guéris « à coups de fouet, jusqu'à ce que le diable sorte d'eux » ? Ces réactions firent comprendre à Newton qu'en ne s'entretenant qu'avec des savants il s'était fait une opinion très limitée quant à ce qui ne marchait pas au Paradis. Parmi les âmes qui paraissaient dormir, certaines bouillaient intérieurement.

Cependant, informées de son expérience, d'autres âmes demandèrent à être invitées : des âmes qui avaient pratiquement connu l'esclavage et qu'habitaient les mêmes ressentiments, enfants transformés en machines sitôt sur leurs jambes, femmes qui avaient promis d'obéir et avaient obéi, produits blafards de la révolution industrielle, créatures ne vivant que la nuit, condamnées sans remise de peine à la prison de leurs bureaux et de leurs usines. Très peu avaient, semble-t-il, échappé à toute forme d'esclavage durant l'essentiel de leur vie. Toutefois, beaucoup en avaient assez d'être considérées comme des victimes, et se refusaient à être étudiées de trop près, analysées, et peut-être contraintes de répondre à des questionnaires. Au bout du compte, Newton fut satisfait de pouvoir réunir un nombre d'âmes suffisant pour mener à bien son projet sans causer davantage de bouleversements.

Il commença son expérience en plaçant Quelle sur l'une des pattes géantes du Sphinx. Ensuite, il fit asseoir à tour de rôle les cent esclaves sur l'autre patte, de façon à pouvoir comparer leur poids avec celui d'une âme vivante. Tandis qu'ils défilaient, il les interrogea les uns après les autres en prenant des notes minutieuses. Puis tout le monde attendit patiemment qu'il eût terminé ses calculs. Longtemps, le silence ne fut troublé que par le bruit de sa plume et la lointaine musique céleste qui accompagnait la montée et le déclin de la chaleur du jour. Le soleil se coucha puis réapparut, et Newton calculait toujours. Mais pour finir, il se gratta la tête et annonça avec une certaine gêne que la différence entre les morts et les vivants n'était pas aussi simple qu'il l'avait pensé. Bien des âmes semblaient être arrivées au Paradis alors qu'elles étaient déjà mortes depuis longtemps, ayant passé dans cet état l'essentiel de leur vie naturelle, et un grand nombre des habitants du Paradis n'avaient visiblement pas réussi à se faire une nouvelle vie. Être véritablement vivant, estimait-il, est la chose la plus difficile de l'univers, plus difficile que d'être riche, célèbre, aimé ou redouté. Et être mort n'est pas un état négatif : demeurer mort au Paradis malgré tous les plaisirs qu'il offre demande beaucoup d'énergie. On ne pouvait donc plus admettre que l'énergie apparaissait au moment de la naissance et s'en allait avec la mort.

A ce moment-là, Newton se tourna vers Quelle et lui dit : « Je veux toucher votre âme. Je veux la sentir. »

Tentait-il de lui faire des avances, si vite, et en public ? Une âme ne peut être touchée. Elle n'a pas de forme. C'est ce que Quelle lui dit.

Newton la détrompa. Les trois siècles qu'il avait passés à interroger des savants lui avaient appris beaucoup de choses sur l'âme. Certains pensent que l'âme n'est qu'un souffle, mais c'est parce qu'ils ne l'ont pas étudiée d'assez près. Dans ce souffle, lui-même avait détecté à la fois de la poussière et de la rosée. Au début, il avait cru qu'il s'agissait d'une illusion due au fait que, dans la lumière du Paradis, tout prend un aspect comparable à celui d'un tableau impressionniste, simplement parce que, si on le désire, on peut obtenir, pour les voir plus clairement, que certains détails soient grossis plusieurs fois. Retour de la poussière à la poussière... se pouvait-il que cette expression ait été mal comprise ? Au sujet des âmes, Newton avait l'esprit aussi ouvert qu'à propos des tables et des chaises, qui, disait-on, étaient faites de minuscules étoiles filantes électriques. Malheureusement, il n'avait jamais étudié que des âmes mortes, et il était possible qu'elles se désintègrent comme des noix, dont il ne reste qu'une coquille vide une fois qu'elles ont pourri. C'est pourquoi il voulait voir une âme vivante, l'âme de Quelle, afin de découvrir quel était l'effet de la vie.

Quelle accepta de se coucher sur la grande patte du Sphinx, et elle laissa Newton examiner son âme, ce qui prit beaucoup de temps. Mais quand il eut fini, il ne dit rien. Les esclaves qui le regardaient ne lui demandèrent pas ce qu'il avait trouvé, car au sujet de l'âme, ils avaient chacun leur avis. Plusieurs s'approchèrent de Quelle pour lui tâter du doigt les côtes ou la pincer ici et là, un peu comme s'ils avaient voulu lui prendre des fragments d'âme. Comme c'est généralement le cas, ils ne voyaient que ce qu'ils s'attendaient à voir. L'un d'eux, qui avait été sorcier, dit par exemple que Quelle n'était pas une seule âme mais une colonie d'âmes : dans sa tribu, on avait toujours cru que le corps comprenait trente âmes, logées dans les mains, les pieds, les yeux et la bouche. D'autres anciens sorciers, membres de diverses tribus dites primitives, trouvèrent chacun chez Quelle un nombre d'âmes différent. Mais Newton ne se prononça pas. Lui aussi avait son idée au départ, et tout ce qu'il dit, c'est que ses hypothèses étaient confirmées par ses observations. Il demanda à Quelle de passer au stade suivant de l'expérience, durant laquelle il espérait que son âme donnerait une nouvelle vie aux âmes blessées qu'il avait réunies autour d'elle.

Quelle était tombée sous le charme de Newton. Elle était subjuguée par l'impression d'être en présence d'un véritable aventurier, qui avait le courage de grimper sur une corde que personne ne tenait, qui n'était suspendue nulle part et menait nul ne sait où. Et elle acceptait qu'il garde ses théories pour lui. Pourtant, l'idée d'être un outil, d'être employée comme une pompe à vélo pour âmes dégonflées, ne la séduisait guère, du moins jusqu'au moment où elle se sentit inspirée, apte à comprendre comment une âme pouvait devenir heureuse au Paradis. Si Newton jugeait impossible de parler de l'âme dans le langage de tous les jours, si, pour lui, c'était comme de manquer de discrétion face à la nudité, alors, dit-elle cavalièrement, qu'il lui fasse connaître son message par la musique et par le chant.

Elle aurait dû savoir que Newton n'avait pas l'oreille musicienne. Sur terre, il n'avait pas caché qu'il n'avait dans ce domaine « aucune disposition ni aucune expérience », en sorte qu'il s'était trompé dans ses calculs sur la vitesse du son. Mais le Newton d'aujourd'hui n'était pas celui d'autrefois, et Quelle semblait renforcer son désir d'être un Newton encore plus différent, capable de faire ce qu'il n'avait jamais pu faire auparavant. Il ne trouva pas sotte sa proposition. L'idée de découvrir une nouvelle manière d'annoncer des idées nouvelles, de faire de cette annonce même sinon une œuvre d'art du moins un spectacle, et pas seulement la répétition d'une pensée, le séduisait : une enveloppe méritait d'être aussi subtilement parfumée que la lettre qu'elle contenait. Il s'était demandé pourquoi, au Paradis, la science elle-même dormait, et il s'était dit que, si on pouvait l'amener à s'exprimer de façon plus plaisante, les âmes mortes seraient peut-être à même de regagner les laboratoires silencieux et de rallumer les becs Bunsen. Il serait disposé à se départir de sa réticence notoire si sa découverte, unique, pouvait être décrite d'une manière unique, qui fasse autant d'effet que son message. C'est Quelle qui improvisa le scénario qui le fit sortir de son silence. Elle invita chacune des cent âmes à creuser dans le sable une tombe qui ait la taille qu'aurait pu avoir leur cercueil, et à s'y coucher ; seules quelques-unes s'y refusèrent. Puis elle couvrit de sable celles qui avaient accepté, ne laissant sortir que leur tête. Brusquement, Newton se trouva en face d'un cimetière, avec des nez pour pierres tombales et des yeux interrogateurs en guise d'inscriptions. Il fut ému par cette vision, car les âmes paraissaient tout à la fois vivantes et mortes, ne sachant plus elles-mêmes si elles étaient l'un ou l'autre, formant l'auditoire le plus impartial, et attendant de lui qu'il fasse son numéro, qu'il dissipe leurs doutes. Il avait l'impression qu'un théâtre avait soudain surgi en face du Sphinx, et qu'il fallait peut-être que les savants se servent du théâtre au Paradis, où il n'y avait aucune raison de cacher que tout un chacun joue un rôle.

Ainsi, Newton accepta de donner son avis sur la biologie de l'âme. Dans ce but, il lui fallait exécuter un tour de passe-passe. Car pour comprendre l'âme, il faut comprendre les lois de la gravité, et pour comprendre la gravité, il faut la ressentir. Il ne suffisait pas ici de faire des calculs concernant la manière dont les pommes, pareilles à des pigeons, volent de leur branche au sol. Sur terre, les humains n'ont jamais étudié le goût de la gravité, ni ses effets sur l'âme. Lui-même n'en avait jamais eu l'idée avant de se trouver au Paradis. Il pria donc Quelle de creuser un trou pour lui également, mais beaucoup plus profond, dans lequel il allait entrer peu à peu, les pieds les premiers : il fallait qu'il expérimente la sensation de la gravité s'infiltrant dans l'âme, qu'il subisse la souffrance qu'elle représentait. Les savants qui lui avaient rendu visite ne s'étaient pas aperçus que, tandis qu'ils lui faisaient leur confession, il s'imaginait être un ver pénétrant dans leur âme, se frayant un chemin à travers l'enveloppe censée garder les étrangers à l'extérieur, perdu dans les ténèbres, butant sur toute espèce d'objets, se blessant le visage contre les murs de pierre, franchissant des torrents et des marécages, errant dans des cavernes désertes et froides, mais devenant pourtant plus hardi à mesure qu'il apprenait l'art de creuser dans ce qui, tout d'abord, lui semblait un amas d'ordures innommables. C'est ainsi qu'il avait appris que, ce qu'il y a de plus important dans l'âme, c'est sa consistance. Il y en avait beaucoup de sèches comme de la poussière, dures ou parcheminées, pulvérulentes, cassantes ou croulantes. D'autres donnaient l'impression d'être de glaise ou de vase, d'être des boissons pétillantes ou de douces limonades, plus ou moins sirupeuses, visqueuses, baveuses... jamais il n'aurait cru qu'il y avait tant de façons d'être humide. D'autres âmes encore, mais plus rarement, lui semblaient éclater comme des ouragans miniatures, lui apparaissaient comme de simples bulles d'air, ou comme une atmosphère épaisse et lourde, toute de pensée, faite de gaz invisibles qui revêtaient pourtant la forme de visages.

Il lui avait fallu plusieurs siècles pour trouver un sens à tout cela ; mais pour finir, il était arrivé à sa grande découverte. La force de gravité avait encore plus d'influence sur l'âme que sur le corps. La sécheresse le prouvait. La mention du mot « gravité » parut l'ébranler. Il entra dans le sable jusqu'à la poitrine, comme pour se re-stabiliser. Il avait été très surpris de constater que, alors qu'au Paradis elles étaient censées être libérées de leur corps, tant d'âmes étaient si fortement soumises à la gravité. La gravité avait ici une signification différente. Sur terre, c'est la force qui attire les corps l'un vers l'autre, mais elle paraissait avoir sur les âmes un effet inverse, les maintenir éloignées, les encourager à dormir, ou à se regarder avec indifférence, à cultiver l'ennui plutôt que la poésie, et surtout à abandonner tout espoir de voler un jour comme les anges, ou de découvrir les joies subtiles du Paradis.

Quelle remarqua que Newton avait dit avoir seulement imaginé être un ver. Cependant, il restait à savoir si, quand la mort libère l'imagination, celle-ci s'emballe, retrouvant peut-être son état sauvage infantile, ou s'il y a un retour à la lucidité, comme après un profond sommeil, au moment précis du réveil, lorsque le rêve et la lucidité se touchent et s'illuminent. Newton avait pendant des siècles cultivé l'art de cueillir les pensées qui surgissent à cet instant privilégié. L'une des choses qui, chez lui, attiraient Quelle était qu'il rêvait même à l'état de veille ; mais elle voulait savoir pourquoi, dans ses rêveries éveillées, il restait obsédé par la gravité. Était-ce pour lui une sorte de cauchemar : le hantait-elle parce que lui-même, chargé d'honneur comme il l'était, était accablé par la gravité ? « Personne ne me comprend, avait-il écrit dans son journal intime. Je ne sais pas quelle idée le monde a de moi, mais en ce qui me concerne, j'ai l'impression de n'avoir été qu'un petit garçon jouant sur la plage, et m'amusant ici et là à trouver un galet plus lisse ou un coquillage plus joli qu'à l'accoutumée, alors que le grand océan de la vérité s'étendait, inconnu, devant moi. » Tandis qu'il écoutait les digressions du flot interminable de ses visiteurs, il avait l'impression très nette qu'au Paradis il restait un enfant, qu'il n'avait que partiellement vécu, et que ses visiteurs étaient dans un état très semblable au sien, aspirant à parachever leur existence si seulement ils en découvraient le moyen. La plupart d'entre eux avaient, comme lui, connu un profond désespoir. Il n'avait jamais oublié comment, dans sa cinquantième année, il avait sombré dans ce que Quelle appellerait une dépression nerveuse : les cieux s'étaient brusquement couverts et déchaînés au-dessus de lui, tout le monde semblait le regarder d'un œil mauvais, ses réussites s'étaient évanouies, ne laissant derrière elles que le trou noir de ses échecs et de ses vains espoirs. Il n'avait pas cherché la pierre philosophale pour transformer en or n'importe quel métal — pour lui, c'était trop démodé ; être riche ne l'intéressait pas ; c'est une illumination plus sublime qu'il avait recherchée, le remède à tous les maux humains, dont le pire était à ses yeux la tristesse, ce grand brouillard qui dissimule la vie. Sur terre, comme la plupart des gens, il avait cru que le remède à la tristesse était dans la sécurité. Toutes ses études dans le domaine de la physique avaient pour but de rendre le monde apparemment plus sûr, plus solide, plus constant, de montrer que l'espace était toujours le même ; il avait fait tout ce qui était en son pouvoir pour élargir le champ du prévisible. La gravité avait été son ancre. Au Paradis, la plupart des âmes continuent d'éprouver le besoin de cette gravité, parce qu'elle leur promet la paix et qu'elle leur donne un sentiment de certitude — grâce à elle, ils savent où ils sont, ils savent qui ils sont ; elle réunit toutes leurs contradictions en un seul bloc, si bien qu'elles ont au moins l'impression de former un tout, et peuvent ainsi chérir leurs habitudes et être fières de leurs exploits. Il est rassurant de se croire cohérent.

En ce cas, était-ce la gravité qui donnait le bonheur aux âmes ? Et si oui, pourquoi les immigrants modernes avaient-ils tant de mal à être heureux ?

Il y a au Paradis bien des formes de béatitude. C'est la première vérité que, malheureusement, on ne dit pas aux nouveaux arrivants ; apparemment, la béatitude constitue un sujet trop intime pour qu'on ose en parler. Le bonheur n'en est que la forme la plus anodine, mais également la mieux connue, car on l'a inventé sur terre et importé au Paradis. Toutefois, on ne sait pas que cet aspect anodin est comme la douceur d'un shampoing doux, doux, doux, assez fort pour chasser la tristesse, mais qui doit être utilisé au moins deux fois par semaine. Pour la plupart, les âmes n'osent jamais rien demander de plus puissant ; la gravité les rend prudentes ; elles préfèrent cultiver l'habitude de ce qu'elles connaissent ; au Paradis, elles s'obstinent à vénérer le bonheur ; elles continuent d'y voir le suprême miracle de l'endroit. Une petite dose, disent-elles, est tout ce qui leur faut pour être satisfaites, et pour jouir d'un bon sommeil. Sa simplicité est l'un de ses principaux attraits. Sur terre, on cultive la sagesse populaire : si vous êtes marié, si vous avez de beaux enfants, un travail qui vous plaît et des hobbies intéressants, alors vous avez une chance de gagner le gros lot. Mais bien sûr, beaucoup ne gagnent pas. C'est la malchance. Le bonheur est toujours une question de chance autant qu'une récompense pour s'être conformé aux règles. Mais les humains sont fatalistes — c'est ce qu'ils croient être réalistes. Même au Paradis, ils n'exigent pas que l'on améliore le bonheur.

Est-ce que, pour Newton, il valait la peine de faire tout le chemin menant au Paradis à seule fin de connaître cette sorte de bonheur ? Quelle dit éprouver une certaine sympathie pour les immigrants modernes qui en faisaient fi, se plaignant qu'il n'y en avait jamais assez pour combler tous les appétits. Plus le Paradis était peuplé, plus le bonheur semblait dilué ; le nombre lui faisait perdre son efficacité. Le Paradis était perdu pour le bonheur depuis qu'il apparaissait comme un lieu d'évasion, une plage où les baigneurs agglutinés étaient incapables de bouger. Aux gens modernes, il fallait quelque chose de plus sûr, de plus dynamique, de plus conforme aux espoirs d'aujourd'hui. Le problème, avec le bonheur, c'est qu'il n'est possible d'être heureux que quand tout le monde l'est. Sur terre, on ne peut être heureux qu'en fermant les yeux : dès qu'on les ouvre et qu'on voit la souffrance d'autrui, on est accablé de douleur et de honte. Le Paradis connaissait certainement le bonheur quand on n'y faisait rien qu'écouter la musique ; mais avec l'arrivée des hordes modernes, affolées et insatisfaites, le calme en avait disparu. Dès que les âmes commencèrent à s'inquiéter de leur avenir, ce fut la fin. Peut-être pouvait-on encore y trouver le bonheur en dormant, mais le sommeil était sans cesse troublé. Ou peut-être certaines âmes avaient-elles au bonheur une aptitude particulière ? Mais si c'était le cas, comment pouvaient-elles le savoir ?

Sans s'en apercevoir, Quelle avait inventé un test. Newton lui dit de s'enterrer dans le sable, tout comme elle avait enterré les autres. Le sable serait chaud ; elle ressentirait son étreinte comme une protection ; elle saurait que, si elle en éprouvait l'envie, elle pourrait reposer ainsi à jamais, dormir du sommeil paisible de l'éternité, le visage tantôt baigné par le soleil et tantôt rafraîchi par l'ombre du Sphinx ; ce sable lui offrirait la paix. Qu'elle regarde les yeux des esclaves qu'elle avait enterrés, et qu'elle juge à leur expression quelle était la réponse ! Tous ceux qui cherchent à leur problème une ultime solution, une solution miraculeuse, sont faits pour le bonheur, de même que tous ceux qui croient qu'un problème humain peut être résolu. Le bonheur appartient aux âmes qui veulent vivre dans un univers prévisible. Ainsi, Quelle aurait la preuve que le bonheur était bel et bien un produit importé de la terre.

Certains esclaves, tandis qu'elle se promenait dans son cimetière imaginaire, avaient sombré dans le sommeil ;

certains se léchaient les lèvres d'un air satisfait, ou les remuaient comme pour répéter ce que venait de dire Newton, pour mémoriser ses paroles, pour s'en réconforter ; agir et penser comme les sages leur était un gage de respect, et de respect pour eux-mêmes. Le monde regorgeait de gens qui croyaient que défier l'autorité constitue un crime et que l'obéissance est une vertu, que les autres en savent forcément plus qu'eux. Mais il y avait aussi dans ce cimetière certaines victimes de l'esclavage moderne, et parmi elles, Quelle vit des visages grimaçants, suffocants, des yeux appelant la délivrance. Newton, dont la tête était presque au niveau du sol, avait lui-même un air toujours plus marqué de dégoût et d'ennui. Son retour à la gravité avait été comme un pèlerinage à quelque lieu d'enfance, jadis plein de magie, mais devenu à ses yeux d'adulte d'une banalité frôlant la laideur. Quelle n'avait pas la moindre envie d'essayer de s'enfouir dans le sable. A la seule idée de le faire, elle se sentait prise de panique et de claustrophobie. Elle se savait trop impatiente pour demeurer au même endroit ne fût-ce qu'une fraction d'éternité : pour elle, il y avait toujours mieux à espérer ailleurs. Quelle terrible nouvelle elle recevait du Paradis en apprenant qu'elle n'était pas conçue pour le bonheur ! Qu'elle le veuille ou non, elle était moderne. Il semblait que la volonté d'être heureux fût un héritage que les modernes tenaient de leurs ancêtres, mais qu'on continuait à voir comme un mystère, qu'on n'avait pas fini de déballer. Elle n'était pas en harmonie avec la grande majorité du Paradis. Sans le dire vraiment, Newton semblait avoir prouvé qu'au Paradis le bonheur était une espèce d'impuissance, et la gravité une espèce d'hypnose. La fatigue était le symptôme de l'empoussièrement de l'âme.

Maintenant, Newton était presque entièrement enterré dans le sable, et son visage était tordu d'angoisse. Les pierres tombales méditaient en silence sur la paix et la peine que la gravité pouvait apporter. Quelle demeura longtemps debout au milieu d'elles. La nuit tombait. Elle attendit le matin suivant pour reprendre ses questions.

Cependant, Jolly et Myosotis s'en étaient allés visiter le Sphinx. Il semblait désormais que s'était établie entre eux une forme de collaboration; furetant côte à côte, ils œuvraient ensemble à résoudre les énigmes insolubles. Cheminant lentement, ils explorèrent ainsi le sable chaud et les pierres tombales alignées. Ici et là, Jolly arrêtait ses recherches et se couchait sur le dos, les pattes en l'air; Myosotis lui grimpait alors sur le ventre et le caressait de ses antennes, ce qui arrachait à Jolly des soupirs et des grognements de plaisir. Parfois, le cafard montait au contraire sur le dos du chien, et celui-ci courait parmi les tombes et se secouait violemment, comme s'ils étaient convenus d'un jeu où la monture devait désarçonner son cavalier avant de pouvoir s'arrêter. Ou Myosotis disparaissait soudain, et Jolly se mettait à sa recherche, frétillant d'un air triomphant lorsque le bout de ses antennes lui avait permis de le repérer dans quelque minuscule cachette.

Quelle était enchantée de les voir s'amuser ainsi. Ils avaient appris à jouer ensemble. Si tous les animaux, tous les insectes, tous les poissons du Paradis faisaient de même, à quel carnaval n'assisterait-on pas! Mais Myosotis restait un être d'habitudes; il en avait toujours été ainsi, même dans les recoins les plus sombres, où le jour ne se distinguait pas de la nuit. Soudain, il s'arrêtait donc de jouer et se retirait dans son pot. Jolly l'oubliait tout aussi brusquement, et, se roulant en boule, tombait endormi. Il était clair, songea Quelle, que l'ennui pouvait séparer deux êtres encore plus profondément que la haine.

CHAPITRE VIII

Quelle autre forme de béatitude les humains pouvaient-ils espérer au Paradis que le bonheur dont on leur avait parlé sur terre ?

Avant de répondre, Newton modifia le décor. Il amena un tuyau d'arrosage et aspergea d'une fine bruine d'eau froide l'ensemble du public et le Sphinx. Avait-il l'intention de les rafraîchir, ou de les mouiller ? La réponse vint sous forme de chant. La pluie eut un effet instantané sur l'une des pierres tombales, qui, comme une plante avachie par la soif, se remit brusquement à vivre.

Sois mon amie
Frivolité
Ne sois pas si sage
Montre ton visage
Laisse là ta timidité
Quittons ces parages
Oublions notre dignité
Notre gravité
Ce ne sont que misères
Fuyons ce cimetière
Décide-toi
Viens, guide-moi
Sois mon amie
Frivolité.

Mais la frivolité n'existait pas au Paradis. Quelle le savait. Tout le monde le savait. Et c'est exactement ce que Newton voulait montrer avec sa douche froide. Le chant était un cri dans le désert. Pourquoi rencontrait-on si rarement une âme qui ne soit pas sèche comme la poussière, pourquoi la bruine tombait-elle sur les tombes — à l'exception d'une seule — sans les adoucir ni les nourrir ? Newton raconta à Quelle l'histoire de la pierre tombale qui s'était brusquement mise à chanter.

Au IIIe siècle avant notre ère, à Gedara, en Galilée, pas loin de Bethléem, un jour dont, hélas, on n'avait jamais fait une fête, était né un enfant appelé Ménippe. C'est celui qu'on a oublié parmi tous les prophètes merveilleux auxquels ce coin du monde a donné le jour.

C'était Ménippe qui, enterré dans le sable, avait chanté ce chant. Autrefois, il était esclave. Newton croyait que c'était à lui que Dieu avait confié une mission divine : verser de l'eau froide sur les gens graves et solennels. Sa vie durant, Ménippe prêcha que rien ne valait tout à fait sa réputation et son prix. Qu'il ait ou non été le premier homme à dire que le monde était stupide, qu'il ne fallait pas le prendre au sérieux, et que les humains avaient une tendance incorrigible à prétendre être ce qu'ils n'étaient pas, il fut certainement le premier à écrire quarante livres pour en faire la preuve. Il écrivait avec un faux sérieux qui rendait tout sérieux ridicule. C'était le prophète de l'Ironie, du Sarcasme, de la Frivolité. Quarante prophètes en un. C'est ainsi que la frivolité était apparue dans le monde, où, jusque-là, la gravité, la pesanteur, avaient régné en maîtres. En chaque âme, il y avait place pour la frivolité, mais cette place restait vide, et les âmes étaient sèches comme de la poussière. La frivolité était certainement destinée à devenir sur terre une force aussi puissante que la gravité même. Mais, comme c'est ordinairement le cas, le plan divin ne marcha pas tout à fait comme prévu. D'abord, tous les livres de Ménippe s'étaient perdus. On ne connaît de lui que ce que ses disciples ont rapporté. Ils se moquaient par trop les uns des autres pour pouvoir fonder une religion de l'ironie, et tout ce qu'ils réussirent à faire, c'est à semer le doute et la confusion quant à la signification du monde. Mais leurs chants joyeux sur l'hypocrisie et la discordance terrestres faisaient du désespoir presque un plaisir; ils tiraient sur tout ce qu'ils voyaient, si bien que, plutôt que de rendre le monde plus amusant, ils le submergeaient de tristesse, peut-être pour mieux l'illuminer de leur esprit. Et puis Ménippe lui-même se révéla un peu au-dessous de la confiance qu'on voulait bien lui accorder. Ancien esclave, il racheta sa liberté et il devint très riche en prêtant de l'argent et en assurant des bateaux. Philosophe plein d'esprit, c'était donc également un homme d'affaires, et en tant que tel, il était aussi malheureux que bien d'autres, mais, ayant la faculté de battre le monde à son propre jeu, il sut se hisser au sommet. Puis un jour on lui déroba tout son or, et il se suicida. On en conclut qu'il n'avait pas eu suffisamment d'humour pour supporter sa perte, et il en fut discrédité de même que tout ce qu'il représentait. Cependant, la vérité était encore plus triste. Ménippe révéla à Newton que, s'il s'était suicidé, ce n'était pas à cause de l'argent, mais parce qu'il avait pris conscience qu'il était prophète et que sa venue dans le monde s'était effectuée trop tôt, qu'il lui faudrait attendre encore longtemps avant de gagner le respect. L'humanité voyait en lui le fondateur d'une hérésie. Elle traitait la gravité comme son premier-né, et la frivolité comme un bâtard. Il espérait que, secrètement, elle préférait le bâtard, mais il devrait attendre. Le jour arriverait-il où elle serait déçue par la gravité? Alors seulement elle comprendrait que la frivolité avait à offrir une autre sorte d'espoir. Et d'ici là, la frivolité devrait rompre ses liens avec la tristesse. Ménippe était venu pour hâter ce moment. Pour l'instant, il était encore méprisé, bien qu'il eût constaté que des âmes toujours plus nombreuses étaient fatiguées d'être heureuses selon les normes traditionnelles, n'étaient plus satisfaites de chercher le bonheur ; elles aspiraient à autre chose, mais sans pouvoir le définir.

Newton avait examiné l'âme de Ménippe. Comme toute âme frivole, elle aurait dû être humide, absorbante, assoiffée de distractions et de nouveautés ; mais l'atmosphère ensommeillée du Paradis semblait la dessécher aussitôt qu'elle s'humidifiait, si bien qu'elle ressemblait à une rivière victime des changements saisonniers, toujours frustrée par de nouvelles sécheresses. Newton comprit qu'au Paradis, les âmes frivoles aspirent à une béatitude qui soit différente du bonheur. Elles sont trop blasées pour vouloir être heureuses, trop subtiles pour dire ce qu'elles espèrent d'autre, sachant que tout espoir peut être tourné en dérision, et que tout idéal peut paraître naïf. Mais Newton, qui n'entrait pas dans leur jeu de dénigrement mutuel, pouvait déterminer quelle béatitude elles cherchaient. Elles voulaient se trouver en état de lévitation : pas vraiment vivre en flottant dans l'air, mais avoir cette sensation d'être détachées des soucis du monde, et également de ses espoirs. C'était la deuxième espèce de béatitude que le Paradis pouvait offrir. Mais, bien sûr, les âmes frivoles étaient incapables de se résigner à avoir une quelconque ambition, y compris l'ambition de n'en pas avoir. C'était là la cause de tous les ennuis que suscitaient les immigrants modernes. Être frivole, léviter, c'est n'avoir aucun but. Au Paradis, elles ne pouvaient donc trouver aucun but. Et Ménippe savait qu'il n'avait pas le droit d'être déçu que les âmes qui, flottant sans but dans l'air, auraient pu être ses disciples, passent à côté de lui sans même le reconnaître.

Newton décida que Ménippe était un personnage très important, l'une des grandes figures historiques qui avaient apporté au monde un germe d'où sortirait un jour une attitude envers la vie permettant de changer celle-ci. Ce qui, au départ, n'avait guère été plus qu'un jeu verbal, pouvait fort bien donner naissance à quelque chose d'aussi révolutionnaire que la science, devenir le plus souple des outils humains après la logique même. En effet, alors que la logique donnait à l'homme la possibilité de rechercher la vérité, la frivolité pouvait être pour lui l'outil lui permettant d'accommoder cette vérité lorsqu'elle était insupportable, de concilier des vérités contradictoires, d'en faire un jardin où il puisse se détendre et sentir qu'il avait quelque liberté, où le sens de sa dignité individuelle puisse s'épanouir. Cela ne s'était pas encore produit, car la frivolité en soi ne pouvait accomplir rien de positif ni de constructif. C'est pourquoi on ne riait pas au Paradis. Il y avait des traces de frivolité, d'humidité, dans de nombreuses âmes, mais Newton n'y avait détecté aucun signe de mouvement. Le rire de Quelle avait provoqué une profonde émotion.

Ménippe ne savait pas que faire au Paradis. Il passait beaucoup de son temps à psalmodier d'étranges lamentations qui n'étaient pas vraiment un chant, comme pour une religion dépourvue de doctrine.

Au Paradis, pour moi, y a-t-il un endroit?
Les juges et les jurés me laisseront-ils entrer?
Mieux qu'aucun spécialiste, je sais brouiller les pistes;
Mon esprit détonnant peut tuer les tyrans
Et faire d'une belle histoire un affreux cauchemar;
Mais nul au Paradis ne veut de mon avis.

Au Paradis, pour moi, y a-t-il un emploi?
Les critiques, les esthètes, railleront-ils ma requête?
Je sais faire cuire les nerfs dans une sauce amère,
Redorer le blason de la consommation;
Si je suis affolé par toutes les piétés,
Mon respect de l'humour est celui de l'amour.

Pour moi, au Paradis, y a-t-il un ami ?
Pour un contestataire, comment ne pas déplaire ?
Aux mots les plus mordants je puis limer les dents ;
De prêtres, de sanctuaires, je ne saurais que faire ;
L'oubli qui s'y répand de mes fêtes est l'encens.
Mais pour le plaisir que j'en ai, à quoi bon être né ?

Ou bien le Paradis est-il mon ennemi ?
Les fanatiques et les pédants feront-ils toujours mon tourment ?
Moi qui jamais ne suis ni pour le non ni pour le oui,
Et dont la jouissance est dans l'ambivalence,
Qui me crois trop malin pour jamais faire une fin,
Qui suis mon seul ami, qui suis mon seul avis.

Au Paradis est-ce que vivre signifie être libre ?
La sorcellerie, la médecine, m'enseigneront-elles la combine ?
Des points de suspension répondent à mes questions,
Je ne sais qu'éviter, je ne fais que m'interroger.
Je ne cesse de me tourmenter, de m'inquiéter, de m'agiter.
Va-t-on m'apprendre à aboyer pour m'empêcher de ricaner ?

Au Paradis, pour moi il n'y a sans doute pas d'endroit.
Les fous, les hérétiques, ne sont pas faits pour sa musique.
L'une de mes oreilles entend Fa lorsque l'autre entend La.
Aucun céleste accord ne me donnera le confort.
Pour moi, rester ici serait une agonie.
Mais où trouverai-je un abri contre mes propres railleries ?

Pendant que Ménippe psalmodiait, Newton expliqua comment la frivolité d'une âme se mesure. Les gens les plus frivoles n'étaient pas ceux qui riaient beaucoup ou riaient très fort. Il ne fallait pas conclure du fait qu'il ignorait le rire que le Paradis avait été purgé de tout humour. Lui-même y avait découvert bien des signes de frivolité, et notamment parmi les immigrants modernes. La frivolité était une forme d'humilité particulière. Les âmes frivoles se savent tout entières pleines de boue, de vase ou de limonade, d'un chaos d'une espèce ou d'une autre. Si les âmes graves soupçonnent qu'elles sont dans le même cas, c'est un fait qu'elles se cachent en se congelant, car elles sont persuadées que, si elles laissaient le chaos se montrer, elles tomberaient en morceaux et se dissoudraient, que le monde entier s'effondrerait si chacun permettait à la vérité de se révéler, que la gravité, la pesanteur, était la force qui donnait à l'ensemble toute sa cohésion. Le test de frivolité avait été démontré par la douche d'eau froide sur les pierres tombales. Ménippe était le seul à avoir réagi. Les autres étaient restés parfaitement insensibles parce que la gravité les protégeait en les rendant imperméables aux idées nouvelles, au ridicule et même à l'espoir, parce qu'ils mettaient tous leurs efforts à se protéger de la frivolité, qui glissait sur eux comme l'eau sur les plumes d'un canard.

L'eau fut coupée. Il y eut une pause durant laquelle le soleil sécha le sable. Puis Newton fut prêt à expliquer le plus mystérieux de tous les éléments de l'âme : l'air raréfié. Pour cela, il changea encore le décor. Il ramassa des branches, des ronces, des vieux journaux, et il y mit le feu de manière qu'une épaisse fumée enveloppe le Sphinx et ceux qui l'entouraient, transformant le tout en un néant gris sombre.

Il voulait démontrer comment, quand l'âme est créative et vraiment aérienne, elle peut voir même dans cette forme d'invisibilité, où le possible est sans limites. Au Paradis, il en était persuadé, toute âme est capable d'inventer, d'imaginer et de créer. Son but était de montrer pourquoi, jusque-là, les merveilles infinies situées au-delà de la gravité et de la frivolité demeuraient un rêve.

De nombreux savants amateurs étaient venus le voir, qui aimaient opposer leur astuce aux ingéniosités de la nature. Ils lui disaient sentir profondément que chaque individu porte en lui des talents potentiels, auxquels la vie sur terre ne donne pas l'occasion de s'épanouir. Comment le Paradis y remédiait-il ? Bien des enfants qui faisaient preuve d'originalité avaient été instruits de façon à l'abandonner ; la crainte d'être considéré comme anormal était trop forte ; beaucoup apprenaient à se satisfaire de ce qui était médiocre, et plaçaient leurs espoirs les plus hauts dans le domaine du rêve. Ceux qui, enfants, avaient cru être intelligents jusqu'à ce qu'on les persuade du contraire, auraient bien aimé, une fois au Paradis, trouver quelqu'un à qui dire que, maintenant, ils étaient prêts à devenir les génies qu'ils auraient pu être.

Le monde est plein d'enfants doués, disait Newton, mais les adultes doués sont très peu nombreux. Que sont devenues toutes ces promesses ? Au Paradis, l'accolade du génie était-elle réservée à cette même minorité infime qui en avait déjà joui sur terre ? Les génies s'y distinguaient-ils également par leurs quatre-vingt-quatre traits particuliers combinés selon une formule ultra-secrète ? Le Paradis était sûrement plus qu'un asile où ceux qui n'avaient pas réalisé leurs rêves avaient l'éternité pour se remémorer leur triste déclin. Il ne croyait pas les rumeurs prétendant que les hommes ne pouvaient pas changer, que l'intelligence était une fois pour toute fixée à la naissance ; il y voyait une sorte de propagande, de féodalisme intellectuel profitant à ceux qui prétendent posséder le monopole de l'intelligence, le droit d'exiger à jamais un tribut des crédules, comme jadis les seigneurs s'engraissaient en affamant leurs serfs ; c'était à cause de telles rumeurs que la timidité étouffait l'essentiel de l'intelligence. Au Paradis, c'était, ou ce pouvait être, différent. Rien n'obligeait à écouter ce que disaient les autres ; du reste, il n'était pas facile de les entendre. Chez beaucoup, ce phénomène engendrait une solitude terrifiante, à laquelle le sommeil semblait le seul remède. Mais au Paradis, la solitude pouvait être reconnue comme un signe de liberté, la liberté d'agir et de penser sans se soucier de l'opinion des autres. Le génie ne s'est jamais épanoui que dans la solitude. Sur terre, la solitude pouvait être déroutante ; mais au Paradis, c'est plutôt le contraire. Ce n'est pas une maladie, mais un don, qui pousse les âmes vers une nouvelle forme d'existence, où l'imagination prend son essor. Loin d'être le signe que Dieu les abandonne parce qu'Il ne s'occupe pas de leur donner toutes les quatre heures un biberon d'amour, la solitude leur garantit qu'elles sont uniques, ce qui est aussi une invite divine. Bien sûr, les humains ont du mal à comprendre les invites divines ; ils en reçoivent pourtant en quantité, beaucoup plus qu'ils n'en ont conscience, mais ils les ignorent et n'y répondent pas. Souvent même, elles les ennuient. L'ennui est le ferment de leur tristesse ; c'est lui, et non la solitude, la cause de tous les maux du Paradis. L'ennui est l'incapacité de reconnaître une invite. Newton admettait que lui-même n'était pas à l'abri ; il était arrivé que le flot de ses visiteurs l'ennuie, non parce qu'il les trouvait inintéressants, mais parce qu'ils lui donnaient parfois le sentiment d'être venus à un bal costumé, où ils s'attendaient à le voir déguisé en un point d'interrogation entre guillemets, dans le rôle de quelqu'un qui ne veut pas montrer qu'il ignore les réponses. Le Paradis était une invite à imaginer des réponses. Le rire de Quelle avait sonné à ses oreilles comme l'explosion d'une charge de dynamite, soufflant l'ennui, mettant fin à la complaisance, montrant que tout était possible. Le Paradis devait apprendre à rire, car tout acte créateur, il en prenait conscience, devait contenir une part de plaisanterie.

Quand la fumée se dissipa, le Sphinx réapparut, mais, sous le bonnet royal, la tête avait quelque chose d'indistinct ; le visage n'était plus le même. Plus elle le regardait, plus Quelle trouvait qu'il ressemblait maintenant à celui de Newton. Newton lui-même n'était nulle part en vue. Mais sa voix était toujours là, et elle s'exprimait à travers le Sphinx. L'expérience visant à découvrir combien d'air raréfié, ou de créativité, il y avait dans l'âme était particulièrement difficile. Il essayait de montrer comme cela fonctionnait. Au Paradis, la condition indispensable à une existence créative résidait dans la faculté de sentir ce que signifie être quelqu'un d'autre, de se mettre dans la peau d'autrui. C'est ce qu'il pratiquait sur le Sphinx. La chose pouvait sembler paradoxale, car être original signifie être unique. Mais pour posséder une originalité qui ait quelque valeur, qui ne soit pas simplement de l'excentricité, il faut porter en soi les germes d'autant d'autres que possible : les âmes originales, les âmes créatives, ne peuvent être que multiples. Les gens graves refusent d'être créatifs toutes les fois qu'ils disent : « Ce n'est pas moi. » C'est justement parce qu'ils montraient la voie de l'originalité, qui est la conquête du droit d'être plus que soi-même, que les acteurs étaient les héros et les héroïnes de l'époque moderne. Pour tous ceux qui avaient le courage de le voir ainsi, le Paradis était une scène de théâtre. Il ne manquait que les applaudissements.

L'un des grands spécialistes mondiaux des applaudissements était Albert Einstein. Lorsque des âmes modernes entraient au Paradis en déclarant qu'elles voulaient être des génies, elles disaient d'ordinaire « comme Einstein », car il fut le premier savant dont les média firent une célébrité sans rien comprendre à sa pensée — saisir ses théories demande de longs mois de travail même à un spécialiste. Einstein suscita néanmoins l'admiration de tous, car il avait pensé ce que personne n'avait pensé avant lui. L'histoire d'Einstein devint l'un des contes de fées du Paradis. En chaque adulte, l'enfant disait : « Si seulement on m'avait apprécié de cette façon-là quand j'avais mes visions, quand je tenais des propos que j'étais seul à pouvoir comprendre ! »

Newton remit donc de nouveaux journaux dans le feu, qui recommença à fumer, et quand la fumée s'éclaircit, c'est le visage d'Einstein que l'on vit apparaître sur les épaules du Sphinx, avec son demi-sourire familier sous sa grosse moustache, son air lointain et ses yeux pétillants, sa crinière en forme d'auréole, si vivante que Quelle crut entendre des voix à l'accent traînant, rustique, murmurer comme des pellicule : « Pourquoi ne te fais-tu pas couper les cheveux ? » Newton imaginait qu'il était Einstein. Peut-être se rendait-il compte qu'il disait quelque chose que très peu allaient croire ; il faut toujours beaucoup de temps pour qu'on croie ce que disent les génies ; et lui-même ne pouvait oublier que ses collègues de Cambridge avaient pendant longtemps refusé d'enseigner ses découvertes, leur préférant les vieilles idées qui leur étaient plus familières. Peut-être sentait-il que, s'il s'exprimait avec la voix d'Einstein, deux génies ainsi réunis auraient plus de chances d'être crus. Peut-être entendait-il prouver qu'il n'était pas jaloux que les immigrants souhaitent ressembler à Einstein plutôt que de lui ressembler à lui : avoir la gloire d'Einstein, être comme une bête curieuse dans un jardin zoologique, que des chefs d'État et des archevêques viennent nourrir des cacahuètes de leurs platitudes, ne correspondait pas à l'idée qu'il avait du bonheur. Mais peut-être aussi n'avait-il pas le choix : si, au Paradis, tout le monde pouvait être créatif, alors le grand Einstein devait l'être également, ce qui, c'était bien connu, n'était pas le cas. Il fallait que Newton explique comment les cartes sont redistribuées au Paradis (elles le sont également sur terre, mais on ne s'en rend pas compte), comment tous les efforts que consacrent les humains à élever leurs semblables dans l'ordre du mérite, à séparer les échecs des succès, sont un leurre, un passe-temps qui, ici, n'a absolument plus de sens ; comment le fait d'avoir montré sur terre un esprit créatif ne constituait pas une garantie d'avenir. Newton avait revêtu le visage d'Einstein de façon à montrer clairement que se mettre dans la peau d'un autre ne veut pas dire chercher à l'imiter.

Pour quitter celui qu'il était sur terre, Einstein avait eu plus de difficulté que Newton. Pour devenir créative, une âme doit acquérir la légèreté de l'air. Or Einstein n'en était pas là. Il avait plus ou moins cessé d'être créatif une fois parvenu à l'âge mûr ; même les savants de son envergure ne sont pas à l'abri des risques professionnels, et ressemblent en cela aux mineurs, menacés par une maladie pulmonaire. Au Paradis, il n'avait pas trouvé comment sortir de la maturité. Cela, pour deux raisons. D'abord, parce que, malgré son courage intellectuel, il connaissait la peur. Il ne se sentait pas assez fort pour se défaire de sa vieille conviction selon laquelle « tout est déterminé par les forces qui échappent à notre contrôle ». Il ne cessait de répéter : « Nous dansons tous sur un air mystérieux, qu'un flûtiste invisible joue dans le lointain. » Sur terre, il avait, comme Newton, désiré la « sécurité » de ce qu'il appelait « un univers existant indépendamment de nous », et la « libération » des « chaînes du purement personnel », d' « une existence que dominent les désirs, les espoirs et les sentiments primitifs ». Il était affolé par la fluidité du Paradis : il lui semblait que les lois de l'univers, ou du moins celles du Paradis, n'étaient pas fixées pour toujours, comme s'il arrivait à Dieu de changer d'avis, comme si des changements pouvaient se produire que Lui-même n'avait pas prévus. Il était bouleversé de constater que Dieu lui restait incompris, et que, peut-être, Il n'avait nullement l'intention de Se faire comprendre. Devrait-il accepter qu'aucune âme ne puisse jamais prétendre en comprendre une autre, qu'on ne pouvait rien espérer sinon des illuminations occasionnelles, lorsqu'un éclair de sympathie passait entre deux êtres : était-ce là ce qu'on entendait en parlant de se mettre dans la peau de quelqu'un d'autre ? Il ne lui serait pas possible de retrouver sa créativité avant de s'être habitué aux libertés du Paradis, qui n'offre aucune réponse, où l'on doit inventer soi-même non seulement les réponses mais l'idée qu'on se fait de l'endroit, où personne ne connaît les règles, où rien n'est jamais sûr.

La deuxième raison de ses difficultés était la suivante : il ne pouvait pas renoncer à chercher à prouver qu'il avait raison. Il avait consacré tant d'efforts, il s'était si bien épuisé à inventer sa théorie du champ unitaire ! Pourtant, personne au Paradis n'était jamais venu le voir pour lui dire une bonne fois pour toutes que sa théorie était juste. Si quelqu'un savait comment les gens créatifs travaillent, c'était bien Einstein, qui avait toujours travaillé seul ; quand on compte sur l'avis des autres, l'originalité se perd. D'ailleurs, il disait volontiers : « Je suis heureux parce que je ne demande rien à personne ; je n'ai pas grand besoin d'éloges. » Tant que c'était resté vrai, tout avait bien marché. Mais un jour, il laissa échapper cette phrase : « La seule chose qui me donne du plaisir, à part mon travail, mon violon et mon voilier, c'est la reconnaissance de mes collègues. » Au Paradis, une telle reconnaissance n'existe pas. Lorsque Dieu a créé le monde, Il l'a jugé bon : personne ne lui a dit que Sa création était bonne, personne ne L'a loué, et Il a continué sans s'en inquiéter. L'idée que Dieu veut qu'on Le loue sans cesse est une invention des humains, qui, dans leur faiblesse, sont eux-mêmes assoiffés de louanges. Einstein n'était pas tout à fait indépendant : il avait peut-être du mal à se faire à l'idée qu'il devrait à jamais se passer d'éloges. Mais il y avait chez lui quelque chose de combatif : il lui fallait au moins prouver que ses rivaux avaient tort. Or au Paradis, c'était parfaitement impossible, et cela lui pesait. Cela l'empêchait de s'intéresser à d'autres choses. Il se demandait si, peut-être, les anges gardiens ne négligeaient pas leurs devoirs, créant délibérément du désordre.

Dans la première déclaration publique qu'il fit au Paradis, Einstein dit qu'il n'était pas d'accord. D'accord avec quoi ? Au Paradis, il ne se sentait pas chez lui. C'était ce qui restait du souffle d'air alimentant sa créativité. Seule la force de gravité permet aux âmes de se fixer ; mais jamais Einstein ne s'était fixé, jamais il ne s'était senti tout à fait à sa place. Son premier acte d'adulte avait consisté à nier qu'il était allemand, alors que ses parents étaient allemands et qu'il était né en Allemagne. Par la suite, il s'était installé aux États-Unis, mais il n'avait pu accepter certaines valeurs prétendument américaines — le mercantilisme, la religiosité, la vie de famille elle-même —, et ne s'était jamais soucié de parler l'anglais correctement. Il était convaincu que l'individu était unique, mais il n'avait appris à connaître que peu d'individus et n'avait pratiquement aucun ami intime. L'idée de fraternité lui était chère, mais s'il se montrait chaleureux envers l'humanité en général, il gardait ses distances à l'égard de chacun. Au Paradis, cette attitude lui créait un problème, car toutes les âmes sont également distantes. Pour la première fois, il comprit donc qu'il était entouré d'un nombre infini de mystères, dont tous auraient pu affirmer être des génies en puissance. Il n'y avait personne avec qui n'être pas d'accord. Sur terre, il avait pour devise : « Ne perds jamais ta sainte curiosité. » Mais sa curiosité se concentrait sur un unique problème : « Je désire connaître les pensées de Dieu, les autres sont des détails. » Mais au Paradis, la créativité semblait devoir s'accompagner d'une curiosité universelle, pour laquelle chaque détail avait son importance. Il n'avait jamais montré plus d'intérêt pour la nourriture, les vêtements, les langues, que pour les individus. Comment pourrait-il rattraper ce retard ? « Je ne connais pas grand-chose de la nature, et presque rien des gens », se plaignait-il.

Il avait toutefois beaucoup réfléchi à son handicap, et ce qu'il voulait dire maintenant, c'est que, si l'on se retrouve au Paradis, ce n'est pas pour être heureux. Une âme créative ne cherche pas le bonheur mais l'extase. Les âmes écrasées par la gravité ne s'inquiètent guère de connaître l'extase, qu'elles croient réservée aux mystiques, et proche de la folie. Lorsqu'ils touchent à l'extase, les poètes passent généralement pour bizarres ; quand ils essayent de l'éprouver tout en demeurant sobres, ils ne peuvent s'y maintenir que l'espace de quelques secondes. Sur terre, l'extase ressemble à une expérience faite sur le noyau des atomes, qu'on ne peut élever qu'une fraction de temps infime à une température explosive ; mais il est vrai qu'on ne sait pas encore comment provoquer une réaction d'extase en chaîne. Selon Proust, l'illumination de l'extase se produit par hasard, sous l'effet d'un banal souvenir ; pour beaucoup, c'est une forme d'ivresse exaltée, suivie de regret, de dépression, de dégoût du monde. Einstein et Newton étaient tous les deux assez ambitieux pour penser que l'art d'éprouver et de goûter l'extase était la récompense du Paradis ; ils ne pouvaient concevoir objectif plus élevé. Ils étaient certains que, sans elle, le Paradis ne serait pas complet, car l'extase seule abolit le gouffre qui sépare les humains les uns des autres, et de Dieu, et des anges. Ce devait être la véritable langue, la langue universelle du Paradis, qui permettait aux âmes de communiquer avec l'univers, ou du moins de sentir qu'elles pouvaient le comprendre. Peut-être les anges gardiens étaient-ils les compilateurs du dictionnaire du Paradis. Einstein était plein d'optimisme. Pour lui, il fallait qu'il existe une variété de béatitude qui ne lassait pas, qui ne s'accompagnait ni de culpabilité ni de honte, ni d'aucun des autres sentiments qu'il avait dû, sur terre, chasser de son esprit.

Tandis que le bonheur est une émotion personnelle, qui ne vous apprend rien du monde, l'extase est le sentiment que le monde signifie quelque chose, que ses moindres parties ont un sens, qu'on peut y connaître la paix. Sur terre, l'extase est le privilège des saints, des originaux. Au Paradis, elle est à la disposition de tous et de chacun. Mais Einstein devait encore se faire à l'idée que chaque illumination serait différente, qu'il n'y avait plus de vérité unique qui satisfasse tout le monde. Il ne savait pas quelle sorte de chaos pourrait en résulter. Se préparer au chaos lui semblait le premier pas vers la créativité. Mais peut-être n'était-ce pas aussi terrifiant qu'il l'avait cru sur terre, où l'on se fatigue si facilement, où l'on ne peut pas se concentrer, ou tout au plus sur un unique sujet. Au Paradis, on avait la chance de pouvoir commencer par dormir tout son saoul. Et au réveil, une fois vraiment régénéré, chacun découvrirait un Paradis beaucoup plus merveilleux qu'on ne l'avait jamais imaginé.

Une fois de plus, la fumée monta en d'épais nuages, et Einstein disparut. Quand l'air fut à nouveau limpide, Quelle et Newton étaient assis chacun sur l'une des pattes du Sphinx. Telle était l'histoire de l'âme, pour autant que Newton la connut. Lentement, les esclaves sortirent de leurs cercueils de sable en se frottant les yeux, tellement ensommeillés que Quelle se demanda s'ils seraient jamais assez réveillés pour se rendre compte de l'extase qui les attendait. Aucun d'eux, en tout cas, ne paraissait s'y préparer.

Quand Quelle regarda plus attentivement les plus comateuses de ces âmes, elle vit que, parmi elles, il se trouvait des ânes. En y regardant de plus près, elle s'aperçut que chacun d'eux portait autour du cou une bouteille renfermant les parties génitales d'un homme. Selon une ancienne croyance chinoise, à moins qu'il n'emporte avec lui ses parties génitales, un eunuque arrivera au ciel sous la forme d'une ânesse. Les chirurgiens de Pékin avaient donc l'habitude de conserver ce qu'ils enlevaient dans une bouteille jusqu'à la mort de leur client, puis de mettre celle-ci dans sa tombe. Ces ânes ne signifiaient pas que, parfois, le tour de passe-passe ne fonctionnait pas comme prévu, mais simplement que, parmi les eunuques, certains s'inquiétaient tant de se retrouver ânes qu'ils finissaient par être sûrs de ne pouvoir être autre chose. Au Paradis, c'est là un phénomène commun, et pas seulement chez les eunuques, mais chez tous ceux qui ne se croient pas maîtres de leur destin, qui pensent impossible d'échapper à son sort, qu'ils font irrémédiablement partie des malchanceux. Dans leur vie précédente, ces ânes-eunuques avaient pourtant fait preuve de qualités exceptionnelles. L'un d'eux, appartenant à la dynastie T'ang, avait été une sorte d'éminence grise, qui avait fait et défait des empereurs, et ne constituait en rien une exception, puisque, durant certaines périodes, les empires byzantin et ottoman avaient été tout comme la Chine secrètement gouvernés par des eunuques, de même que d'autres empires l'avaient été par des prêtres célibataires. Un autre âne, de la dynastie Ming, avait été le responsable du choix des eunuques engagés au palais impérial, ce qui ne constituait pas une tâche facile à une époque où, pour trois mille places, il y avait vingt mille postulants, et où les garçons ambitieux savaient que, la concurrence pour les postes gouvernementaux étant ce qu'elle était, la meilleure façon d'arriver était de se faire castrer ; l'opération ouvrait la porte à bien des carrières prestigieuses, et donnait lieu à bien des discussions pour savoir si le sacrifice était plus ou moins grand que celui consenti ailleurs par d'autres arrivistes, qui se castraient de manière moins visible. Un âne avait été chargé de la fabrication du papier de toilette impérial ; un autre avait officié dans les cabinets de l'empereur, où se réglaient maintes affaires importantes tandis que deux jeunes filles parfumaient l'air à grand renfort d'encens ; ce n'était pas un mince honneur que d'avoir été à l'origine des cabinets ministériels. Certains avaient commandé les Cavaliers rouges de l'Esplanade occidentale, c'est-à-dire la police secrète sur laquelle se fondait le pouvoir des eunuques. Un grand nombre d'entre eux avaient fait fortune dans la spéculation, profitant des renseignements qu'ils tiraient des concubines de l'empereur. Enfin, l'un d'eux était un cuisinier célèbre, dont les gargotes du monde entier parodient toujours les recettes. Et pourtant, malgré toute leur puissance et toute leur importance, ils se voyaient comme des esclaves, prisonniers de leurs corps, forcés d'admettre qu'ils étaient des monstres, incontinents, puants, fermés pour toujours aux plaisirs de la vanité.

Quelle ne se sentait guère à la hauteur de la tâche que Newton entendait lui confier : tirer ces ânes du désespoir, ranimer leur vitalité, leur prouver que, comme tout le monde au Paradis, ils avaient le droit d'être créatifs. Le pire est que Newton comptait sur elle parce qu'il avait atteint les limites de son propre esprit d'invention. La façon dont le changement se produisait au Paradis était quelque chose qu'il ne comprenait encore que vaguement. Il expliqua que les savants avec lesquels il s'était entretenu disaient que le sexe gouvernait l'univers, et que, par conséquent, c'était du sexe que devait venir le changement. Le sexe était le premier souci des humains ; en fait, les savants modernes paraissaient incapables de parler d'autre chose, et ils se demandaient ce qu'il en advenait au Paradis. Sur ce chapitre, les ânes étaient muets, du fait qu'ils avaient justement un problème sexuel. Mais Newton, qui, dans ce domaine, n'avait guère d'expérience, soutenait obstinément que les humains avaient compris le sexe tout de travers. Le sexe n'amène pas de changement ; au contraire, il maintient le monde tel qu'il est, n'autorisant que des variations limitées sur le thème du couple, du triangle et du cercle. A son avis, dans les affaires humaines, ce n'était pas le sexe mais la frivolité qui constituait la force décisive. Elle maintenait l'équilibre dans l'avenir de l'humanité, et rendait le changement possible ou impossible. En soi, disait-il, la frivolité était impuissante, mais c'était le catalyseur qui décidait si, oui ou non, une âme était capable de changer. Si, à la frivolité, s'alliait la gravité, tout changement était impossible. En effet, la gravité était le grand ennemi du changement. Sa faiblesse était qu'elle suscitait l'ennui. Cependant, si l'on employait la frivolité pour tempérer l'ennui, la gravité pouvait continuer de régner à l'infini ; et de fait, la plupart des classes dirigeantes cultivaient un sens de l'humour modéré afin de distraire l'attention des aspects les plus rudes de leur domination ; une pincée de frivolité suffisait à créer une atmosphère de bonhomie, plus ou moins hypocrite, grâce à quoi on ne s'en prenait jamais à l'essentiel. La frivolité était l'un des piliers de l'ordre établi. Toutefois, si elle passait dans le camp de la créativité, elle faisait éclater les conventions, et elle encourageait l'expérience et l'esprit d'invention. La frivolité était soit une consolation soit un stimulant, une sauce pour accommoder les blessures de la société ou une charge de dynamite. Or, au Paradis, les âmes se comportaient pour la plupart comme si elles étaient mortes, n'ayant pas pris conscience qu'elles pouvaient aussi bien choisir d'être vivantes. L'observation la plus intéressante que Newton avait faite en examinant l'âme de Quelle était qu'elle ne contenait ni poussière, ni rosée, ni air, mais qu'elle se présentait comme un courant passant sans cesse d'une forme à l'autre. Pour lui, habitué au calme stagnant du Paradis, cette mobilité était stupéfiante, et il l'analysait comme un mélange d'inflexible entêtement, de doute libérateur et de sursauts d'espoir. Il en conclut qu'être vivant était tout le contraire de ce qu'il avait cru. Une âme vraiment vivante n'avait pas une forme définie et reconnaissable, mais se modifiait, fondait, s'évaporait en permanence, avec cette imprévisibilité qui l'avait terrifié sur terre, mais qui, ici, lui semblait toujours plus fascinante. Il n'avait plus foi en la gravité. Désormais, c'est dans l'imprévisibilité qu'il voyait l'essence de la vie.

En effet, Quelle fondait et s'évaporait par désir de plaire à

Newton, et surtout, par crainte de le décevoir. Ayant gagné le Paradis par ses propres efforts, elle essayait de se persuader qu'elle était assez ingénieuse pour convaincre ces ânes de faire mieux que de bâiller interminablement devant la beauté du néant. Elle alla droit au Magasin des Idées écartées, où elle demanda un dispositif qui leur rende évident ce qu'ils paraissaient incapables de voir : qu'ils n'étaient pas des prisonniers. Le magasinier lui assura qu'il avait ce qu'il lui fallait, c'est-à-dire un miroir, mais pas un miroir ordinaire, bien sûr, un miroir pour l'âme, qu'Edison avait inventé sans s'en rendre compte. Elle revint vers le Sphinx avec un superbe gramophone ancien, au pavillon très élégant. Elle le remonta solennellement. Les ânes regardèrent tourner le disque luisant où se reflétaient leurs longues têtes, mais cet exercice ne leur apprit rien sur leur âme. Quelle non plus n'y vit rien d'autre que son propre reflet. Et Jolly, une oreille penchée vers le pavillon, paraissait incapable de saisir le message qu'il était censé recevoir. Mais Newton comprit. Si le gramophone était un miroir, c'était parce que, une fois le disque achevé, alors que l'aiguille continuait à tourner indéfiniment dans le même sillon, il donnait une image précise de ce qu'était l'âme, pleine d'énergie, mais incapable d'en faire quoi que ce soit — de la poussière prise dans un tourbillon. Quant au disque, qui ne pouvait rien que se répéter, il était le reflet de la façon de penser la plus commune, et montrait aux ânes que, comme les humains en général, ils étaient incapables de sortir du sillon dans lequel ils étaient engagés. Pour l'essentiel, la tristesse venait de l'énergie qui tournait sans fin sur elle-même.

Expliquer aux ânes qu'ils étaient dans de mauvais draps ne suffisait pas à les en tirer. Aussi, Quelle retourna dans le Magasin des Idées écartées pour se procurer un autre instrument qui les fasse sortir de leur léthargie en leur révélant la beauté et la poésie qui les entouraient, car ils se comportaient comme s'ils avaient été aveugles. Cette fois encore, le magasinier put sans peine satisfaire sa demande : il lui donna un kaléidoscope, inventé en 1814 par Sir David Brewster, opticien écossais, qui fut probablement le premier des savants modernes à se plaindre de la décadence de la science, alors que tout le monde commençait à la vénérer ; dans les années 1820 déjà, il remarquait que les savants n'étaient plus en mesure d'expliquer ce qu'ils faisaient, ni de comprendre les uns les autres ce à quoi ils étaient occupés. On avait méprisé son invention comme si ce n'était qu'un jouet, mais le Magasin en faisait grand cas, disant que, de toute chose, elle faisait surgir la beauté. A force de cajoleries, Quelle amena les ânes à regarder dans le kaléidoscope, où prenaient vie des formes étranges et merveilleuses, où les objets les plus banals se fragmentaient pour former un corps de ballet exécutant une danse parfaitement réglée. Elle y vit l'instrument dont le Paradis avait besoin pour sortir de son calme de mort, comme un enfant chasse avec son hochet la routine et l'ennui qui pèsent sur la maison de ses parents. Cependant, malgré le plaisir évident qu'ils prenaient à voir sans cesse se modifier ce qui les entourait, les ânes ne trouvaient pas à ce jeu-là de quoi les emplir de passion ni d'espoir. A regret, Quelle en conclut que le kaléidoscope ne pouvait rien que réorganiser le monde de façon symétrique, tout comme les théories redistribuent les faits en les classant différemment. C'était trop peu pour décider les ânes à changer d'habitudes, à troquer une forme pour une autre.

La foi qu'avait Quelle dans les instruments les plus insensés n'était pas sans limite : elle pensait toujours qu'ils ne marcheraient qu'à moitié, qu'elle ne pourrait pas en tirer tout ce qu'elle espérait. Mais elle n'en conservait pas moins l'espoir et l'envie d'essayer. Étant au Paradis, elle s'en serait voulu de ne pas faire le tour des inventions qu'il tenait en réserve ; les gadgets les plus fous l'avaient de tout temps fascinée, et elle était ravie que le Paradis ait prévu un endroit pour les entreposer, un magasin où tout avait sa place et où chacun trouvait son compte. Cependant, elle n'était pas plus avancée qu'au moment de son arrivée, lorsqu'elle était venue aux Pyramides en quête de l'énergie dont elle avait besoin pour aller chez les anges ; il lui fallait admettre qu'aucun raccourci n'existait permettant de couper la longue chaîne des craintes qui emprisonnaient l'énergie.

Bientôt, Jolly, Myosotis, Newton et les ânes se trouvèrent attablés au restaurant des Pyramides, où Quelle les avait invités pour un repas dont elle-même composerait le menu. Elle ferait pour les ânes ce qu'elle aurait dû faire pour elle lors de son arrivée, et qu'elle aurait certainement fait si la politesse ne l'avait retenue. La faim de Jolly et la sienne, le manque d'appétit des ânes, le désir d'aventure, la volonté qu'avait Newton de donner vie au Paradis, tout cela se trouvait enfin réuni. Au Paradis, il arrive en effet qu'un habitant ait l'impression momentanée de pouvoir tout comprendre à la fois. Les journalistes qui avaient annoncé que Newton avait une Théorie de l'Alimentation n'avaient fait que rapporter une rumeur, mais comme il se produit parfois, cette rumeur se révélait une prédiction, même si la théorie de Newton était en grande partie l'œuvre de Quelle. Celle-ci ne connaissait guère mieux la cuisine que lui ; c'était un plaisir auquel elle s'adonnait rarement, et qui, dans sa vie, occupait une place mineure qu'elle n'avait jamais songé à mettre en rapport avec ses autres convictions. Mais brusquement, il lui semblait comprendre comment la nourriture peut transformer le fonctionnement de l'âme, et l'importance qu'elle avait pour elle aussi bien que pour le corps.

Au Paradis, manger s'accompagnait toujours de la crainte des corps étrangers. S'il n'y a pas de risques, pourquoi en était-il ainsi ? Le corps étranger ne se limite pas à la mouche dans la soupe : c'est tout ce qui est inhabituel, interdit, malsain, contraire à la mode et à l'économie. C'était en apprenant à se nourrir, décida-t-elle, que les hommes avaient commencé de faire de leur crainte des corps étrangers une vertu, qu'ils avaient appelée « le goût »; ensuite, ils en étaient graduellement venus à voir la vie elle-même comme une lutte contre les corps étrangers. L'histoire entière traite de la conquête de corps étrangers, de la façon dont les nations cherchent à s'en libérer, dont les classes opprimées arrachent leurs droits à l'aristocratie, qui vit comme un corps étranger d'une variété particulière. Et maintenant qu'elles étaient au Paradis, les âmes continuaient à se considérer les unes les autres comme des corps étrangers. Cependant qu'elle nourrit le corps, la nourriture étouffe peu à peu l'âme, en lui donnant des habitudes, en l'encourageant à ne se sentir bien que quand ces habitudes sont devenues routines. Ni Newton ni Einstein ne s'étaient souciés de ce qu'ils mangeaient; c'étaient des génies détachés des biens matériels ; mais le type de génies dont ils faisaient partie étaient de ces génies terrestres qui ne s'intéressent toute leur vie qu'à un ou deux sujets, qui, en eux, concentrent toute chose en un seul rayon de lumière brûlante. Dans l'éternité, où le temps n'est plus mesuré, un génie peut toutefois diffuser sa lumière dans un rayon plus vaste, jusqu'en des lieux qu'il n'aurait jamais cru pouvoir illuminer.

Newton n'en avait pas parlé, sans doute parce que la nourriture ne l'intéressait pas, mais Quelle avait l'impression que, comme tous les habitants du Paradis, elle s'était tragiquement trompée sur ce qui se passait dans ses cuisines. On y préparait toute espèce de mets, et elle croyait choisir ce qu'elle aimait. Mais ce qui l'affectait, ce n'était pas ce qu'elle mangeait, mais la façon dont elle mangeait. De même qu'il y avait pour une âme trois façons d'être, il y avait trois façons de manger. Ce n'était pas un hasard. Elle commençait enfin à percevoir le sens du discours théâtral de Newton.

Manger jusqu'à ce que l'on soit rassasié est en soi une façon de manger. C'est le reflet d'un type de faim particulier, qui traduit toute une attitude à l'égard de la vie, et conditionne tout le plaisir qu'on peut tirer du Paradis ; c'est ainsi que s'exprime une âme soumise aux effets de la gravité, incapable de supporter le vide, persuadée que tout problème a sa réponse comme la nourriture répond à la faim ; une âme qui peut chercher la satiété en mangeant de la manne, en exigeant une nourriture de roi ou en observant un régime spécial, mais toujours dans le même objectif ; elle choisit des mets éprouvés, des plats traditionnels, car elle veut éviter les surprises et chasser les corps étrangers de tous les aspects de la vie. C'est ainsi qu'elle prouve qu'elle existe.

La façon frivole de manger est absolument différente. Si la vie est un jeu, manger l'est également. Les cuisiniers ne sont pas vus comme des médecins, mais comme des musiciens de jazz, ivres de musique, qui cherchent à tirer toutes les harmonies possibles de leurs instruments, et dont le jeu s'accompagne de toute sorte d'improvisations. L'eur but est de stimuler la sensualité et l'esprit, et de maintenir une relation de flirt avec les corps étrangers. Les mangeurs frivoles cherchent à oublier les grands problèmes qui, comme la famine et la bêtise, leur paraissent insolubles.

Les âmes qui s'efforcent d'être créatives, et flottent comme une brise parfumée, tentent au contraire de réaliser l'impossible, c'est-à-dire de faire d'un repas d'abord un exercice de l'imagination : pour elles, tous les ingrédients sont des hôtes de marque, et les corps étrangers n'existent pas ; chaque repas est comme une aventure dans l'inconnu, comme l'est chaque instant de la vie, chaque pas au Paradis ; un repas est un poème qui inspire, d'où l'on tire des idées sur d'autres sujets. Et par conséquent, ces âmes-là désirent tout goûter.

Maintenant, Quelle croyait tenir la réponse au problème. Au Paradis, on pouvait développer son imagination : c'est ce que grandir signifiait. Les ânes devaient, systématiquement, goûter à tout ce que contenait le garde-manger des Pyramides. Ils devaient se purifier de la méfiance que leur inspirait l'inconnu. C'était la condition indispensable si l'on souhaitait vivre une aventure au Paradis. Les mélanges inhabituels sont l'essence de l'acte créateur. Pour être créatif, il faut absolument aimer ce qui est étrange. C'est en réapprenant l'art de manger seulement qu'ils pourraient sortir de leur esclavage et se préparer à devenir créatifs. Ce régime valait aussi pour l'âme.

Newton écoutait Quelle — qui n'avait pas l'habitude de parler autant — avec le rare étonnement qu'un maître éprouve lorsqu'un disciple est près de le comprendre et élargit son point de vue par sa propre vision. Il sourit. Quelle se sentait assez sûre d'elle pour penser qu'ils devenaient amis. Il lui dit que ses propos lui rappelaient ses propres expériences terrestres, lorsqu'il s'intéressait au fait que des formes diverses de matière, comme des pierres et des métaux, étaient ce qu'il appelait « insociables », c'est-à-dire impossibles à mélanger : l'un des buts de la science était justement de les rendre sociables, par la médiation d'une tierce partie. « L'eau qui, avait-il écrit, ne peut pas dissoudre le cuivre, le dissoudra s'il est mêlé de soufre. » Il était enchanté de ce que Quelle avait dit, car il y voyait un moyen d'étendre son idée à l'ensemble du monde vivant et jusqu'au Paradis, qui, de ce fait, pourrait bien devenir un endroit où il n'y aurait pas seulement quelque chose à faire, mais où l'on ressentirait également le désir de le faire. Briser les anciennes habitudes étaient sans doute le seul moyen de déclencher les feux d'artifice célestes, et de découvrir une joie plus intense que le tiède bonheur. Du Paradis, il voyait que la civilisation atteignait ses sommets quand, au lieu de se battre contre les étrangers, les gens importaient idées et produits pour le plaisir et le profit, quand ils partaient courageusement en quête de spectacles extraordinaires qui leur faisaient pousser de nouvelles antennes, quand ils ouvraient leurs portes aux classes et aux minorités tenues jusque-là à l'écart, quand l'éducation commençait d'exciter la curiosité face à l'inconnu, quand les artistes n'hésitaient pas à parler et à peindre comme personne ne l'avait jamais fait auparavant. Mais, au Paradis, bien des âmes se battaient contre les corps étrangers de la façon la plus traditionnelle, en s'en tenant à ce qu'elles croyaient être. Elles faisaient de leur mieux pour maintenir l'illusion que le Paradis n'était rien que la vie sur terre moins ses inconvénients, niaient que c'était un pays peuplé de nombreux étrangers, et refusaient d'admettre que chaque jour nouveau est un jour étranger. Au Paradis, la lutte ne se déroulait pas entre le bien et le mal, mais entre la timidité et la curiosité, et la timidité était ce que ressentiraient les âmes endormies aussi longtemps qu'elles ne feraient que paraître éveillées.

Bien qu'il n'eût pas prévu cette solution, Newton était tout prêt à l'essayer : ils allaient goûter tous les mets, toutes les odeurs et tous les souvenirs conservés dans les Pyramides, par ordre alphabétique et sans faire aucune exception. Ils commencèrent par Aa, et on leur servit un petit quelque chose, qui, au milieu de leurs assiettes, ressemblait un peu à une mûre. L'Aa est une sorte de lave volcanique. Pas très appétissante. Mais Quelle était décidée à démontrer que, au Paradis, le goût peut être une expérience totalement différente, où il n'y a pas à choisir entre l'acceptation et le rejet, l'éloge et la condamnation. L'Aa avait l'air d'une pierre morte. Mais rien ne mérite d'être condamné comme tout à fait mort, et surtout pas une pierre. Les pierres sont lentes, c'est tout ; ce sont les tortues les plus lentes de l'univers : elles bougent de façon si imperceptible que leur observation exige une patience infinie, et elles se réchauffent et se refroidissent si graduellement qu'on s'en rend à peine compte. Mais au Paradis, on a tout le temps nécessaire pour les regarder fondre et se recombiner avec d'autres roches, pour se rendre compte qu'elles ne sont pas tellement différentes des chenilles qui se transforment en papillons, pour les apprécier en tant que paysagistes, les admirer même dans leur décadence, quand elles deviennent feu, reconnaître dans leurs constantes métamorphoses des exemples de procrastination faite science. Il était faux de les considérer simplement comme des choses ; et il était inopportun de se demander de quel endroit précis d'Hawaii elles venaient, où à quelle autre espèce de lave elles ressemblaient, car rien, au Paradis, n'est à jamais ce qu'il paraît ni ne supporte d'être classé une fois pour toutes. Il fallait qu'ils observent chaque fragment d'Aa jusqu'à ce qu'il prenne un sens, qu'il cesse d'être pour eux un corps étranger.

Le personnel du restaurant se groupa autour d'eux pour les voir manger. Ce n'était peut-être pas la première fois qu'un troupeau d'ânes, un cafard, un chien et deux âmes humaines dînaient autour de la même table sur un pied d'égalité, chacun sur un siège parfaitement adapté à sa taille, chacun certain de n'avoir pas à redouter d'être chassé, mais ce fut un dîner historique, dont les plus récents immigrants se souviendraient comme du premier événement qui leur redonna de l'espoir. Le docteur Bombastus Theophrastus von Hohenheim précisa que Aa était aussi le signe pharmaceutique indiquant que deux produits prescrits devaient être mélangés en quantités égales. Sur quoi Marie apprit à l'assemblée qu'en Mésopotamie, Aa était la déesse de l'Aurore. Conscient qu'un des ânes, le Maître du Papier de Toilette, était un spécialiste des cabinets, l'empereur Rodolphe demanda s'il savait qu'en vieil allemand aa signifiait « eau », et que plusieurs cours d'eau, qui traversaient la Flandre, l'Allemagne et même la Russie, portaient le nom d'Aa. Puis Quelle ajouta qu'on pouvait accueillir par cette exclamation toute espèce de faits quotidiens, ce à quoi les ânes répondirent en braillant des cascades de Aa. Newton fit remarquer qu'on pouvait s'étonner que le Paradis n'eût pas assez de mots pour supprimer ce genre de confusions, mais que chaque mot digne de ce nom devait avoir une fenêtre — ou si possible plusieurs — pour pouvoir respirer et ne devenir ni trop sec ni trop grave. C'est pourquoi les ambiguïtés verbales subsistaient même au Paradis. La conversation d'une fenêtre à l'autre comptait parmi les clés de la créativité.

Quelle conclut que son premier plat avait été une réussite, car il avait suscité chez chacun une certaine surprise et une certaine curiosité, en sorte qu'il n'était resté pour personne un corps étranger. Pour elle, le noir avait cessé d'être un néant informe ; les trous semblaient se remplir de souvenirs ; l'odeur de soufre était évocatrice d'émotions sûres et contrariées, la texture épineuse commandait l'attention, et suggérait une opiniâtreté qui n'avait pas peur de son nom. C'était le genre d'exercice que, selon elle, manger devait être au Paradis. Il n'y avait pas de réponses justes, mais seulement des réponses du jour, comme il y avait un plat du jour. Elle préférait cette espèce de méditation plutôt que d'attendre à jamais la solution parfaite, laquelle n'aurait jamais la perfection promise. Elle serait ravie d'ajouter par la suite de nouveaux éléments de preuve concernant Aa, de reconsidérer, de revoir et de modifier son point de vue. Seuls les morts ne changent pas d'avis.

Tandis qu'ils poursuivaient leur examen de tout ce qu'il y avait dans la cuisine de la Grande Pyramide, les ânes restèrent longtemps sans montrer qu'ils étaient en train de revoir leurs avis, ou qu'ils avaient envie de devenir autre chose que des ânes. L'optimisme de Quelle commença à faiblir. Elle était sûre d'avoir la bonne réponse, même si cela ne marchait pas, mais sa patience l'abandonnait. Puis le service des cuisiniers se ralentit. Elle se rendit avec Newton dans les entrailles des Pyramides pour les persuader que l'expérience valait la peine d'être poursuivie. A leur retour, ils virent Jolly et Myosotis agir comme si le Maître du Papier de Toilette s'était dissous dans l'atmosphère, car ils regardaient sa chaise vide comme s'il l'occupait, ce qui, manifestement, n'était pas le cas. S'était-il transformé en âme pure, en âme éthérée ? Newton ne pensait pas qu'il y eût d'âmes totalement invisibles. Cependant, Quelle remarqua ensuite que Jolly fixait son regard sur un endroit précis du siège, où se trouvait effectivement un petit papillon de nuit blanc crème. Newton l'identifia comme un *Bombyx mori*, le papillon du ver à soie. Il était impossible de savoir avec certitude s'il s'agissait vraiment de l'âne, ou si c'était un papillon qui se trouvait là par hasard. Les vers à soie sont, bien sûr, les esclaves les plus vils que l'humanité ait mis au travail, victimes du plus durable de tous les holocaustes, mis dans des chambres à gaz et asphyxiés aussitôt qu'ils ont terminé leur kilomètre de fil ; et cela ne les console pas que la plupart des hommes ignorent que cet holocauste continue à se pratiquer, ou que beaucoup croient que, comme le veut un conte, la soie soit faite de pétales de fleurs. Selon Quelle, s'il s'agissait vraiment de l'âne, il était significatif qu'il eût choisi de devenir un papillon plutôt qu'un ver ; bien entendu, le papillon est la forme adulte du ver, remarquable par le dégoût qu'il montre pour l'état d'adulte ; étant donné qu'il n'a pas de bouche pour se nourrir, il se dépêche de pondre et de mourir, comme s'il doutait que la vie vaut la peine d'être vécue. Quelle sentait que, s'il y avait eu métamorphose, celle-ci cachait une forme de protestation. Ce n'était pas exactement le genre de créativité qu'elle avait souhaité inspirer aux ânes, mais la créativité n'est jamais prévisible, ni nécessairement admirable.

Newton voyait que Quelle était préoccupée. Il se fit très aimable, allant jusqu'à parler de son enfance, et à lui confier que, lui aussi, il avait eu le sentiment que quelque chose l'empêchait de devenir adulte — quelque chose qui, c'est vrai, ne s'était pas manifesté avec une telle violence. L'absurde complexité de la nature l'avait contraint à rester ignorant. Peut-être d'ailleurs était-ce une illusion que les êtres vivants deviennent jamais adultes ; peut-être, dans le plan divin, la terre n'était-elle qu'un terrain de jeu pour enfants ; peut-être Dieu n'avait-il jamais prévu que les créatures puissent devenir adultes, et considérait-Il comme une faiblesse le fait qu'elles se développent et montent en graines. Avec ses quatre vies — œuf, larve, ver et papillon —, il se pouvait que le papillon représente une expérience divine destinée à amener même les créatures ordinaires à voir le monde de plusieurs points de vue différents.

Quelle trouva très intéressant que Newton lui parle d'expériences divines. De son côté, elle lui parla de l'évangile de Henry Ford, qui lui parut plein de bon sens. Pour lui, il était certain en tout cas que le Paradis était fait pour les expériences. Les âmes étaient libres d'essayer d'y devenir tout ce qu'elles pouvaient imaginer. Il était triste que, dans la pratique, elles s'attachent si obstinément à leur passé, et s'obstinent à se voir comme des vers ou des chiens, des hommes infirmes, des femmes tristes ou des ânes chinois. L'ennemi de Dieu était l'histoire, qui ne cessait de louer Ses erreurs. A propos de l'histoire, il était d'accord avec Henry Ford. Il n'y avait rien d'étonnant à ce que les âmes aient tant de difficulté à apprendre à voler.

Il se pouvait que l'âne, en se changeant en papillon, eût accompli le même tour de passe-passe que quand Newton s'était substitué au Sphinx ; il s'était peut-être mis dans la peau d'un papillon précisément parce qu'il avait éprouvé le désir de voir le monde avec de nouveaux yeux, commençant ainsi à manifester son envie de créer un univers qui lui soit propre. Mais Quelle n'en était pas certaine. C'était un bon exemple, lui dit Newton, de la façon dont le Paradis refusait de donner aucune certitude, de répondre aux questions, laissant à l'imagination le soin de les trouver. Quelle en conclut qu'elle progressait. L'imagination détenait en effet la clé de l'art d'échapper à la solitude.

Jusqu'ici, elle avait toujours été impatiente, pressée d'arriver à destination, mais pour la première fois, elle avait l'impression d'être différente. Elle était triste que, tôt ou tard, son repas avec Newton dût prendre fin. Le regarder penser lui donnait le sentiment délicieux d'être revigorée. Sa confiance était contagieuse. Il ne semblait avoir aucun mépris pour son ignorance. Peut-être même l'appréciait-il vraiment. Pourquoi s'obstiner à chercher les anges, alors que leur existence n'était pas prouvée ? Pourquoi ne pas se satisfaire de la sagesse de Newton ? Elle avait fini par trouver un coin de paradis où elle se sentait bien, où elle se sentait inspirée. Sa décision fut bientôt prise. Il n'y avait pas à hésiter. Elle lui demanda s'il était d'accord pour qu'elle reste avec lui. C'était le genre d'existence qui la passionnait. Elle n'en voulait pas d'autre. Ce qu'elle était venue chercher, elle s'en apercevait maintenant, ce n'était pas des nouvelles à ramener sur terre pour étonner les gens, comme un pêcheur peut se vanter d'une prise, mais la possibilité de construire des formes nouvelles de bonheur. Or ce genre d'aventure, elle ne pouvait l'imaginer qu'avec Newton.

Mais non, Newton ne désirait pas d'assistant, pas d'admirateur, pas d'acolyte : exister dans son ombre était contraire à tout ce qu'il avait compris du Paradis. Il appréciait sa compagnie. Il avait pour elle beaucoup d'affection, beaucoup de respect, mais si elle interrompait ses recherches, elle s'en trouverait appauvrie. Elle devait voir tout ce qu'il y avait à voir ; c'était la tâche sans précédent à laquelle elle s'était attelée, et elle était loin de l'avoir terminée. Comment aurait-elle pu savoir, maintenant, quel était son endroit préféré au Paradis ? C'était merveilleux qu'ils aient pu échanger plus que des paroles, plus que des informations. Elle lui avait inspiré des pensées qu'il n'aurait jamais eues sans elle ; il serait enchanté de pouvoir continuer de répondre à ses questions, et les plus naïves seraient les bienvenues, car c'était aussi les plus difficiles ; mais il y avait quelque chose qu'elle pouvait faire, et que personne au Paradis ne pouvait accomplir à sa place. Tout le monde espérait rencontrer les anges, les entendre parler. Seule Quelle semblait avoir la détermination voulue pour les trouver, le courage de ne pas renoncer. Il fallait qu'elle le fasse. Ensuite, elle pourrait revenir si elle en éprouvait l'envie. Mais elle devait réaliser quelque chose que personne n'avait jamais fait, avant de devenir ce qu'il considérait comme un vrai citoyen du Paradis. Au Paradis, ou bien l'on dormait, ou bien l'on était éveillé. Mais rester éveillé sans savoir quoi faire de soi-même était un pur supplice.

Quelle était à ce point convaincue que de trouver les anges allait résoudre tous les problèmes que son refus ne la déçut pas trop. Elle ne mesurait pas toute l'étendue de ses paroles. Elle reviendrait bientôt, et Newton serait étonné de ce qu'elle pourrait faire quand elle aurait un ange gardien à côté d'elle. Sa rencontre avec lui l'avait rendue beaucoup trop optimiste pour qu'elle s'inquiète des difficultés qu'elle pourrait rencontrer dans son voyage à Babylone.

Dans la lettre qu'elle envoya chez elle, elle écrivit que, si ses parents se faisaient du souci parce qu'elle était trop jeune pour visiter le Paradis par ses propres moyens, elle pouvait les rassurer : en fait, toutes les âmes qui se trouvaient là n'étaient que des enfants. Même les grandes âmes comme Sir Isaac Newton. Elle ne put s'empêcher de parler de lui. Il fallut qu'elle leur dise qu'il était infiniment plus merveilleux que ses théories ne permettaient de l'imaginer; mais elle espérait qu'ils n'allaient pas gâcher les choses en posant trop de questions sur lui. Sans doute, comme elle jusqu'ici, ne comprenaient-ils pas que la vie d'une âme sur la terre ne représente qu'une période de petite enfance, durant laquelle elle n'a même pas le temps d'apprendre à être propre. Une fois au Paradis, une âme reste victime de ses émotions, comme un bébé qui ne peut maîtriser ses mouvements. Qu'elle se mette en colère, qu'elle ait peur, qu'elle soit triste ou jalouse, ses sentiments sont comme les trémoussements d'un nourrisson. L'extase était le grand mot du moment, même si, pour la plupart, les âmes n'en comprenaient pas le sens. Il fallait beaucoup de temps pour y parvenir, mais l'éternité était là pour ça.

La nouvelle réconfortante, c'était que tous ceux qui n'étaient pas heureux sur terre pouvaient cesser de se demander s'ils le seraient davantage au Paradis, ou même s'ils étaient aptes au bonheur ; il existait d'autres buts, plus exaltants, pour les âmes.

On voyait que les âmes n'étaient que des enfants, car même quand elles dormaient, elles faisaient semblant. Personne ne prêtait attention à celles qui se présentaient comme de grands généraux, qui se disaient dictateurs ou millionnaires ; on pouvait l'être, si on voulait, mais ce n'était pas comme sur terre : on n'en retirait aucun prestige. Les âmes qui s'amusaient le mieux étaient certainement les acteurs. Mais les vrais, pas ceux qui, comme tout le monde, apprennent seulement à l'être, à se montrer polis, à faire les choses comme il se doit, à jouer leur rôle en oubliant que c'en est un — en fait, ceux-ci ne sont que des débutants auxquels on donne toujours le même emploi. Ici, avoir un petit répertoire de rôles n'était pas suffisant ; imiter était inutile ; ce qu'il fallait, c'était parvenir à se mettre dans la peau de chacun, même pour quelques secondes, et même si cela demandait beaucoup de préparation. L'éternité n'avait pas d'autre sens. Et une fois qu'on avait compris, à moins de le choisir, il n'était besoin ni de s'ennuyer ni de se sentir seul. Quelle était curieuse de voir ce que deviendrait l'amitié de Jolly et de Myosotis lorsqu'ils essaieraient de faire plus que de jouer ensemble.

CHAPITRE IX

Dès qu'elle arriva à Babylone, Quelle consulta l'annuaire en plusieurs volumes que l'on y publie, et où les âmes peuvent découvrir à quel ange gardien on les a confiées. Elle trouva les livres en piteux état ; des pages manquaient ; ils n'étaient plus tenus à jour, et son nom n'y figurait pas. Les anges avaient cessé de donner conseil ou protection bien avant sa naissance.

C'est au XIVe siècle que, pour la dernière fois, les anges du ciel ont été dénombrés. Il y en avait alors 301 655 722 pour une population humaine d'environ 370 000 000, ce qui signifie que pratiquement quiconque en éprouvait le besoin pouvait en avoir un. Jamais il n'y en avait eu autant. La découverte d'anges dont, jusque-là, on ne soupçonnait pas l'existence (ou qui firent peut-être leur apparition en raison d'une demande croissante) est une des gloires trop souvent oubliées du Moyen Age, une aventure de l'imagination comparable à la découverte de nouveaux continents ou de nouvelles technologies. Cependant, les quelques humains qui ne disposaient pas d'un ange gardien, ou qui n'en avaient pas voulu, mais qui semblaient toutefois réussir dans la vie, se vantaient d'avoir eux-mêmes des pouvoirs magiques, si bien que, peu à peu, on se mit à douter du pouvoir des anges, voire de leur existence. En 1656, à Amsterdam, un polisseur de lentilles optiques, en l'occurrence le jeune philosophe Spinoza, alors âgé de vingt-quatre ans, pouvait encore se faire excommunier parce qu'il prétendait que les anges étaient une hallucination. Mais à mesure que la couleur du paysage changeait, que les humains prenaient la place des arbres, que l'atmosphère retentissait de gémissements et de malédictions toujours plus sonores, il fut de moins en moins question des anges, et l'on en aperçut de moins en moins. Et quand, au XIXe siècle, la population du globe atteignit un milliard, les anges subirent un choc dont ils ne devaient jamais se remettre. Ils prirent conscience qu'ils devaient changer de méthode. Ils ne pouvaient plus s'occuper de trois personnes à la fois et s'acquitter parallèlement de leurs nombreux devoirs. Car ils n'étaient pas simplement gardiens des âmes et messagers de Dieu ; outre qu'ils chantaient dans les chœurs célestes, ils aidaient les humains dans bien des tâches pénibles. On raconte que certains travaillèrent dans des fermes du tiers monde, ou furent cuisiniers, qu'ils agirent comme sauveteurs aussi bien que comme fossoyeurs, et qu'ils furent même soldats ; des armées d'anges entières vinrent semer le désordre au cours de maintes batailles célèbres, et en une nuit, un seul d'entre eux tua, dit-on, 5 080 soldats appartenant aux troupes du roi Sennacherib. Certains s'occupaient, sans un seul instant de répit, de mouvoir les planètes sur leur orbite (et Kepler en tenait compte pour expliquer le fonctionnement de l'univers) ; d'autres avaient pour mission de soutenir le ciel sur la paume de leurs mains. Ces tâches les rendaient-elles heureux ? Les hommes ne se sont jamais inquiétés de se le demander. Jamais on n'a écrit l'histoire de leur point de vue.

Ils avaient dans le monde bien des sujets d'angoisse. Maints d'entre eux s'étaient opposés à la création de l'humanité. On les réduisit au silence. On ignora leur mise en garde selon laquelle l'espèce humaine était encore trop imparfaite pour être lâchée sur terre. Cependant, dans divers coins du

Paradis, ils continuaient d'égrener leurs critiques et chantaient en secret :

On vous l'avait bien dit. On vous avait dit
De ne pas le faire. On le savait bien
Que cela ficherait tout par terre.

S'il fallait du nouveau, on l'avait bien dit,
Que parlent les poissons et que marchent les plantes,
Mais que l'homme reste dans un zoo.

Cependant, il y avait également des anges que les hommes fascinaient, et qui prirent leurs femmes pour épouses ; mais les descendants qu'ils en eurent, appelés géants et démons, étaient très critiqués et se sentaient fort mal compris. D'autres s'aigrirent en voyant qu'ils étaient jalousés par les hommes, et même par des prophètes comme Job, qui les jugeait fous, ou par des saints comme Paul, qui conseillait de se méfier d'eux. Les anges se sentaient donc tout sauf à l'aise. Ils n'étaient pas contents de leur rôle dans l'univers. Ils étaient ulcérés par leurs nombreux échecs avec la race humaine : le ressentiment qui croissait en eux était comme un ténia se nourrissant de leur énergie. Mais comme beaucoup de guérisseurs, ils avaient la vocation de soigner parce qu'eux-mêmes souffraient ; ainsi, ils continuèrent à œuvrer longtemps après avoir perdu l'espoir de changer quoi que ce soit au monde.

Pourtant, tous finirent par prendre leur retraite. Pour la plupart, ils se laissèrent couler dans ce sommeil profond que le Paradis peut faire durer éternellement, et dont ils ne sortaient que pour chanter des hymnes. Certains préférèrent néanmoins prendre des vacances au bord de la mer, étant curieux de connaître les joies de la détente ; ils ignoraient le sens du mot « loisir », et voulaient découvrir pourquoi il avait soudain pris tant d'importance pour les humains. Au

Village des Anges, où Quelle avait passé ses premiers jours au Paradis, ils furent bientôt las de rester immobiles au soleil à lire des romans ou à échanger des potins. Pour changer, ils se mirent à parler de leur avenir, mais calmement, discrètement, car au Paradis, parler de l'avenir est quelque chose qui ne se fait pas. Ils étaient tous d'accord qu'ils en avaient assez de remplir des missions futiles, d'apporter leur soutien lors de catastrophes tout en sachant très bien que le désastre continuerait dès qu'ils auraient le dos tourné ; comme pompiers de l'univers, toujours sur la brèche, ils avaient perdu un peu de leur légendaire audace ; tout à fait en dehors du manque total de reconnaissance qu'on leur en avait, l'appel au feu ne les excitait plus. Mais le grand changement qui se produisit alors fut qu'ils convinrent qu'eux-mêmes étaient trop imparfaits pour continuer de s'agiter à donner des conseils aux autres. Ils passèrent l'essentiel du XXe siècle à discuter de la question, et l'on ne peut dire si, durant cette période, ils furent plus tristes ou plus heureux que les humains.

Au bord de l'océan bleu paon, cherchant ce qu'il leur fallait faire, ils lisaient et relisaient la Bible. Un passage de la Genèse retint plus particulièrement leur attention : « L'Éternel se repentit d'avoir fait l'homme... Et l'Éternel dit : “ J'exterminerai de la face de la terre l'homme que j'ai créé. ” » Ils furent frappés que Dieu donne pour raison que « l'imagination » de Ses créatures était trop étroite, dénuée de fantaisie, obsédée par le mal, en sorte que, au moment où, par le déluge, Il détruisit effectivement Sa création à l'exception d'une seule famille, à laquelle Il avait conservé Son affection, et de représentants des diverses espèces animales, c'étaient manifestement là les uniques souvenirs qu'Il estimait valoir la peine de conserver parmi tout ce qu'Il avait essayé de créer en espérant pouvoir en être fier. Pour les anges, il était très irritant de comprendre qu'on les avait mis au travail parmi ces êtres imparfaits en raison justement de leur imperfection : ils auraient dû se rendre compte depuis longtemps que leur tâche était impossible. Or ce n'était qu'à présent qu'ils prenaient conscience que, pendant tout ce temps, Dieu avait entrepris de voir quelles améliorations Il pourrait apporter s'Il leur donnait un autre monde, un monde où ils pourraient se réjouir d'aller dans une prochaine vie. L'histoire de l'humanité ne se résumerait pas à celle des descendants d'Adam et de Noé. La colère de Dieu face à eux, Sa pitié, et même Sa légère culpabilité à leur endroit, Ses efforts, si souvent inutiles, pour leur venir en aide et les aimer, tout cela avait été narré de façon si complète et inoubliable qu'on avait négligé le reste de l'histoire. Depuis lors, Il avait consacré Son attention à bien d'autres sujets. La création ne constituait pas un événement unique qui s'était passé il y a très longtemps ; il y avait eu plusieurs créations, dont certaines avaient réussi, et d'autres pas. Une autre histoire reste à écrire, s'exclamèrent les anges : celle de l'autre existence de Dieu, de la préparation de Son autre monde, d'une suite d'événements historiques qui ne se sont pas encore produits. Après s'être apitoyés sur eux-mêmes, ils comprenaient que le Paradis, où le temps est plus souple, où ils pourraient, s'ils le voulaient, prendre part à ce qui n'avait pas encore eu lieu, offrait des possibilités bien plus intéressantes qu'ils ne l'avaient pensé. Et ils eurent le désir de savoir ce qu'était l'imagination lorsqu'elle échappait à l'obsession du mal. Malgré ses charmes, ils quittèrent donc la plage qu'ils avaient choisie pour séjour, et se rendirent sans regret à Babylone.

Babylone était l'endroit dont ils conservaient les plus beaux souvenirs, ou les moins pénibles. Non seulement leurs rapports avec les anciens Babyloniens étaient merveilleusement étroits, mais ç'avait été exaltant d'assister à l'aube la plus spectaculaire, celle de l'invention, lorsque tourna la première roue, lorsque, pour la première fois, les humains firent mouvoir ce qui ne bougeait pas, lorsque, pour la première fois, on vit courir des attelages de quatre ânes sauvages tirant des chariots à deux roues, et que pour la première fois le cri triomphant du vainqueur impitoyable fit frissonner les anges, lorsque, pour la première fois, des hommes s'entassèrent dans une ville et mirent des vitres à leurs fenêtres pour pouvoir se cacher tout en surveillant leurs voisins. Mais surtout, les Babyloniens construisirent la tour de Babel. Elle devait s'élever jusqu'au ciel, avec lequel ils voulaient établir une communication directe. Malgré leurs excellents rapports avec les anges, ils craignaient de ne pas toujours très bien comprendre les lois divines, et ils rêvaient d'entendre la parole de Dieu sortant de Sa propre bouche, de pouvoir traiter sans intermédiaire avec Lui. Mais ils eurent beau construire toujours plus haut, la distance qui les séparait du ciel demeurait la même ; quelque nombreux que fussent les degrés qu'ils ajoutaient à l'escalier, leur but restait inaccessible. Dans leur déception, ils s'en prirent à Dieu, disant qu'Il craignait qu'ils ne découvrissent Ses secrets. Et cette situation contribua peut-être aussi à L'amener à décider de recommencer toute Sa création. Cependant, lorsque la tour se révéla être un désastre, jamais il ne leur vint à l'esprit qu'en découvrant la première ville, Dieu vit que les villes étaient trop susceptibles de mal tourner, de devenir trop grandes.

Au Paradis, les Babyloniens espéraient que leurs rapports avec les anges resteraient à jamais les mêmes, mais les anges leur dirent : « Les temps changent ; maintenant, après la mort, les hommes peuvent voir au-delà de leur lutte pour survivre, au-delà de leur besoin de se nourrir et de se reproduire. Il leur faut maintenant s'occuper d'un autre problème : l'ennui. » Les anges ne pouvaient plus les consoler comme ils le faisaient autrefois ; s'ils voulaient éviter de les ennuyer eux-mêmes, il fallait qu'ils tiennent aux âmes humaines des propos plus intéressants. Pour les Babyloniens, les anges se faisaient du souci pour rien. Cependant, ils ne pouvaient nier qu'il n'était pas facile de continuer comme par le passé. Depuis leur arrivée au Paradis, ils s'efforçaient de reconstruire leur tour telle qu'elle était à l'origine, avec des gens parlant tous la même langue ; pour eux, le Paradis devait ignorer l'incompréhension, les fautes de traduction, les désaccords ; mais leur tour s'effondrait toujours. Ils semblaient demander quelque chose d'impossible même au Paradis. Les anges observaient leurs efforts avec un intérêt certain. A leur avis, ce n'était pas avec le jardin d'Éden que le monde avait commencé à devenir un endroit difficile et dangereux, mais avec la tour de Babel. Au Paradis, où personne n'est censé obéir à qui que ce soit, la désobéissance d'Adam paraît moins grave que l'incapacité des humains à comprendre pourquoi, à Babel, ils ne se comprenaient pas. C'était là, estimaient les anges — et ils avaient passé toute leur existence à essayer de se faire comprendre —, qu'était l'origine de tous les désastres à venir. Selon eux, l'incompréhension était le plus mécompris de tous les mystères. Penser que les humains s'étaient jamais compris était une terrible illusion, et croire qu'il suffisait de parler la même langue pour tout arranger était encore pire. Ces illusions étaient la source de toutes les guerres, de toutes les querelles et de toutes les haines de l'humanité. La langue était un jeu de devinettes. Peut-être certains devinaient-ils mieux que d'autres, mais même eux n'étaient jamais plus que des traducteurs d'une précision douteuse, interprétant irrémédiablement en fonction de leurs besoins personnels. La tragédie du monde résidait dans le fait que les gens ne pouvaient se résoudre à admettre que les mots ne signifient pas forcément ce qu'ils semblent dire. De la cacophonie des bruits qui l'entourent, chaque être prend quelques bribes qui lui paraissent avoir un sens, ou correspondent à ce qu'il attend, et le monde entier se réduit pour lui à ces bribes. Les bruyantes plaintes des derniers arrivants qui protestaient contre l'inefficacité du Paradis et demandaient à être informés de façon précise sur les règles qui le régissaient, plongeaient les anges dans la stupeur, car ils ne pouvaient croire que l'on arrive jamais à un quelconque accord quant à ce que ces règles étaient censées être.

Quand la population terrestre approcha cinq milliards, les anges comprirent qu'il leur fallait absolument abandonner tout espoir d'exercer sur elle une certaine influence : ils n'y réussiraient pas mieux qu'ils n'avaient réussi, jadis, à apprivoiser les moucherons ou à sauver les vers du massacre des oiseaux. La terre leur apparaissait désormais comme une gigantesque caricature de Babel : plus ils l'observaient, mieux ils voyaient la confusion qui y régnait, et plus ils s'étonnaient qu'elle continuât de prêcher la compréhension mutuelle, alors qu'aucun de ses habitants ne pouvait, honnêtement, prétendre se comprendre tout à fait lui-même. Les anges n'avaient plus d'illusions quant à leur possibilité de changer le monde ; ils s'y étaient assez longtemps efforcés en pure perte. Mais ils se demandaient s'ils pourraient se changer eux-mêmes. Ils n'avaient pas oublié ce que Dieu avait dit concernant l'imagination ; peut-être la leur ne valait-elle pas mieux que celle des hommes. Ils avaient très envie d'essayer de l'élargir. Pourquoi ne trouveraient-ils pas un moyen de résoudre le problème de l'incompréhension, qui paraissait inévitable, en l'acceptant, en en faisant une qualité ? Rien que pour eux. S'ils étaient à jamais condamnés à l'insomnie, ils devaient s'arranger pour rendre leur veille plus supportable en corrigeant du moins certains de leurs défauts. De plus en plus, ils avaient conscience d'avoir des défauts, et cela, malgré les rumeurs qui couraient sur leur compte. Plus que tout autre chose, ils détestaient dire aux humains d'accomplir des miracles dont eux-mêmes étaient incapables, leur donner des conseils qu'eux-mêmes ne suivaient pas, les critiquer faute de pouvoir faire autre chose ; ils frémissaient encore au souvenir des philosophes habités par l'angoisse et par la tristesse dont ils avaient été les anges gardiens : comment avaient-ils pu les laisser expliquer aux hommes comment éviter la tristesse et l'angoisse ?

Ils décidèrent donc de se construire une tour de Babel à eux, que la confusion ne détruirait pas. Ils ne pouvaient se cacher que, tel qu'il était, le Paradis les ennuyait ; par excès de prudence, l'imagination de l'homme en avait fait un pâle reflet de ce qu'était la terre. Le temps était venu pour eux de s'amuser, de se débarrasser de la terrible mélancolie qui les avait gagnés, de trouver de nouvelles occupations, de se préparer à des aventures nouvelles, divines. Eux-mêmes ne devaient plus laisser leur imagination être esclave de leur expérience.

Ce fut une décision capitale. Pour la première fois, le Paradis suivrait sa voie à lui, cesserait d'être le dépôt des ruines de la folie terrestre. Bientôt, une forme nouvelle d'ambition, la sienne, se mit à y souffler. Les anges ne copièrent pas la ziggourat du temple de Mardouk à Esagil, construite en briques et en bitume, étagée comme une pyramide, qui était la tour de Babel originale. Ils étudièrent un peu la façon dont Bruegel le Vieux l'avait imaginée, un mélange de théâtre, de palais et de château fort, mais malgré leur admiration, ils la jugèrent trop défensive, susceptible de décourager les âmes de l'extérieur du désir de la visiter. Pour finir, ils décidèrent de lui donner la forme d'un batteur à œufs. A la base, elle était ronde et bulbeuse, puis elle devenait plus étroite à mesure qu'elle s'élevait vers le ciel, où elle se terminait comme accrochée à un nuage par sa poignée. De loin, elle avait l'air d'un monument de pure lumière, car elle était toute en fenêtres — des vitres maintenues par des piliers en forme d'aiguille qui s'incurvaient graduellement pour coudre ensemble de grands morceaux d'espace vide. C'était le premier bâtiment du Paradis à ne pas être une copie, en sorte qu'il exprimait l'espoir par sa seule existence.

Pourquoi les anges avaient-ils gâché l'horizon avec cette monstruosité, se demandaient les Babyloniens en maugréant qu'il allait leur falloir plusieurs siècles pour s'y habituer. Pour eux, tout l'avantage du Paradis résidait dans le fait qu'il ne contenait que des antiquités. Ils chérissaient leurs habitudes, et n'aimaient pas s'entendre dire que leur manière de faire n'était pas la bonne ; si les anges étaient là, c'était pour les aider, pas pour les entraîner dans des aventures impossibles. Les touristes visitant Babylone étaient tout aussi mécontents de voir les anges négliger leurs devoirs. Pourquoi leur offrir ce spectacle d'avant-garde, reprenant le vieux film, triste et inachevé, de la tour de Babel, coupé et présenté dans une version nouvelle avec le vain espoir de lui donner un heureux dénouement ? Et ils disaient aux anges : « Faut-il améliorer notre passé ? Il est là pour toujours : pourquoi lui faire injure ? Présenter le passé en noir et blanc, c'est rendre les ombres plus sombres qu'elles ne l'ont jamais été. » Ce à quoi les anges répliquaient : « Nous ne voulons pas copier le passé, mais voir quel autre aspect il aurait pu avoir. Avec le temps, l'arrogance du passé se dissipe ; l'histoire cesse d'être une chaîne d'événements inamovibles, et tombe en pièces comme un bijou dont le métal se rompt et les pierres se descellent, et dont celui qui le portait remarque, alors qu'il ne le savait pas : ces pierres peuvent être disposées de manière différente — y a-t-il quoi que ce soit au monde qui n'aurait pu, de même, être arrangé différemment ? » Ainsi, le bruit se répandit que la tour de Babel devait opérer des miracles, et les spectateurs se mirent à se demander si les anges seuls pouvaient faire des miracles, si les humains devaient se contenter de n'être que des humains, ou si la tour pouvait aussi bien leur donner la confiance nécessaire à l'accomplissement de miracles. Pourtant ils avaient trop l'habitude de se laisser guider par les anges, ils leur gardaient trop de respect pour oser pénétrer dans la nouvelle tour. Ils ne cessaient de se répéter que les hommes et les anges étaient différents, mais à contrecœur, et en attendant d'être convaincus du contraire.

Colopatiron, l'architecte de la nouvelle tour, était un ange mineur, chargé de la libération des prisonniers, et si modeste dans l'accomplissement de ses fonctions que son nom était peu familier même à ceux qu'elle avait aidés. On considère généralement les anges comme étant masculins, mais ils peuvent être des deux sexes, et, à Quelle en tout cas, Colopatiron apparut comme une femme. Colopatiron ne s'était pas endormie, car elle n'avait pas perdu tout espoir en l'espèce humaine. Elle avait même pour elle de l'affection. Pas pour tous ses représentants, non, mais elle se sentait mal à l'aise lorsqu'elle ne pouvait trouver chez un homme quelque chose d'aimable. Elle avait de la compassion. Au début, tous les anges sont comme cela, tous sont idéalistes, voire révolutionnaires, et espèrent qu'un jour le monde sera remis d'aplomb. Mais la plupart d'entre eux se sont couchés, parce qu'après tant de siècles ils ont fini par perdre la foi. Colopatiron faisait partie de la petite minorité pour qui tout n'était pas encore perdu. Les archanges en place ne firent pas obstacle à sa construction, car ils reconnaissaient que Colopatiron était devenu le plus actif et le plus occupé de tous les anges. La raison n'en était pas que l'on mettait toujours plus de gens en prison — quoique ce fût le cas —, mais qu'une population toujours plus nombreuse souffrait de se sentir emprisonnée, même si elle n'était pas derrière des barreaux. Colopatiron se rendait compte que la modernité était une prison aussi bien qu'une libération. Les personnes modernes se voyaient prisonnières de la routine du travail quotidien, des préjugés, des habitudes, de leur incompétence et de leur couardise ; alors que leurs ancêtres pouvaient se résigner à leur sort et considérer la routine comme leur lot, elles-mêmes en étaient incapables. Après avoir été experte en l'art d'arracher les barreaux des prisons, Colopatiron était devenue experte en désespoir, en impuissance, en peur, en toute cette gamme de sentiments qui empêchent les gens de quitter le donjon de leur imagination limitée ; elle était toujours plus sensible au fait qu'elle passait beaucoup moins de temps à ouvrir les prisons qu'à convaincre les détenus qu'ils étaient prisonniers mais refusaient de l'admettre.

Son architecture s'inspirait de l'idée que l'envie d'être libre est à la racine de tous les désirs, ce qui explique pourquoi ceux-ci sont insatiables. Elle proposa aux anges qui étaient éveillés de construire une tour qui soit le monument de la liberté du Paradis : rien qui commémore des victoires passées, mais une machine qui crée la liberté. Si eux-mêmes voulaient être libres, s'affranchir de leur crainte d'être mal compris, du sentiment d'être fautifs parce qu'ils avaient abandonné la lutte, de l'idée qu'en réalité ils ne pouvaient pas échapper aux tâches traditionnelles qui leur avaient été confiées il y a des milliers et des milliers d'années, alors il leur fallait une nouvelle morale, une morale à eux. Et cette morale, ils devaient l'édifier eux-mêmes ; ils ne pouvaient continuer à emprunter des bribes, des fragments d'éthique aux diverses civilisations dans lesquelles ils avaient travaillé, et qui, maintenant, étaient éteintes ou en pleine décadence ; ils devaient cesser de défendre des principes qu'ils ne pouvaient espérer appliquer ; c'était bien plus que des principes — ils en avaient suffisamment —, bien plus qu'une idéologie, dont ils avaient besoin. Selon Colopatiron, une nouvelle morale, une morale qui convienne aux anges, ne ressemblerait à aucune des morales terrestres : ce ne serait pas un recueil de règles absolues, assorties de menaces et de prophéties, ni un ouvrage de savoir-vivre, un manuel de conventions, un livre prônant d'anciennes coutumes que seul recommandait leur âge. Ce qu'il leur fallait, c'était une morale qui ne moralisait pas, une attitude plutôt qu'un dogme, une immunité plutôt qu'une orthodoxie, un vaccin contre la sclérose qui s'opère invariablement quand des idées sont acceptées comme évidentes et prennent la direction de la pensée, une attitude qui traduise le désir non d'un guide mais d'un stimulant, qui ne vise pas à la certitude mais au développement, qui condamne avant tout la peur et le sentiment qu'il ne vaut même pas la peine d'essayer puisque le destin n'en fait jamais qu'à sa tête. Colopatiron n'était qu'un ange mineur, et, s'ils avaient été éveillés, les anges du Paradis l'auraient presque tous taxée d'arriviste, troublée par des idées au-dessus de sa condition ; ses propos leur seraient apparus comme l'œuvre du démon, et sans doute l'auraient-ils réduite au silence. Mais ils dormaient. Ceux qui étaient réveillés étaient les mécontents. Ils n'avaient encore jamais entendu un ange s'exprimer de la sorte. Ils l'écoutèrent, et admirent qu'elle avait un certain charisme. Ils crurent qu'une nouvelle tour de Babel pourrait leur donner non seulement le don des langues, mais l'inspiration nécessaire pour voir la vie avec un regard neuf.

Ainsi, après un interminable voyage à travers les galeries d'une taupinière, lorsqu'elle parvint à Babylone, Quelle ne trouva pas d'anges accordant des consultations privées. En fait, elle crut d'abord que cela signifiait qu'il n'y avait personne, au Paradis, qui se souciât d'elle. Avait-elle fait ce long chemin pour rien ? Tout de même, ne serait-ce que pour voir cet extraordinaire bâtiment en forme de bouteille, le déplacement valait sans doute la peine. On aurait dit une lune toute en longueur, une espèce de ballon, un champignon sacré posé la tête en bas ; pour exprimer leur étonnement, les âmes qui venaient l'admirer trouvaient toutes une comparaison différente. Certains curieux restaient à l'extérieur, attendant, avec la patience que seuls possèdent ceux qui habitent l'éternité, qu'il se produise quelque chose à l'intérieur. Ils craignaient d'approcher, et ils assurèrent à Quelle que les anges étaient beaucoup trop occupés pour tolérer qu'elle les dérange. Le bruit courait que la tour n'était pas encore complètement meublée ; les anges étaient si hésitants qu'ils ne pouvaient se décider pour quoi que ce soit.

Même s'ils n'avaient plus rien à dire aux hommes, ce serait une honte de ne pas voir un ange, pensa Quelle. Elle pouvait concevoir qu'ils fassent mauvais accueil aux visiteurs qui venaient se plaindre au sujet de leur construction, ou demander de l'aide. Néanmoins, elle gravit les quelques marches conduisant à l'entrée, et jeta un coup d'œil prudent à travers une fenêtre. Ce qu'elle vit lui rappela immédiatement le salon de coiffure de Saturnin. Le rez-de-chaussée aurait pu être un gigantesque salon de beauté, sauf qu'en guise de miroirs, il y avait des chevalets de peintre. Des centaines d'anges, assis dans toute une variété de poses, faisaient faire leur portrait. Les anges étaient-ils eux aussi troublés par la vanité, la solitude, la laideur ? Seuls quelques-uns avaient des ailes ; les autres ressemblaient au commun des mortels. Les anges aiment prendre des formes étranges. Cela expliquait-il leur intérêt pour leur visage ?

C'était déroutant, décevant. Peut-être les anges avaient-ils l'air si ordinaire parce que Quelle s'attendait à les voir ainsi. Cependant, elle aperçut alors un ange qui, d'une certaine façon, sortait du lot. Par la suite, elle raconta qu'elle avait remarqué au premier coup d'œil le plus bel ange qui se puisse imaginer ; mais quand on lui demandait de le décrire, elle était imprécise ; elle ne pouvait pas expliquer ce que ses traits avaient de si particulier ; tout ce qu'elle pouvait dire, c'est que, dans son aspect, il y avait quelque chose d'électrique, de magnétique, de supersonique. En fait, ce n'est qu'après qu'elle eut fait la connaissance de Colopatiron que Quelle commença à employer de pareils adjectifs. Peut-être y avait-il dans sa tenue quelque chose qui amena Quelle à comprendre qu'elle avait sous les yeux l'architecte de cette structure extraordinaire ? Colopatiron avait un côté si engageant que tout le monde se sentait porté à s'approcher d'elle. Quand elle s'enthousiasmait, Quelle disait volontiers que personne n'avait réussi à décrire Jésus-Christ, que la Bible ne contenait pas un seul mot touchant son apparence ; par là, elle n'entendait pas établir une comparaison, mais montrer que quiconque est extraordinaire, est indescriptible et souffre d'être décrit. En tout cas, c'est la vue de Colopatiron qui la décida à entrer dans la tour. Rien n'empêchait d'ailleurs qui que ce fût d'entrer, sinon la peur des conséquences. Jolly avança son museau à l'intérieur sans déclencher aucun effet catastrophique. Quelle suivit. Les curieux qui observaient la scène commencèrent à se lamenter, comme s'ils avaient été témoins d'une immolation volontaire.

L'entrée de Quelle ne souleva aucune protestation. Elle pensa que, peut-être, les autres la prenaient pour un confrère déchu, ou qu'ils étaient trop occupés d'eux-mêmes. Elle se glissa sur un siège libre et y demeura immobile, chassant toute expression de son visage, comme si elle avait voulu se rendre invisible, concentrant son regard dans le vide et pensant à l'éternité. Peu à peu, elle se rendit compte que l'on faisait son portrait. Celui qui la peignait avait tout l'air d'un peintre, mais le tableau qu'il brossait d'elle ne lui ressemblait pas du tout. Résolument moderne, traité avec force mais simplicité, il aurait pu être l'œuvre de Modigliani. Elle finit par trouver le courage de lui adresser la parole, et elle lui demanda ce qu'il faisait. Il lui répondit qu'il peignait son « air d'adhésion silencieuse à la vie ». Elle fut stupéfaite : il l'avait aussi mal comprise que possible ; il y avait très peu de choses qu'elle acceptait, et surtout pas la vie, qu'elle estimait cruelle, dure et impitoyable. Il ne parut pas s'émouvoir. Cependant, elle était de plus en plus troublée par sa peinture et ses paroles. Elle resta très longtemps à contempler le tableau, cherchant à en comprendre les raisons. Enfin, elle s'avoua battue et admit que, peut-être, il avait raison : elle acceptait la vie, c'est vrai ; s'il fallait choisir entre la vie et la mort, elle n'aurait pas d'hésitation ; elle préférait les souffrances de la vie à un sommeil perpétuel ; mais l'avouer ouvertement était quelque chose qu'elle ne pouvait pas. Sur quoi il répliqua mystérieusement : « Les anges qui veillent au Paradis doivent-ils aussi souffrir ? »

Elle changea de siège, et l'on refit son portrait. L'artiste la représenta très belle, ou, plus exactement, peignit une très belle femme et ajouta de petites touches à son tableau jusqu'au moment où Quelle déclara : « Je commence à voir la ressemblance. » Cela signifiait que son travail était terminé, déclara le peintre, et il déposa ses pinceaux. Il avait peint un idéal, ce qu'elle aurait désiré être, sa vision d'elle-même dans un monde parfait. Comment avait-il pu deviner cette vision ? Il l'avait représentée sous les traits d'une dame de l'aristocratie du XVIIe ou du XVIIIe siècle, toute de santé et de pureté, très anglaise. Était-elle tombée sur un ange anglais ? Mais elle se rappela alors que c'étaient des peintres étrangers qui avaient inventé le visage aristocratique anglais type, détaché, l'air courtois, toute trace de rusticité soigneusement éliminée, avec une touche finale de confiance pour les hommes, et, pour les femmes, un vernis de modestie. Allait-elle rencontrer Van Dyck, Hoppner, Kneller, occupés à transformer tout le monde en dame ou en seigneur anglais ?

Sur un troisième siège, elle eut droit à un troisième portrait, qui la représentait carrément laide : tout ce qu'il y avait de grossier, tout ce qu'il y avait de dur en elle était accentué, comme si, au Paradis, les cicatrices de ses péchés et de ses faiblesses s'étaient enflammées, comme si le peintre voulait lui faire connaître ce qu'il y avait de pire en elle, et lui suggérer que, pour y échapper, elle ne devait compter que sur ses efforts personnels. D'une certaine façon, ce tableau lui plut davantage que le précédent ; sans tout cet apparat, elle se sentait moins fausse ; la laideur n'allait pas sans certains avantages ; c'était comme de porter de vieux vêtements ; de la montrer sans prétentions la rendait plus réelle.

Mais non, la réalité n'était qu'une illusion. Ensuite, on fit d'elle une statue allongée, fuselée, dans le style de Giacometti, toute en jambes et en bras, mince comme une allumette, une étrangère, impossible à reconnaître, une goutte de vie dans un linceul. « Soyez patiente, lui dit le peintre, une œuvre d'art n'est jamais terminée, surtout au Paradis. »

A côté, un artiste africain transformait ses modèles en sculptures miniatures, en manches de chasse-mouches, en piliers de véranda, en masques terrifiants. Elle se trouva bientôt assise en face de lui, et, prenant une branche d'eucalyptus, il y tailla une image d'elle, ou peut-être d'un esprit, les yeux en forme d'œuf, les oreilles en triangles alourdies par des pendantifs comme des roues de char, la bouche ouverte, montrant des dents taillées en pointes. Elle avait l'impression qu'on lui prenait son corps ; affolée, elle lui demanda d'arrêter. « J'ai créé la beauté, lui dit-il. » Quelle marmonna qu'à son humble avis, elle était toujours plus hideuse. « La beauté, répliqua-t-il, est un messager qui peut faire fondre le cœur. » Il avait fait fondre le sien. Ce n'était pas facile, au Paradis, où régnait l'indifférence. Jadis, il avait pour spécialité d'envoyer des messages aux dieux, aux ancêtres défunts, aux forces invisibles ; maintenant, sa tâche était beaucoup plus difficile ; dans la tour de Babel, les anges commençaient seulement de s'envoyer des messages.

D'autres artistes firent de Quelle une gracieuse figurine Han au visage arrondi, aux longues manches flottantes, symbolisant la générosité, une pieuse icône qui ne cillait jamais du fait que les surprises se succédaient trop rapidement, un nu au jambes longues, un profil de médaille, une tache d'encre zen, une fioriture calligraphique, une flèche d'homme des cavernes. Il était épuisant de se sentir placer dans des corps successifs présentés tour à tour comme des illusions. Perdue dans une espèce de brume, elle se tenait assise devant les peintres en gémissant ; elle les suppliait d'arrêter, mais ils semblaient trouver encore plus gratifiant de la représenter comme une allégorie de la lâcheté, de la faiblesse, de l'effondrement. Et elle finit effectivement par s'effondrer, après quoi on la laissa se retirer dans une alcôve. Elle s'en était fort bien tirée, pensa-t-elle ; il ne devait pas y avoir beaucoup d'anges (qui n'étaient pas habitués à ce qu'on les regarde) capables de tenir le coup aussi longtemps qu'elle.

Elle plaça ses portraits sur le mur de l'alcôve et réfléchit en les regardant. Il n'y en avait qu'un sur lequel elle pût à peu près s'accepter ; peut-être parce qu'il lui ressemblait, le peintre avait su la représenter avec ce soupçon de sourire qui lui valait tant d'ennuis, mais qu'elle ne cultivait pas moins, ce regard perçant de curiosité jamais satisfaite, qui pourtant lui donnait tant de satisfaction. Mais la colère s'empara d'elle à la vue du portrait voisin, qui ne lui parut rien de moins qu'un acte d'accusation : « Sachez que ce visage est le masque complaisant d'un être si imbu d'orgueil que quiconque est autorisé à l'accuser sans preuve. » Sur un tableau peint tout en bleu, elle avait cet air qui, au premier coup d'œil, lui rendait quelqu'un parfaitement odieux ; essayait-on de lui montrer des traits de sa personnalité qu'elle refusait de voir ? Certains semblaient vouloir lui faire douter de sa conviction qu'elle n'avait aucune ressemblance avec les personnes qui, d'instinct, suscitaient sa méfiance. Ici, elle était l'image même de la susceptibilité ; là, il semblait que la peur lui eût enlevé toute chaleur, toute trace de générosité. Certains portraits paraissaient en flagrante contradiction avec les réponses évidentes aux questions : quelle est votre nationalité, quel est votre âge, quel est votre sexe ? Elle y était vêtue comme jamais elle ne se serait habillée ; ils changeaient quelques traits ici et là, comme pour faire voir en elle une inconnue, et pourtant, qu'elle le veuille ou non, elle était contrainte de se reconnaître.

Les artistes étaient-ils des anges ? Ou des humains devenus anges, comme Énoch, le prophète, qui, au lieu de mourir, devint ange et monta au ciel ? Cela se produisait-il encore, était-ce là l'immortalité suprême, non la simple survie, mais le vrai moyen d'échapper à la mort ? Il semblait qu'un certain nombre de peintres, ou prétendus tels, avaient eu la hardiesse d'entrer, et que les anges les traitaient comme des pairs. En fait, il était difficile de dire qui était ange et qui ne l'était pas. Peut-être qu'au Paradis, la différence n'était pas aussi grande que le croyaient les humains.

D'où elle était, Quelle voyait Colopatiron, encore plus belle, plus frappante qu'au premier coup d'œil, occupée à poser, arborant un sourire d'une complicité irrésistible, entourée d'un groupe d'anges. Elle ne semblait pas effrayée par les peintres, et pourtant, elle parlait d'une voix hésitante, d'une voix fragile et vulnérable qui exprimait non la timidité, mais une modestie d'un genre particulier. De loin, sans se faire remarquer, Quelle écoutait. Colopatiron disait que certains anges se plaignaient que les artistes leur volassent leur identité ; il se pouvait que les humains éprouvent, par habitude, le besoin d'une identité, mais les anges s'en passaient fort bien ; ce qu'il leur fallait, c'était transcender leur passé de caricatures d'hommes, pour pouvoir cesser de se poser l'éternelle question : qui suis-je ? Personnellement, elle préférait se demander ce qu'elle pouvait devenir, combien de vies un ange était à même de vivre. Il était déplacé de parler à un ange au présent ; les anges changeaient en permanence ; pour eux, le futur seul avait un sens. Ils n'avaient nul besoin de faire semblant d'être des gens ordinaires, car ils étaient impénétrables ; et, tôt ou tard, chaque être devait admettre qu'il était un mystère insondable. Cette acceptation devait être la base d'une tour de Babel dont la confusion n'entraînerait pas l'effondrement. Les humains harcelaient les anges pour qu'ils leur disent quels étaient leurs fonctions et leurs devoirs précis, ce qu'ils croyaient au juste, quel lourd passé ils traînaient après eux ; mais c'étaient là des soucis d'hommes : eux-mêmes ne s'en préoccupaient jamais. Pour sa part, elle se jugeait d'une importance mineure, tout en bas de la hiérarchie, ce qui lui convenait parfaitement ; elle était ravie que certains la trouvent insignifiante, et qu'on lui accorde plus ou moins de poids selon le moment. Et elle était convaincue que les hommes ne se contenteraient pas éternellement d'une seule identité. On pouvait comprendre qu'ils devaient s'en satisfaire quand leur vie était courte, quand ils appartenaient à leur seigneur, à leur époux, aux riches, et non pas à eux-mêmes ; mais maintenant qu'ils pouvaient compter jusqu'à cent printemps, et qu'ils ne devaient plus porter les mêmes fruits tous les ans, ce n'était plus par commodité, mais par crainte uniquement, qu'ils gardaient toute la vie le même nom. Cependant, Quelle ne sut s'il fallait en déduire qu'après avoir abandonné ses craintes, et renoncé à s'en tenir à une identité unique, l'homme pouvait devenir un ange.

Le souvenir du coiffeur Saturnin lui revint soudain en mémoire. Elle aurait voulu pouvoir lui téléphoner pour lui demander où il en était dans sa recherche d'identité. Sa carte d'identité française lui tenait-elle toujours autant à cœur ? Que devenaient ses mystérieux poulpes ? Avaient-ils développé de nouveaux bras ? Elle aurait bien voulu apprendre que, lui aussi, il avait développé de nouvelles identités ; ainsi, elle aurait pu savoir comment cela marchait. Et peut-être aussi, par la même occasion, elle n'aurait jamais à décider quelle coupe de cheveux il lui fallait adopter.

Colopatiron dit qu'il était difficile de se défaire de la tentation d'avoir une identité fixe. C'était la raison d'être des artistes : libérer les gens de la prison de leur identité. Sur terre, bien sûr, les artistes étaient inquiétants, incompréhensibles, et leurs œuvres étaient des énigmes : ce qu'on savait faire de mieux pour les comprendre, c'était de les classer par mouvements et par écoles, ce qui prêtait aux pires confusions. Mais ce qu'ils avaient fait silencieusement au cours des siècles, c'était créer de la beauté là où il n'y en avait point. Il fut un temps où les montagnes étaient des obstacles terrifiants, stériles et dangereux : ce sont les peintres qui les ont transformées en objets de délices — courageux pionniers prêts à s'aventurer toujours plus loin dans un monde hostile, non pour espionner, mais pour mêler une partie de leur âme à ce qu'ils voyaient, et en ramener une image qui soit belle et purgée de la peur. La beauté est la récompense que vaut le rejet de la peur. S'ils semblaient travailler au petit bonheur, et parfois de façon contradictoire, tous étaient occupés à l'éternelle même tâche consistant à changer la laideur et l'étrange en objets de respect. Ils chassaient hors du monde la haine et la méfiance, sans se presser, toute hâte étant interdite, en trouvant la beauté dans des détails infimes, dans un simple regard, un rayon de lumière, en faisant voir que la beauté a mille visages. Il fut un temps où les gens s'inquiétaient de ce qu'ils ne pouvaient se mettre d'accord sur ce qui était beau, et, pour se rassurer, se regroupèrent autour de ce qu'ils appelaient le bon goût, freinant ainsi l'essor de la beauté. Mais de nouveaux artistes venaient régulièrement montrer que le mauvais goût avait lui aussi sa beauté. Les artistes n'étaient pas des armées ; leur but n'était pas d'assurer la sécurité ni de défendre les préjugés ; c'était au contraire des guérilleros toujours sur la brèche, toujours en mouvement, qui montraient comment trouver la force de vivre dans l'insécurité, comment prendre plaisir à la défier. Si Colopatiron avait placé les peintres à la base de la tour, ce n'était donc pas pour que les anges aient leurs portraits aux murs en guise de décoration, et encore moins à des fins commerciales, mais pour donner la preuve qu'on pouvait chercher et trouver la beauté même parmi la laideur, que s'il lui arrivait de perdre sa fascination, une autre beauté était là, prête à la remplacer, que même la tragédie n'était pas que tristesse. Si les anges devaient recouvrer leur courage, et tenter de jouer un rôle dans le monde suivant, quand viendrait son heure, il fallait qu'ils trouvent la beauté en eux-mêmes, y compris dans leurs gestes incompréhensibles, y compris dans ceux de leurs traits que jamais personne n'avait admirés, jusqu'au jour où un peintre fou allait les fixer sur une toile. Tandis que Colopatiron parlait, les artistes demeuraient silencieux ; cependant, l'un d'eux dit à Quelle que, pour la première fois, ils avaient l'impression d'être compris.

Pour finir, Colopatiron s'approcha de Quelle. Quelle dit : « Ces tableaux vous plaisent ? » Et elle pensait : « Est-ce que je vous plais ? » Elle craignait que Colopatiron ne lui pose des questions, ne lui demande exactement qui elle était, ce qu'elle faisait là. L'idée de passer pour un ange lui paraissait de plus en plus absurde ; elle était bouleversée par l'image que les peintres lui avaient donnée d'elle, si pleine de défauts, si incohérente, si incompréhensible. Colopatiron parut sentir son inquiétude. Aurait-elle mieux aimé, lui demanda-t-elle, être une de ces gloires immortalisées par un seul portrait, à jamais fixées sur une toile, immuables, inaltérables, mortes ? Tant de visages différents ne lui donnaient-ils pas un sentiment de liberté ? L'incapacité qu'avaient montrée les peintres à donner d'elle une image unique, à s'entendre entre eux, n'était-elle pas la meilleure garantie de son invulnérabilité ? Ce qu'ils exprimaient les concernait tout autant qu'elle ; chaque portrait était une main tendue, un appel à l'aide, un cri d'espoir.

Colopatiron ne semblait faire aucune distinction entre les anges et les humains. Soudain, elle fut impatiente de montrer à Quelle le reste de la tour, comme si elle redoutait qu'elle s'en fasse une fausse idée. Quelle en fut enchantée, mais elle restait méfiante. Colopatiron ne voyait-elle tout nouveau visiteur que comme une occasion d'être applaudie ? Se montrait-elle charmante parce qu'elle avait besoin de l'approbation d'autrui, parce qu'il lui était essentiel qu'on ait d'elle une bonne opinion ?

Quelle aurait bien voulu savoir si l'on pouvait amener les peintres à parler plus clairement et plus ouvertement d'eux-mêmes. Ou fallait-il toujours qu'ils se cachent derrière leurs énigmes, de crainte que, sinon, leurs propos soient trop surprenants ? Tout le monde pouvait-il devenir peintre ? N'était-ce qu'une question de courage, le courage d'oser commencer avec toutes ses imperfections ? Le courage se résumait-il à la volonté d'imaginer des possibilités nouvelles, d'esquisser une réalité différente de celle que tout le monde voyait ? Un peintre était-il un prophète ? En guise de signature, l'un d'eux mettait cette inscription au bas de chacun de ses tableaux : « Le prophète Moïse a dit : “ Que tout le peuple du Seigneur soit prophète. ” » Est-ce que c'est ce que signifiait la main tendue ? Est-ce en cela que le Paradis transformait l'amitié, la faculté de voir les qualités des autres, de leur insuffler du courage ? Les humains pouvaient-ils devenir des anges et faire des miracles eux aussi ? Savoir déceler la beauté où elle n'apparaît pas était-il la condition qu'il fallait remplir pour pouvoir entrer dans le prochain monde ? Était-ce cela que voulait dire se libérer de la prison d'une identité personnelle unique ? Mais la seule réponse que Quelle tira de Colopatiron fut qu'elle devait d'abord visiter la tour, voir jusqu'où elle pourrait monter et comment elle se sentirait. On aurait dit que Colopatiron voulait lui donner l'occasion de montrer si elle était ou non capable de vivre parmi les anges, et peut-être même d'être un ange.

Quelle se souvint des Cinq Désenchantements de l'Humanité et se demanda si Colopatiron ne voulait pas les remplacer par Cinq Espoirs ou Cinq Issues vers la liberté. Mais Colopatiron soutenait qu'elle n'aimait pas les grands principes, ni même les petits, et qu'elle avait par-dessus tout horreur de définir des règles à l'intention des autres ; maintes fois, elle avait constaté que les principes perdent beaucoup de leurs charmes une fois mis en pratique, et que des principes opposés peuvent conduire au même résultat. Non, la nouvelle morale qui ne moralisait pas impliquait la méfiance à l'égard de toutes les promesses comme de tous les remèdes. La construction de la tour n'avait d'autre raison que de voir si les anges étaient capables de faire autre chose de la confusion des langues que ce que les humains en avaient fait.

Quelle monta au premier étage de la tour, qui était l'endroit où les anges recevaient leurs ennemis. Au Paradis, les âmes qui, sur terre, ont été ennemies, se croisent tous les jours ; on ne peut y couper ; cependant, elles s'ignorent et n'ont même pas conscience qu'elles se trouvent entourées d'ennemis. Les pires ennemis du Paradis n'en franchissent pas les portes. Et quant aux anges, ils ne s'adressent jamais aux anges déchus.

Maintenant, Quelle était en présence de diables aux cornes affûtées et aux crocs puissants, de démons aux sabots de chèvres et à la queue fourchue, dont les yeux brillaient comme des braises. Certains avaient laissé leur fourche à l'extérieur, dans le porte-parapluies ; certains avaient enlevé leurs chaussures, exposant sans vergogne des griffes malodorantes, acérées et tachées de sang ; la plupart étaient installés dans de profonds fauteuils de cuir (du faux cuir, pensa-t-elle, mais elle n'en était pas certaine), et, tels les raseurs d'un club, ils faisaient semblant d'être à l'aise, se curaient le nez comme si c'était leur seul souci, mais jetaient sans cesse des regards furtifs à droite et à gauche : manifestement, ils avaient l'esprit en alerte, ne sachant ce qui pourrait bien arriver dans un endroit aussi peu familier. Des esprits déguisés en coqs noirs étaient perchés au haut de la bibliothèque, où ils crachaient de la fumée et lançaient de soudains cris d'alarme ; sur l'épais tapis, des chats noirs se grattaient, l'air sensuel et paresseux ; des rats noirs couraient alentour, regardant d'un œil à la fois curieux et lascif à l'intérieur des pantalons et des jupes qui passaient à proximité, mais sans mordre, ni même montrer les dents.

A l'arrivée des diables, les anges se mirent à discuter entre eux du sens de cette invitation. De l'avis général, Colopatiron méditait de débarrasser une bonne fois pour toutes l'univers de tout mal. Aussi longtemps qu'il serait menacé, le Paradis resterait imparfait. Bon nombre d'anges, qui, d'ordinaire, paraissaient la gentillesse même, se révélaient alors animés d'un esprit de vengeance, et prenaient grand plaisir à l'idée qu'ils allaient pouvoir écraser, liquider, anéantir des ennemis qui leur avaient occasionné tant de difficultés. Mais Colopatiron était persuadée qu'aucun changement profond ne pourrait se produire aussi longtemps que les anges ne modifieraient pas leur attitude à l'égard de leurs ennemis.

Au Paradis, il y a bien sûr de nombreux cinémas où sont projetés des films qui montrent la méchanceté des diables de toutes sortes, interprétés comme il se doit par des acteurs ; il est facile de se procurer des livres qui traitent de la violence sous toutes ses formes ; la fascination exercée par le mal trouve tout ce qu'il faut pour se satisfaire, et, une fois repues, les âmes peuvent même signer des pétitions pour protester contre toutes ces horreurs. Aussi longtemps qu'ils avaient le loisir de haïr les démons sans avoir avec eux aucun rapport direct, les habitants du Paradis prenaient plaisir à avoir pitié d'eux, et éprouvaient un grand bien-être à l'idée que, désormais, ils ne pouvaient plus leur faire aucun mal. Cependant, maintenant qu'ils avaient tout à coup les diables devant eux, ils se sentaient gagner par la fureur et par la haine. Mais Colopatiron expliqua aux anges qu'ils n'avaient rien compris. Les diables n'étaient pas que des ennemis lointains. Ils dominaient la façon de penser du monde entier, et même du Paradis. Si Satan était en exil, il n'en demeurait pas moins tout-puissant, car c'était lui qui leur faisait croire qu'il existait quelque chose comme des ennemis, que, même si tout était parfait, des ennemis continuaient de rôder partout, desquels il fallait sans cesse se garder. Le mal était toujours l'ennemi, et l'ennemi était toujours le mal. Tant qu'on voyait les choses ainsi, Satan pouvait se glorifier d'être indispensable.

En hébreu, Satan signifie « adversaire ». De tout temps, la vie sur terre avait consisté à lutter contre des adversaires. L'Histoire était une longue suite d'affrontements avec des ennemis, qui tous étaient le diable sous divers déguisements. Les unes après les autres, les religions avaient tenté d'éliminer Satan, mais sans succès ; au contraire, chacune avait découvert de nouveaux démons, de nouveaux péchés, plus de mal que la précédente ; et tout gouvernement qui voulait passer pour civilisé promulguait des lois créant de nouveaux crimes, de nouveaux délits, de nouveaux méfaits. Alors qu'il n'y avait jadis que sept péchés mortels, le monde moderne en comptait beaucoup plus qu'on aurait jamais cru possible. Même quand les gens ne faisaient rien de mal, ils jugeaient bon de se sentir coupables d'être mauvais. Les affaires de Satan prospéraient. Les calculs concernant le nombre des démons sont moins précis que ceux touchant les anges, mais les spécialistes prétendent qu'ils se multiplient comme les mouches, et qu'ils ne meurent jamais, en sorte qu'il y en aurait des milliards. Au premier étage de la tour, leur arrivée semblait se prolonger indéfiniment.

Colopatiron n'essayait pas de les convertir, ni d'amener les anges à admirer leur férocité : entre eux, les malentendus ne cesseraient jamais. Elle l'avait clairement expliqué à son tout premier invité, Ahriman, le Mal originel. Né bien avant Satan, dans la Perse préhistorique de Zarathoustra et des mages, il était le premier à avoir eu l'idée d'incarner le mal, et le mal uniquement, dont il fit sur la carte un royaume à part, réunissant les petits maux divers et mal organisés qui, jusque-là, menaient une existence errante sans aucun but précis. Colopatiron admit qu'il n'eût pas l'intention de changer. « Ce n'est pas que je ne puisse rien créer de bon, s'était-il vanté, mais je préfère m'en abstenir. » Il était accompagné d'un magnifique paon, qu'il avait créé pour prouver ses dires. Il était mauvais, déclara-t-il, et il avait l'intention de le rester parce qu'il y prenait plaisir. Il n'avait rien contre les anges ni contre qui que ce soit, mais il voyait comme une injure aussi bien les excuses qu'on lui trouvait que les motifs mesquins qu'on lui attribuait. Il avait simplement une idée différente de ce qu'était le plaisir : pour lui, la cruauté était synonyme de pouvoir, et le pouvoir synonyme de plaisir — n'en allait-il pas de même pour de nombreux humains ? Chaque vérité nouvelle était pour lui comme une publicité, et il en était fier, car il y avait toujours à dénoncer le contraire de la vérité, c'est-à-dire *le Mensonge*, qui était un autre de ses noms. Il était évident que les humains avaient besoin de diables. Dans leurs prédications, tous les prophètes proclament ouvertement la puissance du démon aussitôt qu'ils se trouvent en butte à une quelconque opposition, car ils ne peuvent imaginer de résistance qui ne vienne de la pure méchanceté. Toute théorie, toute doctrine nouvelles avaient besoin d'un ennemi à détruire, à haïr, à ridiculiser. Il était donc l'Irremplaçable, l'Invincible, le Problème Insoluble.

Des âmes sensibles pensaient que la seule façon de lutter contre lui consistait à garder vivant le souvenir de ses effroyables méfaits, en sorte que ceux qu'il avait fait souffrir fussent du moins honorés. Être vaincu par lui était peut-être inévitable, mais il fallait épargner à ses victimes une seconde défaite : l'oubli de leurs souffrances. L'histoire des martyres qu'il avait infligés devait être répétée sans fin, comme un tribut à la justice, une mise en garde contre la complaisance. Cependant, si bien des âmes pensaient ainsi, c'était surtout parce qu'elles étaient déconcertées : elles ne pouvaient comprendre comment il s'y prenait pour amener des nations entières à commettre des massacres, à transformer soudain les gens raisonnables en meurtriers ; elles ne savaient par quel moyen prévenir définitivement ces horreurs ; elles ne parvenaient pas à oublier leurs cicatrices.

Selon Colopatiron, les anges devaient aller plus loin, être

plus qu'une garde de protestation. De toute mauvaise action, il fallait en tirer une bonne. C'était à quoi devait servir le premier étage. Colopatiron voulait y creuser la question qui se posait parmi les diables, à savoir jusqu'où un diable pouvait aller dans la méchanceté. Jusqu'à l'arrivée d'Ahriman et de Satan, tout dévoués à son service, le mal avait manqué d'arrogance, était demeuré hésitant. Dans les religions sans prophètes, il n'était jamais censé l'emporter sur le bien, mais seulement lui faire contrepoids. Shiva, ancien dieu indien de la destruction, inventeur de la punition, n'était manifestement pas mauvais, ou du moins le mal n'était-il qu'une de ses spécialités ; c'était aussi le dieu de la danse et de l'amour ; son troisième œil lui servait à sauver le monde des ténèbres ; il pouvait détruire, mais seulement pour permettre la régénération ; ses cinq visages, ses quatre bras et ses 1 008 noms inspiraient l'espoir aussi bien que la crainte, et tout mal qu'il créait contenait le ferment de quelque chose de mieux. Comme il vivait sur le mont Kaïlash, dans l'Himalaya, les diables cornus de l'Occident ne le connaissaient pas ; ils furent surpris d'apprendre qu'ils avaient un cousin aussi compliqué, aussi intéressant, et ils le questionnèrent avec curiosité. Ils furent de même déconcertés par leurs rencontres avec les Sept Sœurs Sitala, qui, harmonieusement disposées dans les branches d'un nim, s'entretenaient avec eux dans des poses sculpturales. Sitala dispensait la petite vérole, sa sœur Maraki le choléra, Matangi l'éléphantiasis... On les avait longtemps considérées et vénérées comme des déesses, parce qu'elles donnaient aussi l'immunité après chacune de leurs visites. Dans la tour de Babel, les sœurs discutaient pour savoir ce qu'il convenait de faire quand d'anciennes maladies finissaient par être guéries, quand de nouveaux maux de l'esprit remplaçaient ceux du corps ; elles étaient prêtes à négocier, à parler d'antidotes et de désarmement. Colopatiron essayait de savoir quels autres centres d'intérêt, quels autres passe-temps ils avaient, mais il était clair qu'il faudrait beaucoup de temps pour les amener à parler d'autre chose que de leurs activités professionnelles.

Quelle fut amenée à discuter avec une autre de ces puissances à demi mauvaises, moitié dieu et moitié démon. Elle n'avait pas idée de qui il s'agissait, et elle fut fort embarrassée lorsque son interlocuteur lui demanda si elle éprouvait beaucoup de démangeaisons, si l'on en éprouvait davantage en France qu'en Angleterre, combien de fois par jour les gens se grattaient, et à quel endroit ; que trouvait-elle le plus désagréable, les puces ou les mouches, les poux, les mites ou les vers ; dans son pays, avait-on le culte des orties ; et savait-elle pourquoi, bien qu'on eût appris à soigner tant de maladies, on n'avait pas encore vaincu la démangeaison, dont on voyait la cause dans le stress et la sénilité ? Elle apprit alors qu'elle avait affaire à Ghantiku, dieu des Démangeaisons, qu'au Bengale, son pays d'origine, on lui témoignait le plus grand respect, et qu'il était scandalisé par l'ignorance crasse des diables cornus en compagnie desquels il se trouvait. Aussitôt, Quelle commença à sentir des démangeaisons dans toutes les parties de son corps ; elle se mit à se gratter, avec le sentiment que sa démangeaison était comme une souris courant à l'intérieur d'elle-même sans qu'elle puisse jamais l'attraper ; elle se grattait tant que le dieu, soudain épanoui, crut qu'elle dansait en son honneur une danse de la démangeaison. Il se fit alors très prévenant, et lui parla de l'art de se gratter et de ses délices avec un enthousiasme plein de poésie. Était-il un dieu ou un diable ? lui demanda-t-elle. Autour d'elle, elle vit que la queue des diables cornus ondulait de stupeur ; ils posaient les mêmes questions à toutes les créatures nouvelles qu'ils rencontraient.

Lorsque Colopatiron envoya ses premières invitations, elle souleva la surprise et la consternation, car elle passait pour lutter sans merci contre les machinations de Satan ; personne ne semblait le haïr davantage. Pourquoi donc voulait-elle tout à coup souper avec le diable ? Elle dit aux anges que, sans le savoir, ils écoutaient toujours le diable dans leur sommeil ; le monde était ainsi fait ; ni le bien ni le mal ne l'emporterait jamais ; toutes les guerres qu'ils avaient menées contre le mal avaient à peine ébréché son armure. Elle reconnaissait que le diable dominerait à jamais les réactions automatiques, comme la colère, la cupidité, la peur, la cruauté irréfléchie ; chacun devait vivre avec un peu de la puanteur du diable à l'intérieur de soi ; tout le monde avait quelque chose du démon. Lorsqu'on les traitait comme s'ils n'existaient pas, les diables devenaient méchants ; chaque fois qu'on leur montrait un peu de respect, ils modéraient leurs ambitions ; et quand on admettait qu'eux aussi avaient leur fierté, ils devenaient presque conciliants. Comme on pouvait s'y attendre, ces discussions avec les diables ne se déroulaient pas tout à fait comme prévu ; certains étaient trop orgueilleux, trop entêtés, trop profondément susceptibles. Colopatiron faisait une distinction entre les diables cornus, dont les cornes avertissent le monde qu'ils ont choisi de ne pas en faire partie, et les diables à langue torse, qui parlent comme s'ils n'avaient pas le choix, qui souhaitent se faire entendre et n'y réussissent pas. Jadis, les anges vivaient en bonne intelligence avec leurs frères déchus. Avec certains d'entre eux, le dialogue demeurait possible ; dans les périodes de désespoir, les deux parties y aspiraient, mais sans oser le dire. Colopatiron admettait que le méchant corrompait l'innocent, mais pas ceux qui n'étaient qu'à demi méchants, car leur existence était beaucoup plus intéressante. Le mal pur trahissait un manque d'imagination. L'imagination pouvait être contagieuse. Elle tenait à ce que les bons, les méchants et les demi-méchants ne se tournent pas le dos, ne s'ignorent pas les uns les autres. Dans son travail dans les prisons, elle avait toujours trouvé absurde que les détenus soient tenus à l'écart de tout bien, de tout espoir et de toute générosité, et qu'on s'attende à ce qu'ils développent ces diverses qualités à partir de rien ; elle déplorait que les juges rendent si rarement visite à ceux qu'ils mettaient en prison pour voir quel effet avaient leurs condamnations, et plus encore que les amis de l'ordre nient avoir aucune parenté avec les gens qui, non moins amis de l'ordre, se laissaient brusquement et inexplicablement aller à commettre un délit. Certaines soirées avaient été de vrais désastres, et il avait fallu mettre à la porte des diables soudain pris de fureur. Mais maints démons montraient de l'intérêt pour les soins qu'offraient les demi-démons, qui ne se contentaient pas de terrifier et de punir. Du reste, elle était sûre qu'il fallait s'attendre à de nombreuses surprises. Dans le prochain monde, les relations entre les anges et les démons ne pourraient qu'être différentes.

La seconde moitié du premier étage était utilisée comme salle d'exposition, où étaient présentés les instruments de torture que les ennemis utilisaient les uns contre les autres, avec des écriteaux pour expliquer leur fonctionnement. Colopatiron fut bientôt dépassée par leur diversité. Pour tous les montrer, l'exposition devait être changée souvent. Lors du passage de Quelle, c'était la Semaine des Explosifs. On avait invité les moines du XIIIe siècle qui avaient introduit en Europe la poudre à canon. L'un d'eux, Bernard Schwartz, expliqua que la poudre devait sauver la chrétienté de l'invasion des Turcs, et que jamais il n'avait imaginé que des chrétiens pourraient s'en servir contre des chrétiens, et même des fils contre leurs pères. Frère Roger Bacon, hérétique maintes fois emprisonné, qui, canonisé, pourrait être le saint patron des technocrates, avoua que les explosifs lui étaient apparus comme une plaisanterie, un moyen d'illustrer ses opinions controversées : « Si l'on sait s'y prendre, on peut provoquer le tonnerre et la foudre », avait-il écrit — à part quoi, il était désolé que sa plaisanterie eût fait long feu. Pour

Colopatiron, voir ce que les bonnes intentions peuvent faire, voir que les maux qui peuvent en découler sont parfois pires que ceux qui viennent de la pure méchanceté, était comme d'assister à un film d'horreur absurde.

Le secteur où Quelle s'attarda le plus était celui consacré à Albert Nobel. Les anges ne savaient pas très bien s'ils devaient le considérer comme un ami ou comme un ennemi ; alors que bien des âmes se plaignaient que sa dynamite eût provoqué leur mort, d'autres reconnaissaient avoir utilisé ses inventions avec profit à des fins pacifiques. Colopatiron l'avait invité parce qu'il était devenu écrivain (sur terre, il écrivait déjà en secret), et que ses romans, ses pièces et ses poèmes traitaient tous de l'inimitié. Sa présence suscitait toutefois des protestations, car on lui reprochait de s'être tragiquement trompé dans ses prophéties ; en effet, avant la Première Guerre mondiale, il avait déclaré qu'il n'y avait pas à s'inquiéter de l'accroissement des réserves d'explosifs, convaincu qu'il était qu'une fois que l'on pourrait faire sauter deux bataillons en moins d'une seconde, les armées seraient supprimées et la guerre abolie. Cependant, beaucoup d'anges avaient de l'affection pour lui, car il passait l'essentiel de son temps à se promener au sein du Paradis, partout chez lui sans y être nulle part, ne dormant jamais, cherchant sans cesse le talent perdu parmi les morts de toute espèce, et même parmi les anges, cosmopolite impénitent décidé à garder son idéalisme. Au Paradis, il avait tenté de fonder un Prix de la Paix, ce qui avait fait ouvrir un œil à plus d'une âme, et sourire plus d'un ange. Ce qu'il fallait, prétendait-il, c'était établir la paix entre les âmes individuelles ; c'était le premier pas indispensable à l'établissement de la paix entre les nations. Ainsi, il proposait que l'on honorât chaque année (ou à intervalles mieux adaptés à la chronologie du Paradis) la personne qui serait parvenue à rapprocher les deux âmes les plus éloignées, car il avait l'impression que, dans l'espace infini, les âmes avaient tendance à s'éloigner de plus en plus, comme des étoiles filant vers des lieux inconnus. Entre les gens, le Paradis semblait augmenter la distance, alors même que, sur terre, celle-ci était déjà à la limite du supportable. C'était un sujet sur lequel il ne tarissait pas, et Quelle était ravie de pouvoir en parler, car rien ne la désarçonnait davantage.

Peut-être rappelait-elle à Nobel la petite Viennoise qui, si longtemps, l'avait déconcerté, la soi-disant Madame Nobel (il ne l'avait jamais épousée), dont il supportait les extravagances avec un mélange de rancœur et de générosité. Quoi qu'il en soit, il eut envie de parler d'elle. Sur terre, il n'avait jamais trouvé d'oreille sympathique, et, plus que tout, il espérait qu'au Paradis il allait rencontrer des âmes auxquelles il puisse ouvrir son cœur. La visite de Quelle dura plusieurs heures. Sophie avait dit à Nobel — il s'en souvenait comme si c'était hier — qu'il était incapable d'amour. A quoi il avait répliqué qu'il aurait pu l'aimer, même elle, si son ignorance crasse, sa suffisance et sa stupidité n'avaient constitué pour lui un tourment permanent. Pourquoi éprouvait-il ces sentiments contradictoires, cette attirance mêlée de répulsion ? Pourquoi l'objet de son amour était-il son ennemi ? Pourquoi une femme comme elle, sans éducation, gâchait-elle son plaisir ? Pourquoi, alors que Paris lui plaisait, trouvait-il les Parisiennes sinistres et leur préférait-il les Russes malgré leur « malheureuse aversion pour le savon »; pourquoi cela l'inquiétait-il, pourquoi, finalement, s'y résignait-il ? Pourquoi avait-il tant de raisons de se plaindre d'être « complètement seul au monde » et de ruminer sur « la tristesse qu'il y a à n'avoir pas d'amis »; pourquoi sa mère était-elle la seule personne à se soucier de lui, la seule dont il fût certain qu'elle ne s'intéressait pas qu'à son argent ? Fallait-il que l'argent séparât les gens, en fît des ennemis ? L'argent n'existant pas au Paradis, comment récompenser l'âme qui établirait la paix entre l'intelligence et la stupidité, la vanité et la timidité ? Il y avait tant de problèmes à résoudre ! Il songeait même à inventer un explosif qui détruise l'espace vide séparant les âmes. Mais qu'allait-il en résulter ? Comme pour la dynamite, il semblait qu'il n'y eût pas de solution qui ne comportât également un aspect négatif.

Nobel emmena Quelle voir d'autres exposants. Elle se montra particulièrement intéressée par Hiram Maxim, qui était là avec sa « Machine à tuer », arme qui, dans la guerre russo-japonaise de 1905, se révéla dévastatrice, et sa « Machine à sauver la vie », qui soignait la bronchite. Maxim était un inventeur chronique, qui ne pouvait pas s'empêcher de voir comment les choses pourraient être faites autrement et plus vite ; il avait également avec lui toute espèce de trappes à souris, de machines à café et de fers à friser ; il avouait ne pas savoir si, dans l'ensemble, il avait fait plus de bien que de mal. Hudson Maxim, son frère, inventeur d'une torpille redoutable, préféra parler à Quelle de la « Science de la Poésie », qu'il prétendait avoir fondée, et grâce à laquelle on pouvait calculer le mérite littéraire sans discussion possible — combien de conflits n'eût-il pas évités si quelqu'un avait lu son livre ! La salle des explosifs était pleine de gens qui n'avaient pas prévu à quoi aboutiraient leurs inventions, et qui se demandaient par quoi l'on pourrait remplacer les bonnes intentions, qui étaient la cause de tant de désastres.

Les pensées de Quelle revenaient sans cesse à Colopatiron, dont elle ne pouvait oublier la présence. S'agissait-il d'un ange qui ne supportait pas la solitude, et qui, dans chaque nouveau visage, voyait une occasion d'exercer son charme et de partager sa chaleur, de nouer un rapport comme il en existait si peu au Paradis ? Quelle constata que Colopatiron se montrait nerveuse avant de rencontrer tout étranger, non parce qu'elle se souciait du passé qui pouvait être le sien, mais parce qu'elle doutait de l'accueil qu'il allait lui faire ; bien qu'elle en eût beaucoup, elle n'était jamais vraiment sûre que son charme allait opérer, et cela même en faisait partie, car pour avoir du charme il faut être vulnérable. Colopatiron avait tout de suite un avis sur ceux qu'elle rencontrait, mais elle le déplorait, et l'une des fonctions principales du premier étage semblait consister à combattre cette tendance.

Quelle aurait voulu passer plus de temps avec les démons, comme elle l'aurait d'ailleurs souhaité avec les peintres, mais, cette fois encore, Colopatiron se montra pressée de continuer. Vite, vite, ne cessait-elle de répéter, incapable d'attendre, bien qu'elle eût tout le temps du monde ; sa hâte venait de sa passion de la découverte ; si elle était si énergique, c'était peut-être parce qu'elle s'ennuyait très rapidement. Et Quelle ne cessait de répondre qu'il lui fallait du temps pour réfléchir, qu'elle ne pouvait juger les gens si vite, qu'elle avait beaucoup de peine à se faire un avis. En fait, dès qu'elle était tentée de juger quelqu'un, cette phrase d'Aïsha, la plus jeune épouse du prophète Mahomet, lui revenait à l'esprit : « Le pécheur est celui qui se croit juste. » De toute évidence, le Paradis comptait également des pécheurs. Elle demanda s'il n'était pas possible qu'un ange connût ce genre d'hésitations : fallait-il que les anges sachent toujours parfaitement où ils en étaient ? Ne péchaient-ils jamais ? Était-ce là ce qui les distinguait des hommes ? Colopatiron lui dit que sa question montrait bien qu'elle n'avait pas la moindre idée du doute et de l'inquiétude qu'un ange pouvait connaître. Quelle trouvait très curieux d'être traitée par un ange sur pied d'égalité. Elle comprenait parfaitement bien la répugnance qu'éprouvait Colopatiron lorsqu'il s'agissait de dénoncer le mal commis par les démons, les âmes, les gens. Elle aussi pensait que, dans l'univers, il y avait assez d'hommes de loi pour remplir cette fonction. A être si proche de l'ange, elle éprouvait un sentiment très agréable de connivence. Elle était fière de ne pas avoir fait trop de bêtises jusque-là.

Quand la soirée prit fin, elle demanda à Colopatiron

comment il se faisait qu'un ange comme elle, que tout le monde s'entendait à juger particulièrement combatif, en fût venu à se montrer si conciliant avec les diables. Colopatiron répondit qu'elle n'avait rien perdu de sa combativité, qu'elle continuait de réagir devant tout ce qui était dur et cruel, et que les diables à cornes lui semblaient toujours impossible, à aimer. Mais il existait dans l'univers de très vieux sentiments de haine qui n'avaient plus de sens ; il existait des oppositions de principe qui, dans la pratique, n'avaient qu'une importance insignifiante ; et certaines animosités personnelles ne subsistaient que par pure habitude, par persistance dans l'ignorance. Si, pour la plupart, les diables aimaient se battre, certains en étaient fatigués. C'est à ceux-là qu'elle voulait s'adresser. Il arrivait qu'un diable ait besoin d'une épaule sur laquelle pleurer. Sa compassion, elle serait toujours prête à la donner. Dans le prochain monde en tout cas, les âmes ne seraient plus les prisonnières de leurs ennemis.

Cependant, le tour des diables eut sur les animaux de Quelle un effet désastreux. Ils étaient paniqués. Non seulement Jolly avait perdu le sourire, mais il se mit bientôt à aboyer plus fort encore que quand le tonnerre lui donnait à penser que le monde allait s'écrouler. Il avait oublié Myosotis, qui, s'étant réfugié dans son pot, s'y tenait complètement immobile, comme si la terreur le plongeait dans le même coma que le froid extrême. Ils étaient à nouveau étrangers l'un à l'autre. La peur avait mis fin à l'intérêt qu'ils se portaient. Quelle pensa que, sur terre, beaucoup de gens réagissaient de même, désapprouvant tout ce qui sentait le démon, fuyant loin du danger.

Colopatiron, qui avait observé la scène, dit qu'elle n'était pas étonnée. Pour affronter ses ennemis sans peur, il ne suffisait pas de décider de le faire.

CHAPITRE X

Quelle fut donc conviée à monter plus haut. Les trente étages suivants, c'est-à-dire la partie renflée du batteur à œufs, renfermaient la bibliothèque de Colopatiron. Jamais les saints n'ont mentionné les bibliothèques parmi les attractions du Paradis, du fait sans doute qu'ils connaissaient par cœur l'ensemble des livres qu'ils voulaient et n'éprouvaient aucune envie d'en savoir davantage ; en outre, jusque récemment, la grande majorité des habitants du Paradis ne savaient pas lire ; les nouveaux immigrants se plaignent qu'ils n'ont pas le temps de lire, tandis que certains anges considèrent que la plupart des livres sont soit mauvais soit obscènes. Ainsi, Colopatiron préférait éviter d'employer le nom de bibliothèque, et elle dit simplement à Quelle qu'elles allaient visiter le Chaos. « Le Chaos s'unit à l'Esprit et engendre le Désir », était-il écrit sur la porte.

Quelle avait toujours cru que le chaos était un bâillement du néant d'où le monde était né, le vide, le désordre. L'ange qui se tenait au bureau de l'entrée lui expliqua que le bâillement était toujours là, mais qu'il n'avait rien à voir avec le néant ; au contraire, le chaos était tout, l'ensemble de toutes les pensées, de toutes les paroles, de toutes les actions et de tous les souvenirs pour lesquels personne n'a d'explication ou que tout le monde explique de façon différente. Pour les habitants de la terre, le chaos est une malédiction, un embarras, un vestige du passé, sur lequel il est essentiel, et apparemment impossible, de remporter une victoire décisive. Comme par miracle, chaque jour naît un nouveau chaos, aussi déroutant que celui de la veille, très semblable à lui bien que toujours un peu différent et, de ce fait, éternellement insaisissable.

Cependant, Colopatiron estimait que le chaos était victime d'une grave calomnie. Ce n'était pas nécessairement un mal. Au Paradis, il y avait tout le temps et la place qu'il fallait pour voir comment il fonctionnait et ce qu'il pouvait faire. Dans la tour, elle avait donc réuni toute une collection de chaos sous la forme de livres.

Ne sachant comment il convenait de traiter le chaos, Quelle crut prudent de faire la révérence, sachant que, jadis, on le considérait comme un dieu, et estimant qu'au Paradis les bibliothèques (quels que soient les livres qu'elles contenaient) devaient constituer des sanctuaires. De toute manière, elle n'entrait jamais dans une bibliothèque sans une émotion toute particulière, faite à la fois de respect et de plaisir. Aussi humbles, aussi limitées, aussi pauvres qu'elles fussent, les bibliothèques étaient pour elle la demeure de la foi, la seule foi qu'elle eût, la foi en l'avenir. Où qu'elle allât, lorsqu'elle se promenait, elle essayait de visiter la bibliothèque municipale, car c'était là, aimait-elle à penser, que se trouvait l'esprit de l'endroit, même si ses habitants ne le savaient pas, même si, pour eux, « livre » n'était rien qu'un mot de cinq lettres, même si la bibliothèque n'était qu'un bus et ne passait qu'une fois par semaine. Elle brûlait de voir quels perfectionnements le Paradis avait pu apporter à ce qu'elle considérait comme le havre de paix idéal. Mais une bibliothèque était un lieu où elle allait généralement pour réduire le chaos de son esprit ; aussi était-elle très surprise d'en trouver une qui s'enorgueillissait de réduire la vie au chaos.

Colopatiron avait choisi les livres pour sa collection de chaos, car une fois réunis, ils constituaient la forme de chaos la plus concentrée. En tant qu'ange des prisons, elle rêvait fréquemment de transformer les prisons en bibliothèques, comme elle rêvait qu'il y ait une bibliothèque dans chaque centre commercial, dans chaque parc, comme un banc pour se reposer l'esprit, une corbeille à papier pour jeter ses pensées fatiguées, une cabine téléphonique pour appeler un ami dont on est sans nouvelles. Elle était si enthousiaste concernant les vertus des bibliothèques qu'elle en était venue à penser qu'on pourrait en faire une au centre même, au cœur de sa machine à fabriquer la liberté ; c'était là que l'esprit était le plus libre, que le temps cessait d'être tyrannique, que les livres n'avaient pas à craindre d'être jugés en fonction de leur âge, de la couleur de leur papier ou de leur encre, que tous avaient le même droit à la parole, que nul lecteur ne risquait d'être accusé de fourrer son nez dans des affaires qui ne le regardaient pas, qu'il n'y avait pas de secrets, qu'on n'exigeait pas de promesses, si ce n'est celle de respecter le droit des autres, et, bien sûr, les livres, bien qu'on fût libre de penser ce qu'on voulait de leurs dos fanés et de leurs couvertures luisantes.

Dans une telle atmosphère, les anges jouissaient des meilleures conditions pour élargir leurs idées et leur vision de l'univers, pour échapper à l'apparence de finalité que donnent les objets. Comme tout le monde, ils savaient que les apparences sont trompeuses, mais sur terre ils n'avaient trouvé que deux moyens de pallier cet inconvénient. L'un consistait à se montrer cyniques ; l'autre, à douter de tout, à ne rien accepter pour vrai que ce qu'ils pouvaient prouver de manière irréfutable, à amasser laborieusement des preuves, en espérant pouvoir un jour être certains de tout ce dont on pouvait être certain. Mais Colopatiron voulait faire table rase pour une raison tout à fait différente : son but était de démonter l'univers pour voir en quoi consistait chacun de ses détails, comment il en était venu à être ce qu'il était, comment le chaos et le hasard en avaient fait ce qu'il était. De toute façon, elle parviendrait à la frontière entre le possible et l'impossible, et elle découvrirait le moyen de rendre l'impossible possible.

Une bibliothèque est un lieu qui suggère un ordre parfait, où chaque livre occupe une place précise, où est enregistré chacun de ses mouvements, chacune de ses entrées, chacune de ses sorties ; et pourtant, une bibliothèque finit par convaincre ses lecteurs que le monde est loin d'être dans un ordre parfait, que la plupart des choses sont de plus en plus difficiles à comprendre, qu'il n'y a pas deux livres qui soient du même avis ; elle paraît suggérer poliment que le dieu Chaos est toujours très présent dans l'univers, révélant sans cesse de nouvelles formes de chaos. Colopatiron était fascinée par le malentendu, et dans sa bibliothèque, elle pouvait savourer sans fin toutes les variétés possibles d'incompréhension. Elle aimait montrer sa collection de livres anciens que chaque siècle avait mal compris de façon différente, sa collection non moins nombreuse d'ouvrages récents dont le sens avait échappé aux lecteurs actuels, et qui, estimait-elle, devraient attendre des décennies, sinon des siècles, pour être appréciés à leur juste valeur ; surtout, elle était fière des piles de livres qui n'avaient pas encore été écrits — les livres que toutes les âmes modernes portaient en elles —, et qui, eux-mêmes, n'étaient pas très fixés quant à leur sens. Sur la couverture, elle inscrivait les divers titres auxquels avaient pensé leurs auteurs en puissance. Chaque volume était très épais, car il renfermait toutes les corrections et tous les changements qu'on aurait pu y apporter ; parfois, ils remplissaient des caisses ou des coffres entiers, étant composés de centaines de projets au cours desquels ils devenaient de plus en plus méconnaissables. Les visiteurs qui demeuraient assez longtemps dans sa bibliothèque finissaient par devenir experts en matière d'incompréhension, et pas seulement de l'incompréhension existant entre auteurs et lecteurs, mais de l'univers en général, de la façon dont les gens changent d'idées et d'avis, dont les mots sont utilisés en sorte que nul ne peut en définir le sens. Ils commençaient par être déconcertés, mais finalement, ils étaient fiers de pouvoir écrire « chaosologue » sur leurs cartes de visite.

Le dieu Chaos était le seul à ne pas avoir fondé une religion qui lui rendît un culte, et cependant, son influence était énorme : il avait son temple dans tout esprit humain. Colopatiron paraissait vouloir libérer les anges de la croyance que le chaos est un élément étranger, archaïque et exceptionnel, et leur faire comprendre que ce n'était pas du chaos qu'ils devaient chercher à se dégager, mais des apparences extérieures qui donnaient l'impression que l'ordre gouvernait l'univers. A chaque fois qu'ils pensaient avoir mal compris quelque chose, ils pouvaient être assurés que, s'ils appliquaient la Règle d'Inversion — la seule, peut-être, que connût le chaos — et retournaient ce qu'ils croyaient savoir de haut en bas, de l'intérieur vers l'extérieur ou d'arrière en avant, il en résulterait un sens susceptible de contenir une part de vérité. C'est ainsi que les lois, qui sont l'incarnation de l'ordre la plus majestueuse, remplacent très fréquemment une forme de chaos par une autre. Les routes nouvelles, construites dans le but d'éviter les embouteillages, deviennent bientôt elles-mêmes des lieux d'embouteillages. Les impôts, solennellement votés, solennellement encaissés, solennellement remis aux paysans pour les encourager à cultiver des produits qu'ils pourront ensuite solennellement détruire, sont signe que le chaos a un certain sens de l'humour : la solennité est le drôle de chapeau qu'il porte. Par ailleurs, le chaos aime le jeu : l'inconscient est l'endroit où il se cache ; personne n'a jamais rien prouvé le concernant, mais personne n'ose nier qu'il soit là. Et la colère elle-même est une sorte de chaos : Colopatiron s'était longuement demandée si elle devait ou non figurer dans le prochain monde jusqu'au moment où elle avait compris que la colère faisait partie du chaos : si la colère est effrayante, la frustration et la peur qu'elle cache sont plutôt dignes de pitié ; les gens s'emportent contre la colère, car ils ne comprennent pas le chaos — on ne peut pas se mettre en colère contre le chaos.

Flânant dans la bibliothèque, Quelle se sentit soudain prise de vertiges. Elle avait l'impression d'être dans un bateau qui tanguait, tournait sur son axe, lentement d'abord, puis de plus en plus vite. Ensuite, elle commença d'avoir des hallucinations. Elle croyait voir des livres voler hors des rayons, perdant leurs feuillets, feuillets qui virevoltaient par couples comme des papillons, cascadaient comme des fleurs de cerisier, folâtraient dans les haies, se posaient enfin sur un autre rayon. Puis son malaise fit place à la sensation délicieuse d'être portée par le mouvement tournant, projetée dans des endroits de la bibliothèque dont elle n'aurait jamais songé à s'approcher, du côté de l'astronomie, de la théologie, entrant en collision avec des livres qui paraissaient soudain intéressants, et qui, peut-être, n'étaient plus de simples objets. Il lui semblait reconnaître à quel moment un livre commençait à s'impatienter et se préparait à quitter son rayon. Elle imaginait que les livres lui faisaient signe quand elle passait près d'eux, qu'ils lui disaient que les lecteurs les évitaient, qu'ils se plaignaient d'être perdus, plagiés, classés en dépit du bon sens. Elle les voyait sauter comme des grenouilles par-dessus les fichiers, tandis que d'autres chantaient en chœur : « Il faut appeler un chat un chat, les livres ne sont pas des choses, ils ne doivent pas être classés sous Papeterie et Industries annexes. » Et lorsqu'elle en collait un contre son oreille, comme un coquillage, elle entendait à l'intérieur non pas un bruit de vague, mais une rumeur provenant de tous les bruits qu'il avait entendus, le hoquet de la presse commettant une erreur d'impression, les cris euphoriques et les gémissements cauchemardesques de l'éditeur évaluant ses risques, le joyeux sifflotement du représentant méditant les raisons imprévues pour lesquelles on lirait ses livres, la plainte du libraire qui, secouant la tête, avoue qu'il ne pourra jamais comprendre pourquoi tel ouvrage s'est vendu et tel autre non. Quelle se demandait si ce qu'elle entendait n'était pas la rumeur de l'univers, ses bruits infiniment complexes, le brouhaha de toutes ses voix, que, d'ordinaire, on ne remarque pas. Mais si les livres parlaient, cela signifiait-il qu'ils avaient une âme ? Ou est-ce que la bibliothèque se moquait simplement de ceux qu'elle accueillait ?

La bibliothèque de Colopatiron était bel et bien conçue pour tourner sur elle-même, et ses livres quittaient bel et bien leurs rayons, aboutissant dans des sections où, normalement, on ne les aurait jamais classés, en sorte que, se trouvant isolés dans un contexte où on ne les comprenait pas, les ouvrages prétentieux devaient renoncer à pontifier. Les livres répugnent à prendre de l'exercice, à se risquer dans l'inconnu. Les lecteurs ont peur de pénétrer dans les secteurs des bibliothèques où les mots paraissent être plus longs qu'ils ne le devraient. Il en résulte que le chaos a tout le temps de devenir respectable, de prendre consistance, de revêtir l'apparence de l'ordre. Une bibliothèque est loin d'être un endroit où il ne se passe rien, car le monde s'y réorganise d'un million de façons ; ce qui est rigide s'y dissout, s'y reforme et s'y dissout encore ; une bibliothèque est une grande montagne de mensonges et de vérités, et c'est le lieu par excellence où voir comment les mensonges se disent et se croient, volontairement ou non. Colopatiron avait voulu créer une bibliothèque qui pulvérise le dogmatisme, son ennemi numéro un, le seul peut-être avec lequel elle refuserait toujours de se réconcilier.

Depuis qu'elle cherchait une morale nouvelle, Colopatiron se demandait comment les anciennes en étaient venues à être considérées comme immuables et évidentes, alors même qu'il fallait tant d'hypocrisie pour les conserver. Elle crut avoir trouvé une réponse plausible lorsqu'elle constata que des livres de physique étaient égarés dans la section d'éthique, et qu'aux ouvrages d'éthique comme de physique se mêlaient toutes sortes d'œuvres de littérature. Il lui sembla qu'il y avait un lien entre la façon dont les humains pensaient que l'univers était construit et celle dont ils estimaient devoir se comporter. Accumuler des biens était le fondement d'une vie réussie lorsqu'on croyait le monde composé de matière solide et indestructible. Les dames dansaient avec solennité et se pliaient à l'étiquette quand les planètes semblaient tourner selon des règles fixes, ne laissant aucune place à l'inattendu, à moins que Dieu n'y mette la main. Mais elles passèrent presque sans transition au boogie-woogie et au rock and roll lorsqu'on découvrit que le microcosme était plein de chaos. La différence entre les sexes s'atténua quand on s'aperçut que les électrons étaient tantôt des particules et tantôt des ondes. La société de consommation perdit beaucoup de son crédit dès que l'univers apparut comme une gigantesque usine d'énergie, le soleil, la terre et le vent étant la source constante d'une puissance infinie ; consommer cessa d'être la façon la plus efficace de tuer l'ennui quand on découvrit parmi les atomes des formes d'excitation nouvelles, quand on s'aperçut que le maximum d'énergie provient de la transformation du plus minuscule fragment de matière en quelque chose de différent ; alors, la transformation de soi-même devint un nouvel idéal, la créativité parut à la portée du commun des mortels. Le principe selon lequel petit est synonyme de beau fit son apparition au moment où des électrons invisibles, mais pouvant néanmoins déplacer des montagnes, mirent en échec la conception qui veut que la force provienne de l'union de groupes restreints en groupes plus importants. L'inquiétude concernant les dangers qu'implique le narcissisme prit une ampleur nouvelle avec la découverte que la force la plus puissante de toutes est l'interaction forte, qui fait la cohésion de chaque atome et son refus de s'allier à un autre. L'épanouissement de l'amour romantique coïncida avec celui de la théorie de l'électromagnétisme. De ces diverses constatations, Colopatiron conclut que, l'importance du chaos comme source d'énergie étant reconnue, elle modifierait la vision qu'avaient les humains de leur énergie personnelle. Remettre en cause les opinions fossilisées serait dès lors moins effrayant. Dans le prochain monde, la proportion des âmes choisissant de rester éveillées serait sans doute plus importante ; toutefois, ce ne serait toujours qu'une partie d'entre elles, car la séduction du sommeil durerait à jamais. Voilà ce que signifiait la phrase de Colopatiron, que « le chaos s'unissait à l'esprit pour engendrer le désir ».

Quelle se rappela Henry Ford et l'enfant dieu Pushan, pour qui la seule façon de vivre à l'aise était de posséder une âme double, c'est-à-dire une âme éprouvant la colère et l'envie, et une autre restant indifférente et se contentant d'observer ; il lui sembla que Colopatiron avait de même la vision d'un monde double, composé d'un monde ordinaire contre lequel il soit possible de s'emporter, et d'un monde de chaos, plein d'accidents dont on ne puisse blâmer personne, et où l'envie perde sa raison d'être. Quelle était enchantée que Colopatiron n'ait pas voulu éliminer du prochain monde les émotions apoplectiques, alors que tant d'humains seraient perdus sans elles, que tant de dieux voyaient avec fierté leur colère terrifiante comme un feu consumant, qu'Homère avait fait l'éloge du courroux, infiniment plus doux qu'un rayon de miel, que tant de bonnes choses dans la vie étaient des sous-produits de la cupidité. Elle était très impressionnée qu'il n'y eût en Colopatiron rien de l'utopiste traditionnel ; que le monde se débarrassât de ce genre d'illusion était des plus encourageant. Et pourtant, Colopatiron elle-même insistait sur ce point, sa vision était loin d'être sans espoir, car elle impliquait que tout était en transformation permanente, que les gens pouvaient se libérer des apparences, que le chaos était l'état naturel auquel tout système retournait tôt ou tard pour donner lieu à de nouvelles combinaisons, et qu'il était ainsi toujours porteur d'espoir.

Si c'était le prix qu'il fallait payer pour vivre parmi les anges, Quelle pensa qu'elle pouvait se réconcilier avec le chaos. D'ailleurs, il lui semblait déjà que les livres de la bibliothèque ne sentaient plus ni la poussière, ni le cuir, ni les vieilles pommes de terre, mais quelque chose de plus suave que le jasmin et le musc — qui sait, peut-être avaient-ils l'odeur de l'espoir ? Elle dit à Colopatiron qu'elle passerait bien l'éternité dans sa bibliothèque. Dans ce cas, lui répondit-elle, il leur fallait monter plus haut.

Avez-vous rajeuni, aujourd'hui ? Tels furent les mots qui accueillirent Quelle au niveau suivant. Elle avait gravi l'escalier de la partie de la tour de Babel où celle-ci devient plus étroite pour former la poignée du batteur, et tout à coup tous ceux qu'elle rencontrait lui paraissaient très jeunes. A chaque nouvel étage, la même question revenait, posée dans une langue ou une autre. Have you become any younger today ?... On la lui posait un peu négligemment, comme on lui aurait demandé : « Ça va ? » Quelle prit conscience que toutes les âmes qu'elle avait rencontrées jusqu'ici étaient des adultes, ou du moins prétendaient être le fruit mûr de l'expérience terrestre. Si elle avait regardé derrière les rideaux des millions de maisonnettes où les habitants du Paradis s'efforçaient de dormir, elle aurait vu des enfants bien bordés dans leurs lits ; si elle avait fait halte dans les jardins d'enfants du Paradis, elle aurait observé des âmes décidées à revivre à jamais leurs années d'école. Elle était partie convaincue que le Paradis débordait de jeunesse, étant donné qu'un bon tiers de l'humanité y arrivait avant l'âge de dix ans, à l'époque où il était normal de mourir durant la croissance même, bien avant que les os ne deviennent friables ; et pourtant, c'était la première fois qu'elle rencontrait des âmes qui ne se disaient pas adultes, qui ne pensaient pas avoir déjà vécu leur vie. Il semblait que beaucoup de jeunes n'appréciaient pas le Paradis, ou du moins le Paradis de leurs aînés, mais quant à savoir dans quel endroit ils s'étaient réfugiés, nul ne pouvait le dire avec certitude. D'après certains, la plupart s'en allaient dans leur Paradis personnel au milieu des immenses forêts primitives situées aux limites du temps, où ils pouvaient s'amuser comme bon leur semblait, faire tout le bruit qui leur plaisait, chanter sans être dérangés leurs hymnes incompréhensibles. Dans ces conditions, ils ne pouvaient que devenir plus difficiles à contrôler, à programmer, qu'ils ne l'étaient sur terre, se plaignaient les parents, qui n'avaient plus à les nourrir, qui n'étaient plus à même de leur accorder des faveurs. Au Paradis, le snobisme veut qu'on se prétende adulte, que l'on se vante d'avoir vécu une vie complète comme on peut se vanter d'avoir des ancêtres illustres. Soudain, Quelle fut atterrée d'avoir manqué ce qui faisait peut-être le suprême intérêt du Paradis, comme un vulgaire touriste qui se promet de revenir un jour pour découvrir le vrai cœur du pays qu'il vient de visiter, protégé par ses lunettes noires.

Les jeunes habitants des étages supérieurs de la tour de Babel n'étaient pas des humains mais des chérubins et des séraphins. Ils avaient l'air d'enfants, mais c'était là un déguisement récemment adopté. Dans le monde d'autrefois, les chérubins étaient d'énormes monstres à quadruple visage, de lion, de bœuf, d'aigle et d'homme, dont l'aspect menaçant devait augmenter la terreur de ceux qui approchaient le trône de Dieu ou un quelconque lieu saint. Mais au début de l'époque moderne, ils avaient commencé à prendre la forme de bébés humains. Il s'agit là d'un des plus importants tournants de l'histoire angélique. Les chérubins furent les premiers parmi les anges à se convertir à la modernité. Les plus anciennes peintures qui représentent les chérubins comme des enfants datent du XIVe siècle. C'est vers cette époque-là que, sous le coup d'une prodigieuse inspiration, ne pouvant plus se satisfaire de l'immortalité, ils comprirent qu'être jeune à jamais était le suprême idéal, que la jeunesse était le seul remède à l'ennui d'être sage et respectable. Pour eux, la modernité devint synonyme de jeunesse éternelle. Graduellement, leur idéal se répandit, et ils virent la jeunesse faire l'objet d'un culte imprévu, avoir droit à des privilèges toujours plus nombreux, travailler de moins en moins, sinon pas du tout, au point que de lui plaire finit par devenir le seul but de la vie familiale. A juste titre, ils reconnurent ce phénomène comme la plus grande révolution de toute l'histoire. Mais les révolutions s'égarent. Rester jeune n'était pas facile. Avoir l'air jeune n'était pas suffisant. Les adultes en vinrent à aimer les enfants comme des jouets, si bien qu'eux-mêmes demeuraient des jouets entre les mains de ce qu'ils appelaient le destin.

Dans la tour de Babel, Colopatiron rassembla quelques chérubins insomniaques pour essayer de découvrir l'art de rester jeune. Ces chérubins étaient résolus à ne pas devenir de vieux beaux, de vieilles belles aux cheveux teints, en chaussures de tennis, sans autres buts que de « se sentir bien », de se maintenir en forme et de porter des vêtements décontractés. Ils avaient tous envie de se sentir bien, mais ils n'y voyaient pas l'essence de la jeunesse. Leur façon de saluer Quelle n'était pas une insulte, mais seulement une façon de lui rappeler que, quand le temps s'arrête, l'âme doit sans cesse choisir plus consciemment entre vieillir et rajeunir.

Elle s'étonnait que les chérubins lui parlent dans tant de langues différentes. Jusqu'à présent, presque tout le monde au Paradis avait utilisé sa langue à elle. Les livres saints prétendent tous que le Paradis a sa propre langue. Tout visiteur entend ce qu'il s'attend à entendre. Colopatiron avait voulu construire une nouvelle tour parce qu'elle était persuadée que la première aurait eu un destin différent si elle avait été peuplée d'enfants plutôt que d'adultes. Pour elle, la prison la pire était celle où vivaient tant d'enfants dans le monde, prison où les mettait le fait de ne savoir qu'une langue. Les enfants étaient faits pour apprendre les langues joyeusement, naturellement, tout comme ils étaient faits pour manger et pour rire ; c'était l'une des rares choses qu'ils faisaient mieux que les adultes ; les condamner à s'exprimer en employant les mêmes clichés, les mêmes constructions, le même vocabulaire leur vie durant, c'était les museler. Rester jeune, prétendait Colopatiron, c'était d'abord garder la faculté de s'émerveiller de l'aventure des mots, d'en tomber amoureux toujours et encore, de flirter avec eux, de les taquiner, de les trouver exaspérants mais de les admirer quand même. Ce n'était pas seulement que les langues devenaient lugubres quand on omettait de les embrasser, de les lutiner, de danser avec elles et de les faire sourire. Les mots n'ont pas pour seule utilité de permettre aux gens de dire ce qu'ils veulent dire ; ils sont indispensables à l'épanouissement de l'imagination ; ils sont ambigus ; ils créent des amitiés intenses, ils ont des souvenirs, ils possèdent des idées qui en engendrent d'autres. C'était une catastrophe que les Babyloniens aient eu peur de la confusion des langues née dans l'ancienne tour de Babel, qu'ils n'aient su y voir un défi à leur capacité de rester jeunes, qu'ils n'aient pas vu que l'incompréhension était inévitable. Manier les ambiguïtés du langage était une façon de manier le chaos. Les chérubins étaient des enfants pour qui il était naturel qu'imaginer le monde comportât toujours une part d'illusion. Jongler avec les langues non seulement les maintenait en forme, mais leur donnait la possibilité de reconstituer le monde après l'avoir mis en morceaux pour voir de quoi il était fait.

Dans ces derniers étages, salles de jeux de la tour, les anges cherchaient des jeux qui les aidassent à rester jeunes. Ils essayaient tous ceux qu'on avait inventés, mais ils en éliminaient parce qu'ils contenaient un élément de violence, de dureté, d'âpreté ou d'orgueil, parce que certains les domestiquaient, parce que d'autres mettaient en eux le germe d'innommables vices d'adultes. Ils ne se laissaient pas impressionner par les dires des malades du travail, qui confondaient travailler et jouer, par les retraités des grandes compagnies, toujours sous le coup de leur martyre, pour qui batailler et jouer étaient des synonymes, par les spécialistes du jeu, qui estimaient que les jeux les meilleurs étaient ceux où l'on avait plaisir à perdre. Ils ne demandaient pas seulement à être distraits de leurs soucis, de leur ennui, des compromis décourageants et des négociations sans fin qui se pratiquaient dans le monde du travail ; ils ne voulaient surtout pas jouer comme des adultes qui font semblant d'être des enfants. Toutes ces espèces de jeux pouvaient donner des sensations plaisantes, mais pour être jeune, éprouver du plaisir ne suffisait pas.

Ils décidèrent que le seul jeu qui fût à la hauteur de ce qu'ils attendaient consistait à jouer à Dieu, tout comme, lorsqu'on est enfant, on joue au père et à la mère. Ils appelaient cela jouer aux billes ; mais en fait de billes, ils n'employaient rien de ce qu'on utilise d'ordinaire ; ils ne se servaient pas d'objets mais plutôt de taches à peine perceptibles, de fantômes de signes de ponctuation, de pauses, de soupirs dans l'espace. Lorsqu'ils invitèrent Quelle à jouer avec eux, elle commença par ne rien voir du tout. Cependant, elle était désormais habituée à l'atmosphère du Paradis, à son mélange de soleil et de brume qui donnait à tout l'aspect d'un tableau pointilliste, et pour finir, elle comprit que les billes étaient les plus petits des points qui formaient les taches de couleur, les atomes et les particules dont le monde est fait. Avec eux, les chérubins jouaient à créer de nouveaux mondes. Ce n'était pas un jeu facile. Les points n'apparaissaient, ne prenaient forme, que pour un bref instant, comme le scintillement d'une étoile, puis ils disparaissaient, laissant le sentiment qu'ici ou là quelque chose pourrait à nouveau scintiller, mais sans qu'il soit possible d'être jamais certain que le nouveau point susceptible d'apparaître serait identique au précédent. Les points servant de billes refusaient souvent de rouler en ligne droite, changeaient de direction comme s'ils changeaient d'avis, laissant entendre par leurs hésitations qu'eux-mêmes pouvaient être doués de volonté. Certains passaient droit à travers les meubles et en ressortaient intacts, tant ils semblaient indifférents à leur environnement ; d'autres, au contraire, paraissaient obsédés par tout ce qui les entourait, par la moindre rumeur, et s'agitaient comme des agents de change courant de client en client, lançant ici et là une bribe d'information, essayant en vain de conclure un marché ; d'autres enfin se comportaient comme des parasites, fonçant sur le premier venu pour s'y attacher misérablement.

Les chérubins pratiquaient ce jeu pour voir quelles nouvelles formes ils pouvaient créer au moyen de ces points, qui, mis ensemble, étaient plus beaux que pris séparément. Ils prétendaient que c'était le seul jeu qui pût les garder jeunes, et les empêcher à jamais de perdre leur faculté d'émerveillement, leur goût de la surprise, leur sens de l'aventure. Créer de nouveaux mondes allait de pair avec créer de nouveaux mots ; associer des mots en sorte que leur rencontre produise une étincelle équivalait à former de nouveaux objets. C'était, bien sûr, un jeu où gagner était impossible, où il n'y avait pas de réponses justes, où l'on pouvait toujours en trouver de meilleures, puisque le but ultime consistait à explorer l'inattendu. Lorsque tous les joueurs levaient les mains, émerveillés devant le nouveau château de sable que leurs billes venaient de créer, et reconnaissaient sa beauté dans un cri unanime, il leur fallait continuer, le jeu ne faisait que devenir plus difficile — si la même vision se reproduisait, elle comptait pour rien. Certains anges refusaient de jouer, arguant que les chérubins n'étaient pas jeunes mais infantiles, qu'ils refusaient de reconnaître qu'on ne pouvait changer le monde — un mur de brique sera toujours un mur de brique. Mais les chérubins répétaient qu'ils adoraient la danse des points dans le mur de brique, le délicat ballet des émotions dans l'âme. Ils admettaient qu'un mur fait mal, comme d'ailleurs presque tout ce qui est massif ; mais ils accordaient aux détails une valeur essentielle, une importance sacrée. Être jeune signifiait pour eux avoir le souci du détail, être soucieux du moindre sentiment de toute âme. Ce n'était pas pour rien que les chérubins avaient des ailes : celles-ci symbolisaient la poésie, l'imagination prenant son essor ; ils se voyaient restituer leur poésie aux murs de brique. Et la poésie n'était pas un simple ornement. En général, les vérités sont trop insaisissables pour être appréhendées directement ; il faut les approcher de façon détournée, à la dérobée, par le biais de la poésie. Souvent, c'est la poésie qui fait apparaître ou qui crée de nouvelles vérités, car elle étend la vérité jusqu'aux limites extrêmes de ses implications, jusqu'aux frontières mêmes du plausible, et lorsqu'elle est devant un gouffre, une lacune dans la connaissance, elle a le courage de sauter par-dessus avec une demi-vérité, ou une métaphore ; elle sait à quel point les demi-vérités sont indispensables, car les vérités apparaissent souvent sous la forme de demi-vérités, ou de dixièmes de vérités, d'hypothèses inspirées, de phrases poétiques. Les vérités intégrales sont trop rares, trop grandioses pour qu'on puisse jouer avec elles ; mais les fragments de vérité donnent toute l'excitation du jeu, et si c'est loin d'être toujours le cas, il leur arrive parfois de conduire quelque part. Le dé que, dans leur jeu, utilisaient les chérubins était la métaphore. Lorsqu'ils voulaient amener deux fragments de chaos à prendre place côte à côte sur un sofa, espérant que leurs mains allaient se rejoindre, lorsqu'ils s'amusaient à jouer les marieuses, ils ne pouvaient compter seulement sur le hasard.

Quand ils l'invitèrent à se joindre à eux, Quelle leur demanda si le jeu les autorisait à construire un objet qu'elle pourrait emmener avec elle : une bille heureuse, par exemple. Bien sûr, lui répondirent-ils. Et un chérubin fit alors rouler un point-bille si petit qu'il était invisible. Surtout, dit-il, elle devait éviter de prendre une bille qui prête à confusion. Par là, précisa un autre, ils ne voulaient pas dire que le bonheur avait un noyau central essentiel — et de lancer sa bille droit à travers la précédente. Un séraphin était d'avis qu'il leur fallait construire un socle où placer la bille, quand bien même elle était invisible, car nul bonheur ne pouvait exister sans quelque support, ami, parrain, consolateur ou confident. Ils entreprirent alors de rassembler toute espèce de billes, qu'ils s'acharnèrent à faire tenir ensemble de la meilleure manière possible. Quelle était stupéfaite de leur patience : si c'était ainsi qu'il fallait s'y prendre pour donner une forme au chaos, il n'y avait rien d'étonnant à ce que les gens cherchent à se procurer dès le départ des marchandises pré-emballées. Pour finir, les chérubins admirent qu'ils ne pouvaient pas obtenir tout à fait ce qu'ils désiraient, mais qu'en réunissant leurs billes, ils pourraient du moins fabriquer un analgésique : est-ce que cela ferait l'affaire ? Non, répondit Quelle, il pourrait supprimer le plaisir en même temps que la douleur. Ils essayèrent encore, et firent ce qu'ils déclarèrent être un philtre d'amour : il pouvait supprimer l'aversion que les gens éprouvaient les uns pour les autres, et remplir de rêves le vide qu'ils sentaient autour d'eux — que fallait-il de plus pour créer le bonheur ? Quelle répliqua que les humains avaient suffisamment de philtres et de potions pour leur embrumer l'esprit. Le bonheur n'était-il pas l'immunité contre les chagrins de la vie ? lui demandèrent-ils, car en ce cas ils pourraient fabriquer un vaccin avec tous les mauvais moments de l'existence. Non, expliqua-t-elle : s'habituer à la souffrance n'en faisait pas un plaisir.

Enfin, ils crurent avoir trouvé : en retournant sur terre, que Quelle emmène n'importe quelle bille ! Quand les gens lui demanderaient ce qu'était le bonheur, elle n'aurait qu'à ouvrir la main pour la leur montrer, même si elle était trop petite pour qu'on puisse la voir. Elle dirait : le bonheur, c'est ce que vous tenez dans la main ; tout le monde tient son bonheur dans ses mains. Quelle protesta : pourquoi les chérubins offraient-ils aux humains un bonheur dont eux-mêmes faisaient fi, qui ne les satisfaisait pas ? Même si elle venait d'arriver, elle comprenait ce qu'ils faisaient : ils trouvaient leur bonheur en frottant deux vérités l'une contre l'autre pour en faire surgir une troisième, en mettant côte à côte deux morceaux de chaos, et en inventant pour les réunir de nouvelles espèces de ruban. Le moins qu'ils pouvaient faire, c'était de lui fabriquer une boîte d'allumettes, en sorte qu'elle puisse frotter deux étrangers l'un contre l'autre et provoquer une étincelle, ce qui leur permettrait de se voir mieux qu'ils ne l'avaient jamais pu auparavant. Ils admirent qu'elle avait parfaitement raison. Ils avaient essayé d'en inventer une il y a longtemps déjà, mais sans jamais y parvenir : il semblait qu'il n'y avait pas moyen de fabriquer en série cette espèce de boîtes d'allumettes, ni peut-être ce genre de bonheur. Mais ils continuaient d'y travailler, et ils avaient ainsi trouvé toutes sortes de curieux instruments. L'ennui, quand on faisait des inventions à partir du chaos, c'est qu'on n'était jamais certain de ce qui allait en résulter. Ils avaient entendu que Dieu non plus n'avait jamais été tout à fait satisfait de ce qu'il avait créé.

Prenant une bille en souvenir, Quelle alla retrouver Colopatiron, et elle lui demanda comment elle s'y prenait pour convaincre les chérubins de continuer alors que leurs efforts étaient toujours déçus, et qu'à leur jeu, personne n'était jamais vraiment vainqueur. La question surprit

Colopatiron. Cela n'avait évidemment aucune importance que le résultat soit toujours imparfait. Le but de la vérité était la beauté, qui ne peut jamais être atteinte. La joie se trouvait dans la conception, dans l'ingéniosité de l'exécution. C'était assez pour être sûr qu'il n'y aurait aucune tristesse lorsque le résultat laisserait à désirer. Un jeu qui donnait du plaisir était un jeu qui, avant même qu'il ne soit terminé, générait une nouvelle pensée ouvrant sur une nouvelle aventure ; non seulement il créait la satisfaction, mais également l'espoir.

Maintenant, Quelle comprenait pourquoi les anges disaient que Colopatiron avait un charisme. Le premier signe que quelqu'un possède un charisme, c'est qu'on lui pardonne sans cesse ses erreurs ; même s'il est dangereux, même si ses admirateurs connaissent ses faiblesses, peu leur importe : il sait donner l'espoir. Un personnage charismatique est un joueur habile au jeu des chérubins, un maître de l'art de rester jeune. Pour acquérir cet art, il n'était pas besoin d'être quelqu'un de particulier. La distance entre les anges et les hommes, même les hommes ordinaires, n'était pas infranchissable, dit Quelle. Pour Colopatiron, c'était une évidence. Cette fois, elle ne demanda même pas à Quelle si elle était prête à monter plus haut.

Au sommet de la tour de Babel régnait le silence. Colopatiron ne parlait plus qu'au souffle. C'était l'espace réservé aux pensées. La tour devenait aussi mince qu'une flèche, et chaque étage était occupé par un ange-cordonnier réparant d'invisibles chaussures, frappant à coups de marteau les préjugés et les contradictions, cousant ensemble les bonnes idées en prenant soin de ne pas faire de faux plis. Lorsqu'elles arrivent au Paradis, les âmes mortelles croient qu'elles vont enfin pouvoir arrêter de penser, mais c'est avant tout pour penser que le Paradis est conçu. Dans la vie, on n'en a jamais le temps ; plus les gens deviennent importants, moins ils trouvent le loisir de le faire ; plus ils vieillissent, plus ils sont convaincus de savoir ce qu'ils pensent et de n'avoir ainsi plus besoin de penser, ayant épuisé toute surprise et entendu tout ce qu'ils avaient dit auparavant. Les anges étaient là pour tenter d'apprendre à penser, seul sujet que personne ne pouvait leur enseigner.

Dans la pièce où Quelle fut conduite, il y avait un petit bonheur-du-jour comme ceux auxquels les dames bien nées s'installaient autrefois pour confier à leur journal intime les pensées qu'elles ne pouvaient pas partager avec leur mari : est-ce que les anges ne pouvaient pas penser sans écrire ? demanda Quelle. La chaise qui se trouvait devant le bureau avait l'air italienne et devait être du XVIe siècle : fallait-il que les anges s'asseyent pour noter leurs pensées ? Par terre, un tapis persan était couvert d'un labyrinthe de sentiers, de massifs de fleurs, d'arbres et de canaux : fallait-il qu'ils éliminent les contours d'un paysage avant d'y édifier leurs rêves ? Une rangée de pots chinois bleus et blancs, au décor impénétrable, se dressaient sur une étagère, avec des couvercles comme des chapeaux ronds sur des têtes ovales : attendaient-ils d'être remplis miraculeusement de pensées ? Pensant à la pensée, Quelle commençait à voir des pensées partout, cachées dans chaque objet, des pensées qui se voulaient muettes, mais dont elle sentait bien que le silence était superficiel. Tout ce qui l'entourait stimulait la pensée ; pour penser, les anges eux-mêmes avaient besoin de stimulants.

Mais qu'était-elle donc censée faire avec toutes ces pensées ? De l'autre côté de la fenêtre, l'infini s'étendait devant elle, spectacle magnifique qui l'emplit aussitôt d'une tristesse infinie. Ne voir aucune limite à quoi que ce soit lui paraissait soudain aussi terrible que de penser que tout avait une fin. Le Paradis était si immobile. Les oiseaux qu'elle voyait glisser dans l'espace semblaient voler sans but, désormais incapables de trouver une raison de chasser ou de se pourchasser, de se battre : quelle nouvelle faim pouvaient-ils éprouver, quels nouveaux désirs ? Malgré tout ce qui s'offrait à son admiration de la hauteur où elle était, de quelque côté qu'elle se tournât, Quelle avait l'impression qu'un grand vide seul emplissait l'univers entier. Comme l'avait dit Newton, il était tout plein d'espace vide. Et la rumeur qui s'en élevait semblait ne répéter qu'une seule pensée, toujours et encore, comme pour éliminer les autres : puissé-je me reposer de mes pensées, puissé-je avoir la paix !

Pour Quelle, l'espace réservé aux pensées était doublement triste du fait qu'elle y voyait la preuve que les anges eux-mêmes avaient de la difficulté à savoir que penser : même pour eux, l'existence n'avait rien d'évident. Exister, être, était l'art le plus délicat. Qu'allait-elle pouvoir dire une fois qu'elle serait de retour ? Que même au Paradis on n'avait pas trouvé le secret de la paix, que le vent portait dans son souffle mais qu'on ne pouvait saisir ? Que la lutte n'en finirait pas ? Qu'il faudrait attendre l'autre monde, et sans doute encore le suivant, pour que les choses puissent finalement s'organiser comme elles devaient l'être ? Que les espoirs ne se réalisaient jamais, que croire aux contes de fées n'était pas moins valable que de s'attendre à ce que les problèmes humains soient résolus une fois pour toutes ? Tout était si tranquille, ici : elle avait peur d'entendre bientôt tomber ses propres larmes et de trouver en elles un certain réconfort.

Elle vit que Myosotis, le cafard, avait repéré une araignée, et que tous deux se regardaient : pensaient-ils ? Elle était loin de se sentir capable d'échanger des pensées avec des créatures comme les araignées, même si chaque arpent de chaque champ anglais en comptait au moins deux millions, même si l'ensemble de la verte Angleterre n'en abritait pas moins de deux millions de millions — deux suivi d'une douzaine de zéros —, constamment occupées à maintenir la nature en ordre, comme une armée secrète de policiers, sauvant la race humaine de l'extinction, remplissant leur devoir, supprimant à elles toutes, chaque jour, à raison de dix insectes chacune, une montagne d'êtres pesant autant que tous les habitants du pays ; s'il n'y avait pas les araignées, les hommes n'auraient rien à manger, rien à se mettre sous la dent pour mieux faire briller leur esprit lors d'un dîner mondain ; elles étaient le fondement de la civilisation ; et Quelle avait du mal à se retenir de crier lorsqu'elle en voyait une. Comment pourrait-elle jamais espérer connaître quelles pensées occupaient l'esprit d'une araignée, si elle en avait un, ou ce que ressentaient ses pattes huileuses lorsqu'elle avançait sur sa toile pour aller dévorer sa proie ? Que pouvait donc penser une araignée au Paradis si elle n'avait plus à chasser, à capturer, à paralyser, à absorber les sucs de ses victimes ? La femelle pouvait-elle se réconcilier avec le mâle qu'elle avait tué une fois faite son œuvre d'amour ? Était-ce là l'amour qui manquait à Quelle ? Qui y avait-il ici pour caresser et chatouiller le mâle, pour le ligoter par jeu comme il aimait à l'être sur la terre ? Les araignées apprenaient-elles à répondre à ce genre de question une fois délivrées de leur incessant besoin de nourriture ? Que se passerait-il sur terre si tout le monde renonçait à manger autrui ? Telles étaient les pensées qui occupaient Quelle dans l'espace réservé aux pensées. Sa faculté de penser ne l'impressionnait pas. Y avait-il une place pour elle au Paradis, ou n'était-elle pas encore prête à s'y installer pour penser ?

Colopatiron lui dit d'écouter plus attentivement le silence. Elle crut entendre des gémissements, des soupirs. Cela ne la réconfortait-il pas que penser fût aussi un travail pour les anges ? Elle savait que penser était un travail qui avortait presque toujours. Combien de fois avait-elle accouché d'une pensée qui ne fût pas mort-née, ou qui valût la peine d'être écoutée, ou qui apportât dans le monde une vie et un espoir nouveaux ? Les hommes, dit-elle, avaient perdu confiance en la pensée. Quelle âme moderne venait au Paradis dans le but de penser ? Les gens modernes se fiaient aux sens, aux émotions : leurs pensées les avaient trop souvent déçus. Leur logique les avait conduits d'un abîme à l'autre ; ils étaient las d'être trop bêtes ou trop intelligents ; ils préféraient jouir en toute tranquillité des plaisirs sensuels, que chacun évaluait à sa guise. Elle-même avait la passion de l'égalité ; il fallait donc qu'elle ait aussi celle de la sensualité, comme tout être humain en avait le droit inné.

A nouveau, Colopatiron lui conseilla d'écouter le silence. Pour moitié, le travail de penser se résumait à écouter. N'entendait-elle aucune musique dans les pensées qui l'entouraient ? Quelle répondit que sa pensée avait de tout temps fait des bruits ressemblant à des crépitements, des grincements, des cris. Et les idées qui en résultaient, lorsqu'il en résultait, ne valaient pas mieux que des larmes, des gouttes d'eau, de sang ou de sueur. Ses pensées la sortaient d'elle-même et lui faisaient peur ; et puis elles étaient tellement besogneuses, tellement plus lentes que celles des autres, qui fusaient comme les balles d'une mitraillette. Si musique il y avait, sa pensée était trop bruyante pour qu'elle puisse l'entendre.

C'était à cela que servait l'endroit où elle se trouvait : à apprendre à saisir la musique des pensées, à la trouver dans ses propres pensées, car autrement on ne pouvait l'entendre dans celles des autres. Sur terre, il y a trop de bruits extérieurs, comme le murmure de la conscience coupable, le sifflet de ceux qui savent mieux et amènent à trouver des défauts à tout ce que l'on fait ; même s'entendre penser en devient difficile, de sorte qu'il est presque impossible de jouir des nuances de ce délicat mécanisme, et plus encore de composer une symphonie ou un chant faits de pensées ; mais ici, il n'était pas besoin de ressasser toujours les mêmes pensées, ni de les exprimer de la même voix monotone. Que Quelle écoute encore avec plus d'attention !

Était-ce le vent ? Quelle croyait entendre une sorte de

chant funèbre. Elle déclara que les pensées du Paradis lui paraissaient bien tristes, tout emplies du regret qu'il n'y eût plus de corps voluptueux. Ce que voulaient les âmes humaines, c'était la possibilité de s'enchanter, de se séduire, de se faire occasionnellement du mal, de caresser, mais surtout d'être caressées.

C'était un des sujets auxquels pensaient les anges dans les chambres à penser. Ils pouvaient à leur gré avoir ou n'avoir pas de corps. Parfois, ils enviaient les humains et revêtaient un corps, qu'ils arboraient comme une machine miraculeuse, divinement conçue pour produire instantanément un plaisir délicieux. Qu'un corps pût remplir l'espace vide les stupéfiait ; qu'ils fussent capables de se toucher les uns les autres les faisait frissonner d'excitation. Mais à d'autres moments, leur confiance dans le corps était ébranlée ; curieusement, cela se produisait alors qu'ils paraissaient jouir le plus des sensations physiques, et qu'on pouvait les en croire obsédés ou esclaves. Dans ces occasions-là, l'enthousiasme les poussait à attendre toujours davantage du corps, et à lui demander ce qu'il ne pouvait pas donner. D'abord, ils étaient transportés par l'idée de l'amour entre deux corps, puis ils étaient épouvantés de découvrir que l'amour ne suffisait pas : ce qu'ils voulaient par-dessus tout, disaient-ils alors, c'était être compris ; il fallait qu'on les aime pour les bonnes raisons. Plus ils se tripotaient et plus ils se plaignaient de ne pas être assez proches ; l'intimité des corps n'était pas suffisante ; plutôt que des étreintes, ils réclamaient alors de l'amitié, une communion d'esprit, des liens qui les fassent s'épanouir. Lorsqu'ils se trouvaient beaux, une inquiétude insaisissable ternissait leurs jeux amoureux : ils craignaient de dépendre de la bonne opinion des autres, de devenir prisonniers d'une image, d'être appréciés pour leur aspect superficiel. Ils finissaient toujours par se débarrasser de leurs corps dans un mélange de joie et de tristesse, concluant que le plaisir physique était tout entier dans la tête. Le nez ne sentait pas, ce n'était qu'une jungle de follicules en vibration ; ce n'était pas la bouche qui décidait qu'un fruit était frais ou pourri ; aucun organe du corps n'était capable d'avoir une opinion. C'est ce qui expliquait pourquoi tant d'anges vivaient sans corps. Mais même alors, ils n'étaient pas contents. Ce dont ils avaient besoin — toutes ces expériences leur étaient nécessaires pour en devenir conscients —, ce n'était pas seulement d'un corps sensible, mais d'une imagination élargie. Maintenant que leurs fonctions ne consistaient plus à indiquer aux hommes, comme des agents de voyage, le chemin menant au ciel, ni à les rassurer, comme des psychiatres, en leur répétant qu'ils étaient normaux, les anges avaient enfin la possibilité de s'occuper de leur imagination.

Colopatiron expliqua qu'elle ne pouvait parler que de son expérience personnelle, car même pour elle, les pensées des autres anges étaient impénétrables. La première fois qu'elle s'était rendue dans une chambre à penser, elle avait trouvé que ces pièces étaient inconfortables. Elle prenait le moindre prétexte pour redescendre à la bibliothèque, croyant qu'elle devait vérifier une fois encore ce que les grands esprits avaient écrit sur les sujets auquels elle estimait bon de penser. Mais dès qu'elle était de retour, elle voyait bien qu'elle devait décider elle-même ce qu'elle pensait ; elle comprenait combien peu elle avait décidé, combien souvent elle s'était contentée de répéter ce que disaient les autres, flottant dans des habits d'emprunt, parce qu'elle s'imaginait ainsi plus en sécurité. Puis elle s'était dit que, après tout, ses pensées étaient le seul bien qui lui appartenait vraiment, qu'elle pouvait entièrement contrôler, et sur quoi personne d'autre n'avait aucun droit ; quant aux pensées d'autrui, malgré leur séduction et leur éclat, elle ne pouvait que les deviner et les parodier. Elle décida donc de ne ramener dans la pièce aucun livre de la bibliothèque. Dès lors, elle n'y retourna plus que pour des exercices mentaux, lorsqu'elle sentait qu'il lui fallait de l'aide pour ébranler ses préjugés. Le mélange de la lecture et de la réflexion devint pour elle comme celui du café et du lait, un de ses plaisirs favoris ; converser mentalement avec les auteurs qu'elle lisait lui serait par la suite toujours indispensable, mais elle prit conscience que, parfois, elle devait se soustraire à toute influence et se mettre à l'abri de leurs voix insistantes pour penser par elle-même uniquement. Ainsi, elle passa en revue ses anciens avis comme elle aurait pu le faire de ses anciens vêtements : pourquoi ne l'avait-elle pas fait chaque année, pour voir s'ils lui allaient encore, s'ils lui plaisaient toujours ? Elle en avait accumulé, pêle-mêle, une si grande quantité ! Elle avait peur de jeter ceux qui étaient encore bons ; pourtant, elle se trouvait souvent en désaccord avec elle-même, avec ce qu'elle avait été aux diverses périodes de sa vie. Elle ne voulait pas se retrouver nue, sans aucune opinion. Lorsqu'elle dit aux autres anges ce qu'elle était en train de faire, ils lui demandèrent comment elle avait réuni le courage de se lancer dans ces nettoyages de printemps, cette mise au rebut de toutes les pensées qui la tarabustaient pour rien, qui la détournaient de ce à quoi elle désirait penser vraiment : tous lui dirent qu'ils éprouvaient d'énormes difficultés à chasser les pensées parasites pour accueillir seulement celles qu'ils voulaient avoir.

Longtemps, elle resta sans répondre. Puis elle prit conscience que, le courage, elle l'avait toujours eu. Que tout le monde l'avait. Mais elle ne s'en était pas rendu compte parce qu'elle n'avait jamais cru avoir des pensées personnelles, estimant toujours que les autres en avaient de meilleures du fait qu'ils les exprimaient avec plus d'esprit ou plus d'élégance. Jamais on ne lui avait suggéré qu'elle pourrait cultiver le plaisir de penser. C'était là la nouvelle espèce de plaisir sybarite qu'elle proposait aux anges dans sa tour de Babel, plaisir qui convenait particulièrement bien à ceux qui ne revêtaient un corps qu'une partie du temps, et qui reconnaissaient l'imagination comme l'arbitre souverain du plaisir. En fait, la tour était le résultat de la délectation croissante qu'elle éprouvait à faire vivre des images dans sa tête, à leur donner corps, à en tirer de nouvelles perspectives. De plus en plus, elle était consciente que le processus de penser lui procurait autant de satisfaction esthétique que les pensées elles-mêmes, pas moins qu'on n'en pouvait avoir à entendre une belle voix, à sentir une peau douce. Pourquoi n'avait-on jamais inclus la pensée parmi les plaisirs sensuels ? Un septième sens s'ajoutait aux six autres, qui, agissant librement et non pas sur commande comme des soldats à la parade, donnait la même excitation que la chasse, la même incertitude, et pouvait culminer dans une jouissance aussi intense. C'était la pensée imaginative qui engendrait tous les plaisirs.

Certains anges protestaient que penser devait se faire froidement, ou sèchement, ou qu'il en résultait des maux de tête. Bien sûr, il arrivait à Colopatiron de se perdre, de se désoler de voir fonctionner son esprit un peu comme une sauterelle, bondissant au hasard ou presque d'une idée à l'autre. Le bienfait des idées est de courte durée si elles restent inutilisables. Souvent, lorsqu'elle était fière d'une idée qu'elle croyait être la première à avoir, c'était une illusion. Toutefois, ce qui la consolait toujours, c'était la satisfaction, satisfaction toute personnelle, qu'elle éprouvait à malaxer et à triturer une idée, à la mélanger à une autre, à la pétrir encore et encore, à la laisser reposer puis à y revenir, ne pouvant s'empêcher d'y penser et d'y repenser, désespérant de pouvoir lui donner une forme, découvrant tout à coup un moyen, mais devant alors redoubler de prudence et d'efforts : une solution n'était jamais plus qu'un début, une indication. Pour finir, l'idée gonflait, levait et prenait une consistance à elle, et Colopatiron se rendait compte alors qu'elle avait donné vie à quelque chose qui n'avait encore jamais existé, et qui, maintenant, existait hors d'elle-même. La moitié du courage qu'il fallait pour penser était dans le courage de persévérer à penser quand aucune solution n'était en vue, dans le courage d'être patient, d'essayer tout espèce d'assaisonnements, de se lancer à leur recherche dans des directions différentes, de prendre le risque de s'égarer, de trouver le chemin du retour, de reconnaître que l'on a découvert ce que l'on cherchait, alors même que, presque toujours, on s'attendait à le voir autrement. C'était la joie de la surprise à la fin de la quête, doublée de la satisfaction d'être sorti de la prison de ses anciennes pensées.

Dans l'espace réservé à la pensée, Colopatiron en était venue à traiter les idées comme s'il s'agissait de personnes, comme si, aux Droits de l'Homme, il fallait ajouter une déclaration des Droits des Idées. Les idées pouvaient être folles, voire toxiques, mais elles avaient le droit d'exister. Comme pour les champignons dans la forêt, il y avait quelque chose de prodigieusement mystérieux dans la façon dont elles surgissaient soudain de nulle part, et quelque chose de redoutable dans le fait qu'on ne pouvait prévoir si elles se révéleraient bienfaisantes ou mortelles. Et comme les pensées changent de forme, s'épanouissent et se dessèchent tout comme les gens, Colopatiron n'ambitionnait pas de résoudre les problèmes de l'univers une fois pour toutes, même si c'était possible, même si maint grand penseur avait cru y voir le secret du bonheur, de la justice et de la paix. Penser devait rester une joie éternelle. Se sentir perdu, se sentir incompris, faisait partie du jeu. Dans le prochain monde, l'incompréhension finirait peut-être par être acceptée comme tout aussi inévitable, tout aussi naturelle que la brume qui flottait en permanence dans la lumière du Paradis. C'est à ce moment-là seulement que les gens renonceraient à imposer leurs opinions aux autres.

Tandis que Colopatiron parlait, Quelle s'apaisa et se laissa aller à une méditation sereine. Mais presque immédiatement, ses pensées furent troublées. La rumeur de l'univers lui parut s'amplifier, changer de ton, devenir discordante. Puis elle se rendit compte que des cris jaillissaient de tous les côtés de la tour. Elle regarda par la fenêtre. Les curieux s'étaient multipliés jusqu'à devenir une foule immense, qui se pressait contre les murs. Tout autour, les taupinières sautaient comme des obus. Des âmes en sortaient en courant, comme des soldats quittant brusquement leurs tranchées pour attaquer l'ennemi. Celles qui avaient pu atteindre les fenêtres y tapaient du poing en scandant des slogans.

Le bruit s'était répandu que, dans la tour de Babel, on avait découvert une cure miracle contre l'ennui. Aussitôt, les âmes modernes du Paradis entier avaient dressé l'oreille, tremblant d'excitation. Réunissant en hâte leurs raquettes de tennis, leurs skis, leurs chaussures de football, elles fonçaient maintenant vers la tour, commentant la rumeur et l'embellissant, affirmant que, convaincues qu'elles étaient de ne pouvoir changer elles-mêmes le Paradis, elles n'avaient jamais douté que le jour viendrait où les anges, quels qu'ils soient et où qu'ils se trouvent, allaient le transformer. Aucune révolution sur terre n'avait jamais connu aucun succès sans appui du côté du pouvoir. Les gouvernements ne sont pas renversés : ils s'affolent, ils abdiquent, ils se trahissent. Les âmes du Paradis accablées de mécontentement attendaient un signe des anges. Ce signe était venu.

Et pourtant, nul n'osait entrer dans la tour. Quelle regarda plus attentivement. Un général d'opérette armé d'un pistolet arrêtait la foule. C'était l'archiduc François-Ferdinand. Comme fonctionnaire des douanes, il estimait de son devoir d'être présent dans toutes les migrations. Mais cette fois, il ne s'occupait pas de contrôler les droits d'entrer. Il proférait des mises en garde et semait la panique. La tour de Babel contenait peut-être le secret du bonheur, mais — et de cela il était certain — elle abritait également un cafard. Si l'on en approchait, on risquait les pires maladies. Le Paradis, qui bénéficiait jusque-là du privilège unique d'être exempt de toute maladie ordinaire, serait condamné si l'on tentait d'entrer. L'archiduc avait finalement réussi à rattraper Quelle. Les morts ne s'avouent pas si facilement battus. Maintenant, les âmes hésitaient, partagées entre la crainte qu'elles éprouvaient pour leur santé et l'espoir de voir finir leur ennui.

Dans la tour, les sonneries d'alarme entrèrent en fonction. Les anges se déversèrent au rez-de-chaussée, où ils trouvèrent les peintres figés comme des statues en l'honneur de l'art perpétuellement inachevé. Tous étaient d'accord : ils n'étaient pas prêts à être envahis par ces hordes, qui risquaient fort de déclencher le pire désastre de tous les temps. Ils n'avaient pas fini de penser, pas plus que Quelle. Penser n'a jamais de fin. Ils hésitaient, eux aussi. S'ils avaient involontairement mis le feu aux poudres, ils ne voulaient pas que cette révolution connaisse le même sort que tant d'autres, condamnées pour avoir débuté avant l'heure favorable. Mais l'heure n'était jamais tout à fait favorable. En outre, fallait-il qu'ils acceptent que les événements soient le fruit du hasard, toujours du hasard ?

Quelle non plus ne se sentait pas prête. Elle avait l'impression d'être à deux doigts de pouvoir prendre une décision concernant son avenir, peut-être la décision la plus importante de sa vie. Elle ne voyait aucune raison de faire quoi que ce soit avant que tout ne soit clair. Mais peut-être cela n'arrivait-il jamais. Il restait toujours tant de choses à apprendre. Cependant, en entendant crier ces âmes désespérées, elle constata avec surprise qu'elle souhaitait regagner la terre. A travers ces cris si poignants, si avides, elle prenait brusquement conscience de ce qu'elle avait éprouvé sur terre, des raisons qui l'avaient poussée à partir. Vivre éternellement en ermite au sommet de la tour ne répondait pas à son idéal. Les questions qu'elle se posait sur terre à propos du bonheur l'avaient décidée à partir, et elles continuaient à l'absorber. Peut-être devait-elle y voir la fatalité, ou la chance, qui allait l'obliger à revivre.

Elle comprenait maintenant que la pensée ne peut pas être une distraction privée, une simple forme de gloutonnerie. Sans compassion, la pensée est vide. Si elle est égoïste, elle est incomplète. Elle ne peut aboutir au désespoir, car de même qu'elle le crée, elle peut aussi y mettre fin. Dans un éclair, Quelle vit où ses voyages au Paradis la conduisaient : habituellement, la vérité était terrible, mais il était toujours possible d'en extraire une goutte de beauté. C'était à cela que servait la pensée, à créer la beauté là où elle n'était pas encore. Et elle savait maintenant comment s'y prendre. Elle devait faire ce que personne d'autre ne pouvait. Mais que serait-ce au juste ? Ce qui comptait, ce n'était pas où elle sautait, mais comment elle sautait, comment elle conservait sa liberté où qu'elle allât, comment elle répandait la liberté autour d'elle et quel courage elle ajoutait au monde. Enfin, elle comprenait cela. Être un ange, c'était répandre le courage et la liberté. C'était ce qu'elle désirait faire plus que toute autre chose.

Il y avait une chance que toute l'histoire du Paradis pût être modifiée grâce à la rencontre des âmes et des anges. Ce serait plus que lamentable si un cafard mettait un terme à l'aventure alors qu'elle ne faisait que commencer. Quelle annonça qu'elle s'en allait, et qu'elle emmenait Myosotis avec elle.

Elle se lança dans un discours d'adieu, remerciant tous ceux qui étaient présents, cherchant à leur communiquer son affection, à leur faire comprendre qu'elle était de tout cœur avec eux. Ce qu'ils lui avaient dit l'avait profondément touchée. Pourtant, elle ne réussit à prononcer que quelques mots. Elle embrassa Colopatiron, qui ne fit rien pour la dissuader de partir. Elle et les anges se préparaient à affronter l'inévitable. Quelle serra ce qui lui sembla un millier de mains. Queue dressée, Jolly bondissait d'impatience. Myosotis reprit place dans son pot à confiture. Elle s'en alla enfin, des larmes plein les yeux.

La foule, l'air dégoûté, s'ouvrit pour les laisser passer. Quelle courut au bac de Henry Ford. Celui-ci les ramena sur terre sans poser de questions, ne disant rien sinon que ce ne serait pas mieux sur terre, et que, s'ils voulaient retourner au Paradis, il serait toujours prêt à les conduire : c'était à cela que servaient les voitures, à faire des allers et retours.

Quelle griffonna une carte et lui demanda de la poster. C'était pour Newton. Elle écrivit que rien ne se passait jamais comme on le prévoyait ; elle avait l'intention de le revoir ; il ne quitterait jamais ses pensées.

Le voyage dura plus longtemps que le souvenir qu'elle en avait. Elle était si émue qu'elle laissa Jolly aboyer sans y faire attention. Ses yeux restaient fixés sur la tour de Babel. Le Paradis disparaissait graduellement, mais la tour restait là, toujours aussi nette, comme une apparition figée dans le temps et qui ne pouvait disparaître. Puis, soudain, Quelle la vit s'ébranler, se lézarder et s'effondrer, comme un gratte-ciel dont un film montre la démolition au ralenti. Arrivée sur terre, elle voyait encore la fumée monter des décombres, fumée qui se mélangeait curieusement à celle du Modèle T de Henry Ford. Quant à savoir si la tour s'était réellement écroulée, elle n'aurait pu le dire. Au Paradis, on voit ce qu'on veut voir.

Jolly n'avait pas cessé d'aboyer. Et maintenant Quelle comprit pourquoi. Le pot à confiture était vide. Myosotis avait disparu. Quelle ne sut jamais si le cafard avait décidé de son plein gré de demeurer au Paradis, estimant que la terre n'était pas faite pour les cafards et qu'il verrait la fin de son amitié avec Jolly, ou s'il s'était caché dans la voiture de Henry Ford, jugeant qu'il ne saurait y avoir plus grand bonheur pour lui que de voyager à jamais à travers l'espace dans un Modèle T. Quelle ne savait si elle était heureuse ou triste d'avoir fourni à l'archiduc François-Ferdinand quelque chose après quoi courir pour l'éternité.

ÉPILOGUE

De retour chez elle, Quelle trouva l'air lourd et chargé d'une poussière irritante, qui lui assaillait le visage comme si elle eût été dans une tempête de sable. Les couleurs des habits des gens lui parurent à la fois plus sales et plus agressives, parfaitement artificielles ; elle eut tout de suite la nostalgie de la brume pointilliste du Paradis, et elle eut l'impression qu'elle voyait moins bien qu'autrefois. Tout était plus bruyant que dans son souvenir, en désaccord avec le chant du vent. Lorsque les gens parlaient, leurs voix sonnaient trop fort, et leur haleine fétide la faisait reculer. Surtout, elle était accablée par l'odeur de la transpiration et la puanteur des ordures. Jamais elle ne se réacclimata tout à fait à la vie sur terre.

Elle découvrit que d'étranges bruits couraient à son propos. Presque personne n'avait cru qu'elle était partie de son propre chef. On avait interprété ses lettres de façon alarmante ; on croyait qu'elle utilisait le mot Paradis dans un sens sarcastique, qu'il s'agissait d'un code. Bien des gens étaient convaincus qu'on l'avait enlevée. La presse avait publié sa photographie. Des journalistes la guettaient devant chez elle. Toutefois, quand elle leur dit qu'elle était bel et bien allée au Paradis, qu'il n'était pas question de rançon ni de bandits armés, la plupart d'entre eux s'en allèrent, ricanant qu'ils recevaient chaque semaine des centaines de coups de téléphone de gens qui prétendaient avoir vu la Vierge Marie, et parfois Dieu Lui-même : ils n'appelaient pas ça des nouvelles. Un journal publia un entrefilet disant qu'elle était rentrée saine et sauve, mais dans un état mental perturbé, d'un voyage difficile en Papouasie, où elle était allée observer les oiseaux du Paradis. Cette fois, elle ne put plus douter qu'elle était de retour sur terre.

Cet accueil la confirma dans la résolution qu'elle avait prise de ne pas essayer d'expliquer aux gens à quoi ressemblait le Paradis, ni surtout de raconter son histoire en détail. Chacun devait trouver par lui-même son propre Paradis. Ce qu'elle en ramenait de plus positif, ce n'était pas le souvenir de ce qu'elle avait vu, mais la remise en question de tout ce qu'elle croyait. Chacune des âmes avec qui elle avait parlé lui avait présenté le Paradis de façon quelque peu différente, et qui ne collait pas vraiment avec la description des autres ; et sans savoir pourquoi, elle trouvait très satisfaisant qu'il n'y eût pas, qu'il ne pût y avoir, de solution définitive. Le Paradis devait être infini. Elle l'avait certainement quitté à un moment crucial, alors que son histoire moderne était sur le point de commencer. Il en irait toujours ainsi.

Un médecin vint l'examiner pour voir quels effets son voyage avait eus sur elle. Elle lui dit que sa vision de la vie avait changé. Tandis qu'il lui parlait, qu'il tapotait ses côtes, qu'il lui demandait de dire Aa pour explorer sa gorge, elle n'était pas certaine qu'il fût vraiment vivant ; la mort du corps et celle de l'imagination lui paraissaient des événements distincts ; plus qu'à celle du corps, elle s'intéressait désormais à la survie de l'imagination, à la façon dont il convenait de la nourrir.

Le médecin lui demanda si elle avait eu une enfance difficile, une vie de famille tourmentée. Elle lui dit que son séjour au Paradis l'avait déterminée à ne plus blâmer le passé, à ne pas le laisser devenir pour elle un bonnet d'âne impossible à enlever ; elle avait rencontré trop d'âmes qui avaient gâché leur vie en ressassant leurs souvenirs, en se plaignant que rien, jamais, ne s'était passé comme elles l'auraient voulu. Le médecin parut soupçonner qu'elle cachait des tendances suicidaires, et lui suggéra de passer trois mois en observation. Jamais elle n'avait été aussi optimiste, rétorqua-t-elle : le Paradis l'avait libérée du désir de découvrir ce qui, en elle, fonctionnait de travers. Toutes les âmes qu'elle avait connues avaient quelque endroit où le bât blessait. Mais elle croyait beaucoup plus important de voir ce qui allait bien. Ce que les gens pouvaient faire de leur avenir lui paraissait bien plus intéressant que ce qu'ils avaient fait de leur passé.

Par une chaude journée de soleil, un homme inquiet et fatigué, vêtu d'un vieil imperméable, vint frapper à sa porte. Les espions qui sillonnaient le ciel, lui dit-il, l'avaient vue entrer au Paradis et en ressortir. Quoique le Paradis lui-même n'entrât pas dans les territoires que son service était chargé de surveiller — les Églises y faisaient objection —, son travail l'obligeait à prévoir toute éventualité, à prévenir tous les dangers possibles, à faciliter la marche du progrès, de sorte que les vivants connaissent un jour tous les secrets des morts. Ainsi, il était venu demander à Quelle si elle avait relevé au Paradis des raisons de s'inquiéter, des signes d'hostilité. Quelle lui répondit que, durant tout son séjour, elle n'avait jamais entendu parler du gouvernement. Il se déclara convaincu qu'elle mentait ; mais cela se passait toujours ainsi au début d'une négociation ; il reviendrait.

A la Bourse, on murmurait le nom de Quelle d'un air entendu. Plusieurs financiers lui téléphonèrent pour lui demander si les événements du Paradis annonçaient une période de prospérité ou de récession. A tous, Quelle répondit solennellement que les habitants du Paradis avaient beaucoup de peine à s'entendre, et que, de son point de vue, leur incompréhension croissante était le facteur d'influence à long terme le plus important pour l'avenir. C'était la raison de son optimisme. Un art nouveau restait à découvrir quant à la façon de vivre intelligemment dans le malentendu, de faire face à la complexité toujours plus grande des individus et à la multiplicité de leurs états d'esprit; plus les individus se différenciaient les uns des autres, plus il y aurait de place pour l'invention et l'imagination. L'Ère de la Communication n'avait pas encore commencé; on ne faisait que d'en parler, et l'Ère de la Parole était tout autre chose. Les progrès faits dans le domaine de la technologie n'avaient changé que peu de gens. Au Paradis, où se préparait le prochain monde, il semblait que l'on travaillât sur l'hypothèse que l'Ère de l'Imagination devait venir d'abord. Son opinion à elle était qu'une nouvelle renaissance était en route, et avec elle d'inévitables conflits, protestations et catastrophes. Plusieurs institutions lui demandèrent si elle accepterait, et à quelles conditions, de retourner au Paradis effectuer un reportage sur ces désastres.

Le jeune conservateur d'un des musées les plus importants du pays lui écrivit qu'il montait une exposition sur l'imaginaire et le rêve. Le moment lui semblait venu qu'on leur reconnaisse un rôle non moins grand qu'aux médailles, aux poteries et aux haches de guerre; les rêves qui ne se réalisaient jamais vraiment tout à fait lui paraissaient appartenir aux événements au même titre que les faits, qui arrivaient souvent tout juste à se produire. Pourrait-elle l'aider d'une façon quelconque ? Après réflexion, Quelle lui envoya la bille invisible. Elle fut placée dans une vitrine entièrement vide, annonçant un « Fragment de bonheur trouvé au Paradis », et souleva beaucoup d'intérêt. Elle suscita les commentaires habituels, du style « on se fiche des contribuables », mais avec cette critique supplémentaire que, jusqu'ici, les objets d'art étaient du moins des choses et non du pur espace. Cependant, Quelle fut surprise du nombre de visiteurs qui prirent la défense de la vitrine vide, louant le plaisir de contempler un morceau d'espace ne contenant rien, se plaignant qu'on leur en donnât si rarement l'occasion, et formulant l'espoir que les musées en prendraient désormais l'habitude. Elle en fut ravie, car le Paradis l'avait en effet rendue attentive à tout l'espace vide que les gens eux-mêmes renfermaient.

Une école l'invita à parler aux enfants de l'histoire du Paradis et de la façon dont se présentaient les célébrités qu'elle y avait rencontrées. Elle déclara que, ce qui l'avait le plus frappée, ce n'était pas leur apparence, mais la transformation qu'avait subie leur vision d'eux-mêmes. Elle n'était pas sûre de les avoir vues comme un autre aurait pu les voir. Cela l'avait d'ailleurs amenée à penser qu'il devait y avoir beaucoup plus de manières de considérer les gens, qu'ils soient d'aujourd'hui ou qu'ils appartiennent au passé, et d'apprendre l'histoire, qu'on ne l'enseignait aux enfants. Si les peintres pouvaient inventer des façons nouvelles de regarder le monde, pourquoi les historiens s'acharnaient-ils à présenter l'histoire dans un style classique, pourquoi n'y avait-il pas parmi eux des équivalents des impressionnistes, des cubistes et des surréalistes, pourquoi, si leur méthode scientifique leur imposait certaines contraintes, s'accrochaient-ils à des notions de science, de temps et d'objectivité qui étaient maintenant dépassées, pourquoi empruntaient-ils leur conception de la nature humaine à des psychologues morts et des sociologues qui, peut-être, n'avaient jamais vécu du tout ? Si l'on voulait savoir à quoi ressemblaient les célébrités du passé, il fallait commencer par savoir à quoi ressemblaient les célébrités d'aujourd'hui.

La station locale de télévision consacra une fin de soirée à une émission sur la bille invisible, et Quelle se soumit à une interview. La bille lui avait-elle apporté le bonheur ? Son efficacité était-elle limitée ou tout le monde pouvait-il en bénéficier ? Elle répondit que son bonheur était un choix, une foi, ce qui lui semblait préférable au chagrin et à l'inquiétude. Comme celui de quiconque, son esprit avait tendance à fuir, comme un robinet mal fermé, comme la bouche d'un bébé, comme un nez enrhumé, comme des yeux qui pleurent et ne peuvent s'arrêter, mais elle faisait de son mieux pour le ramener à l'ordre. Quant à savoir si la bille pourrait rendre heureux d'autres gens, elle l'ignorait : seuls ceux qui essayeraient pourraient le dire.

Qu'avait-elle maintenant l'intention de faire? A quoi l'enquête qu'elle avait menée au Paradis l'avait-elle préparée? Elle était revenue avec le sentiment que les ambitions ordinaires du monde étaient trop limitées. On ne voyait que très rarement des annonces proposant aux gens de devenir des saints, et pourtant, on ne pouvait avoir de plus noble ambition. Ceux qui souhaitaient sincèrement arriver à la sainteté étaient peu nombreux. De même, tout le monde ne désirait pas sincèrement parvenir au bonheur. Au Paradis, la seule ambition valable qu'une âme pouvait avoir était de donner du courage aux autres; et elle se demandait si ce n'était pas ce que les humains voulaient plus que tout, ce qu'ils se devaient les uns aux autres, une forme d'échange qui allait au-delà de la charité, au-delà de l'amour lui-même. Il fallait qu'ils aient du courage pour accepter de ne jamais recevoir autant d'amour qu'ils désiraient, de ne jamais avoir assez d'amour. Il fallait qu'ils aient du courage pour chercher la beauté là où leurs instincts ne voyaient qu'une redoutable étrangeté, du courage pour admettre que même toutes les leçons du Paradis ne donnaient aucune garantie, aucune sécurité, aucun gage de succès. Les Cinq Grands Désenchantements de l'Humanité et les Cinq Issues vers la liberté ne faisaient pas Dix Commandements. Elle n'avait vu personne dire aux autres ce qu'il convenait de faire au Paradis, et elle en était revenue sans la moindre envie de remplir cette fonction. Tout ce qu'elle y avait trouvé, c'était une invitation à vivre de nouvelles aventures.

Mais le courage de les entreprendre, bien que présent en

chacun, se perd très facilement. Toute civilisation commence par un acte de courage, après quoi elle ferme ses portes et craint de perdre ce qu'elle possède. Les civilisations s'évanouissent, mais d'autres les remplacent. Du Paradis, le monde apparaissait si jeune, si plein de promesses ! Il y avait tant de gens qui parlaient des langues différentes, dans tous les sens du terme, qui ne s'étaient encore jamais rencontrés : c'était de leur rencontre, de leur curiosité, qui s'éteint si difficilement, qu'elle espérait voir jaillir et se propager le courage, même si ce n'était que lentement. Peut-être un jour faudrait-il construire sur la terre, et peut-être dans chaque ville, une nouvelle tour de Babel qui montre que la confusion des langues, loin d'être une raison de désespérer, peut être une source d'espoir, et aussi de beauté.

LA LITTÉRATURE ÉTRANGÈRE CHEZ FAYARD

Leopoldo Alas, dit Clarín : *La Régente,* trad. de l'espagnol par Albert Belot, Claude Bleton, Jean-François Botrel, Robert Jammes, Yvan Lissorgues.

Isabel Allende : *La Maison aux esprits,* trad. de l'espagnol (Chili) par Claude et Carmen Durand; *D'amour et d'ombre,* trad. Cl. et C. Durand.

Anthologie de la prose albanaise, présentée par Alexandre Zotos, textes traduits par Jusuf Vrioni, A. Zotros, Luan Gjergji.

Vitaliano Brancati, *Les Années perdues,* trad. de l'italien et préfacé par Jean-Marie Laclavetine.

Hermann Burger : *La Mère Artificielle,* trad. de l'allemand par Françoise Salvetti et Olga Weissert.

Joseph Conrad, Ford Madox Ford : *L'Aventure,* trad. de l'anglais par Marc Chadourne.

Julio Cortázar : *Les Gagnants,* trad. de l'espagnol (Argentine) par Laure Guille-Bataillon.

Alfred Döblin : *Hamlet ou La longue nuit prend fin,* trad. de l'allemand par Elisabeth et René Wintzen.

Paula Fox, *Personnages désespérés,* trad. de l'anglais (États-Unis) par Antoine Jaccottet.

Juan Goytisolo : *Paysages après la bataille,* trad. de l'espagnol par Aline Schulman; *Chroniques sarrasines,* trad. Dominique Chatelle et Jacques Rémy-Zéphir; *Chasse gardée,* trad. A. Schulman; *Les Royaumes déchirés,* trad. Joëlle Lacor.

Henry James : *L'Américain,* trad. de l'anglais par Gilles Chahine; *Roderick Hudson,* trad. Marie Tadié.

Ismaïl Kadaré : *Les Tambours de la pluie,* trad. de l'albanais par Jusuf Vrioni; *Chronique de la ville de pierre,* trad. J. Vrioni; *Le Grand Hiver,* trad. J. Vrioni; *Le Crépuscule des dieux de la steppe,* trad. J. Vrioni; *Avril brisé,* trad. J. Vrioni; *Le Pont aux trois arches,* trad. J. Vrioni; *La Niche de la honte,* trad. J. Vrioni; *Invitation à un concert officiel et autres récits,* trad. J. Vrioni et Alexandre Zotos; *Qui a ramené Doruntine ?,* trad. J. Vrioni; *L'Année noire,* suivi de *Le cortège de la noce s'est figé dans la glace,* trad. J. Vrioni et A. Zotos; *Eschyle ou l'éternel perdant,* trad. A. Zotos.

Jerzy Kosinski : *Le Jeu de la Passion,* trad. de l'anglais (États-Unis) par Bernard Mocquot.

Édouard Kouznetsov : *Roman russe,* trad. du russe par Maya Minoustchine.
Hartmut Lange : *Le Récital,* suivi de *La Sonate Waldstein,* trad. de l'allemand par Bernard Kreiss.
Thomas Mann : *Les Buddenbrook,* trad. de l'allemand par Geneviève Bianquis ; *La Montagne magique,* trad. Maurice Betz ; *La Mort à Venise,* suivi de *Tristan,* trad. Félix Bertaux, Charles Sigwalt et G. Bianquis.
Vladimir Maximov : *La Coupe de la fureur,* trad. du russe par Alain Préchac.
Mary McCarthy : *Cannibales et Missionnaires,* trad. de l'anglais (États-Unis) par Angélique Lévi.
Czeslaw Milosz : *Visions de la baie de San Francisco,* trad. du polonais par Marie Bouvard ; *Milosz par Milosz,* entretiens de Czeslaw Milosz avec Ewa Czarnecka et Aleksander Fiut, trad. Daniel Beauvois ; *Empereur de la terre,* trad. Laurence Dyèvre.
Karl Philipp Moritz : *Anton Reiser,* trad. de l'allemand par Georges Pauline, préface de Michel Tournier.
Vladimir Nabokov : *Ada ou l'Ardeur,* trad. de l'anglais par Gilles Chahine, avec la collaboration de Jean-Bernard Blandenier ; *Regarde, regarde les arlequins !,* trad. J.-B. Blandenier ; *La Transparence des choses,* trad. Donald Harper et J.-B. Blandenier ; *Machenka,* trad. Marcelle Sibon ; *Littératures I* (Austen, Dickens, Flaubert, Stevenson, Proust, Kafka, Joyce), trad. Hélène Pasquier ; *Littératures II* (Gogol, Tourguéniev, Dostoïevski, Tolstoï, Tchekhov, Gorki), trad. Marie-Odile Fortier-Masek ; *Littératures III (Don Quichotte),* trad. H. Pasquier ; *L'Homme de l'URSS et autres pièces,* trad. du russe et de l'anglais par André Markowicz, en coll. avec Armando Uribe Echeverría.
Edna O'Brien : *Un cœur fanatique,* trad. de l'anglais (Irlande) par Léo Dilé ; *Les Filles de la campagne,* trad. L. Dilé.
Mykhaylo Ossadchy : *Cataracte,* trad. de l'ukrainien par Kaléna Uhryn.
Fernando del Paso : *Palinure de Mexico,* trad. de l'espagnol (Mexique) par Michel Bibard.
Leo Perutz : *Turlupin,* trad. de l'allemand par Jean-Claude Capèle ; *La Neige de saint Pierre,* trad. J.-C. Capèle ; *La Troisième Balle,* trad. J.-C. Capèle ; *La nuit sous le pont de pierre,* trad. J.-C. Capèle.
Frederic Prokosch : *Voix dans la nuit,* trad. de l'anglais par Léo Dilé.
Barbara Pym : *Crampton Hodnet,* trad. de l'anglais par Bernard Turle ; *Jane et Prudence,* trad. B. Turle.
Peter Rosei : *Comédie,* suivi de *Homme & Femme S.a.r.l.,* trad. de l'allemand par Jean-Claude Capèle.
Alberto Savinio : *Souvenirs,* trad. de l'italien par Jean-Marie Laclavetine ; *Hermaphrodito,* trad. René de Ceccatty ; *La Maison hantée,* trad. J.-M. Laclavetine.

Leonardo Sciascia : *Mots croisés,* trad. de l'italien par Michel Orcel, Mario Fusco et Jean-Noël Schifano ; *Petites chroniques,* trad. J.-N. Schifano et Bertrand Visage ; *Œil de chèvre,* trad. Maurice Darmon ; *Monsieur le député,* suivi de *Les Mafieux,* trad. M. Darmon ; *La Sorcière et le Capitaine,* trad. Jean-Marie Laclavetine.

Richard Sennett : *Les Grenouilles de Transylvanie,* trad. de l'anglais (États-Unis) par Philippe Mikriammos ; *Une soirée Brahms,* trad. Ph. Mikriammos.

Alexandre Soljénitsyne : *Œuvres complètes* (version définitive) : tome 1 : *Le Premier Cercle,* trad. du russe par Louis Martinez ; tome 2 : *Le Pavillon des cancéreux, Une journée d'Ivan Denissovitch et autres récits,* trad. Alfreda et Michel Aucouturier, Lucile et Georges Nivat, Jean-Paul Sémon, Lucia et Jean Cathala, Léon et Andrée Robel ; tome 3 : *Œuvres dramatiques,* trad. Alain Préchac, Dimitri Sesemann, A. Aucouturier ; *Les tanks connaissent la vérité,* trad. D. Sesemann ; *La Roue rouge* (version définitive) — *Premier nœud : Août 14,* trad. J.-P. Sémon, A. et M. Aucouturier, G. Nivat, Geneviève et José Johannet ; — *Deuxième nœud : Novembre 16,* trad. Anne Coldefy, G. et J. Johannet, Françoise Louge et J.-P. Sémon.

Osvaldo Soriano : *Jamais plus de peine ni d'oubli,* trad. de l'espagnol (Argentine) par Marie-France de Paloméra ; *Je ne vous dis pas adieu,* trad. Laure Guille-Bataillon.

Muriel Spark : *Intentions suspectes,* trad. de l'anglais par Alain Delahaye ; *La Place du conducteur,* trad. A. Delahaye ; *L'Unique Problème,* trad. Léo Dilé ; *Ne pas déranger,* trad. Jean-Bernard Blandenier ; *Une serre sur l'East River,* trad. Philippe Mikriammos ; *Les Célibataires,* trad. L. Dilé ; *Pan ! pan ! tu es morte,* trad. L. Dilé ; *L'Appropriation,* trad. Ph. Mikriammos.

Christina Stead : *L'Homme qui aimait les enfants,* trad. de l'anglais (Australie) par Françoise Brodsky.

Patrick Süskind : *Le Parfum,* trad. de l'allemand par Bernard Lortholary ; *Le Pigeon,* trad. B. Lortholary.

Adam Zagajewski : *Solidarité, solitude,* trad. du polonais par Laurence Dyèvre ; *Coup de crayon,* trad. L. Dyèvre.

Histoire de la littérature japonaise, par Shuichi Kato, trad. du japonais par E. Dale Saunders.

Histoire de la littérature polonaise, par Czeslaw Milosz, trad. de l'anglais par André Kozimor.

Histoire de la littérature russe — Le XXe *siècle : L'Age d'argent,* ouvrage dirigé par Efim Etkind, Georges Nivat, Ilya Serman et Vittorio Strada.

Cet ouvrage a été composé
par l'Imprimerie BUSSIÈRE
et imprimé sur presse CAMERON
dans les ateliers de la S.E.P.C.
à Saint-Amand-Montrond (Cher)
en mars 1988

35-67-7919-01

ISBN : 2-213-02147-3

N° d'édit. 8387. N° d'imp. 3655-289.
Dépôt légal : mars 1988.

Imprimé en France

35-7919-0